《新經學》編委會

新經學

第六輯

鄧秉元 主編

上海人民出版社

目　録

學術遺札

經學歷史

古典新詮

圓桌會談

序跋

朱光潛《詩論》審查意見書

吴　宓

秦燕春[*]附識

此書引證詳確,說理精微,結構完整,文字明顯,自成體系。雖根據克羅齊(Croce),而能修正改進(二〇至二四頁)。且由於積久深思之功,確有一貫之特見,豈但可供一般學生流傳誦讀,在今國内文藝理論及批評之著作中,實屬上乘,允宜褒獎者也。(就公平之獨立標準論,此書只應給予第二等獎。惟顧念今日國内一般學術著作之程度,且想象送呈部請獎之作品必甚粗劣者多,此中亦不能不有比較之標準,方爲公允。由此層考慮,故今擬定:)應給予第一(旁注:壹)等獎(吴宓印)。惟愚意甚不贊同者二點。(1)無論中西古今,凡批評家,須多讀精讀古今名篇傑構,涵濡融貫,且以豐富之人生經驗,親切之創作過程,用爲輔證,然後擷精取要,大處落墨,則所發爲文藝之理論,必精警深宏。——若如克羅齊、瑞恰慈等,專以美學、心理學立言,甚或行爲派之心理學等,如此作法,雖似分析精透,實不免緣牆行步(提不高,飛不起)、按圖索驥,未能取法乎上,而直指核心也。(2)作者(二六頁等處)尊重語言,而輕視文字,實屬一偏太過。此蓋陷於今日中國之時代病(白話運動後之影

---

* 作者單位:中國藝術研究院。

響)。愚意“在心爲思想(旁注:義),出於口而有聲音(旁注:義聲),方悟言寫於紙,印入書,兼有形聲義者爲文字”。西人所謂 Language = Written word + Spoken word 即兼指語言與文字二者。而中文(漢字)形聲並重,西文則但重聲。(此爲中西文之根本異點。)不幸盲從之學者,以西文之法治中文,亦只論聲而不論形。其實中國之文字與文學,甚大部分之價值與美妙,乃由於字形(圖畫兼音樂)。今朱君亦不顧此分别,亦只以聲音評判中國詩文,故直斥文字爲僅有記載功用,而非藝術活動(二四頁)。以下所論,皆誤於“語言是活,文字是死”之偏見(二七頁)。而各地土語字音不同,漫無標準,故謂作詩“必用現代語音的韻”(二五七頁)。其在舊詩,斷不可行,仍宜用舊韻,方可通。

總評:此書第八、九、十章,論究中國詩之音節(metre)及韻(rhyme),並與西洋古今詩比較,推闡精確,極爲有見,能發人之所未發。——如謂中國詩類似法文詩,主用頓(二〇五頁),且其節奏先抑後揚(二〇六頁),又謂中國之四聲非長短(二〇八頁)、非高低(二一〇頁),亦非輕重(二一三頁),乃如高元説爲“音長、音高、音勢三種變化相乘之結果”(二一四頁)。然四聲對中國詩之節奏影響甚微(二一八頁),中國詩甚有取於四聲之調質及和諧性(二二〇頁),雙聲疊韻(二二三頁),平仄調和(二二六頁),皆生和諧。又論頓爲中國詩中形式的節奏,非語言的節奏(二二八頁),頓能造成音節之前後呼應與和諧(二四六頁),中國詩之平仄非長短、輕重、高低相間(如英文詩,二五一頁),故中國詩之節奏有賴於韻(與法文詩同,二五二頁)。蓋韻之最大功用在把涣散的聲音聯絡貫串起來,成爲一個完整的曲調(二五二頁)。故韻不應廢云云。凡此皆體會入微,確有心得之語。

一、本書宓已詳爲校改一過,可送作者,再版時遵照改正錯字。七〇頁用蘇東坡詩“荷盡已無擎雨蓋,菊殘猶有傲霜枝”,誤作“天寒猶……枝”,宜改正。

二、本書出版，作者曾遍送贈友人而不及宓。按此書定價既廉，作者似應以同樣之三册呈教部，俾部中可以三册同時分發三位審查人閱讀。今郵寄甚緩，各人事忙，不得已而遲期(旁注：書在宓手約二星期)，何不每人發給一册乎？(謹此建議。)

審查人　吴宓(吴宓印)

三十二年十二月七日

附識：

雖然衹是一份審查意見書，但吴宓天真不失淳厚的個性躍然紙上，可當一篇小型詩學論文看待。

吴宓(1894—1978)和朱光潛(1897—1986)都有中西學問的豐厚修養，且年齡相近、專業接近，又曾長期共事高校或學刊，但大抵基於各自個性與學術見地，尤其吴宓的相對“古典”而朱氏的傾向“浪漫”，儘管生平交集不少，關係似乎並不親厚。例如此處吴宓未免抱怨語氣的“本書出版，作者曾遍送贈友人而不及宓”，“謹此建議”的“何不每人發給一册乎”尤其令人忍俊不禁。但書生意氣的他仍然忍不住做足甚至並非自己分内的學術工作：“本書宓已詳爲校改一過，可送作者，再版時遵照改正錯字”。他在暮年信札中稱自己“惟一特性，即大事小事，皆負責而又熱心”(1962 年 4 月致李賦寧)，並非毫無根據自我標榜。

異議之外，吴宓依然相當公允地對朱氏著述的卓見發明予以相當肯定，所謂“引證詳確，説理精微，結構完整，文字明顯，自成體系”，“積久深思之功，確有一貫之特見”，尤其肯定其“論究中國詩之音節(metre)及韻(rhyme)，並與西洋古今詩比較，推闡精確，極爲有見，能發人之所未發”。但他本人的古典情懷也同樣呈露無疑，認爲優秀的批評家應該“多讀精讀古今名篇傑構，涵濡融貫，且以豐富之人生經驗，親切之創作過程，用爲輔證，然後擷精取要，大處落墨”。有鑒於朱氏立論的

“尊重語言,而輕視文字”,又勾起他對“新文化運動”的諸多不滿:“此蓋陷於今日中國之時代病(白話運動後之影響)。”對於“以西文之法治中文,亦只論聲而不論形”的憂戚,認爲“其實中國之文字與文學,甚大部分之價值與美妙,乃由於字形(圖畫兼音樂)”,也是深具洞見的。

多年之後,1961 年吴宓壯遊至京,多訪故舊,卻從未見其與朱氏接觸。吴宓在書信中自稱“宓最怕被命追隨馮(友蘭)、朱(光潛)、賀(麟)三公”成爲“職業革命家”(1962 年 4 月致李賦寧)。同函中又稱自己老年“心境平和,樂天知命,對人有恩無怨”。此前的 1956 年 9 月 14 日吴宓“敷衍推辭”了要求評斥朱光潛文藝理論的命題作文,這和他該函中自稱如果成爲“職業改造家”則不免“須不斷地發文章,批判自己之過去,斥駡我平生最敬愛之師友”、自己“寧投嘉陵江而死”(384 頁),是一致的,即使在吴宓看來朱氏並非其選。

學界公論,二十世紀五六十年代的“美學大討論中”,作爲被批判主角的朱光潛儘管抱著真誠的態度接受改造、反思自己的學術觀點、自覺學習馬克思主義,但對於學術立場和學術理念,還是相當堅持,並未溢出學術範圍討論問題。尤其朱氏晚年堅持翻譯國外美學著作例如黑格爾的《美學》、維柯的《新科學》,勤勉治學的精神殊爲難得。即使同齡同行同時代,也未必相知能深,這也是人間世的常態,無足厚非。

朱光潛此書最終獲得本年度(1943)教育部學術獎二等獎,而非吴宓建議的一等獎,獎金一萬五千元。比較同等獎項的 1941 年度五千元和 1942 年度的八千元,上漲的當然不是獎金,而是物價。

答戴鴻才研究生

王蘧常

郭建中整理

編按:本文係王蘧常先生於二十世紀八十年代初爲戴鴻才等學生上課時所問而作,現已收入王蘧常《蘧草法帖》(王運天、郭建中編,上海書畫出版社,2020年,收入該書時編者命名爲《定縣帖》)。個别不識之字代之以“□”,讀者幸留意焉。

一、定縣40號漢墓考證者定爲漢中山靖王劉勝之後懷王劉修(五世孫,《景十三王傳》作名循),其言是也。他死於宣帝五鳳三年。墓中竹簡有五鳳二年正月起居記,最後日記四月十日。其他竹簡古籍,整理出來有關學術者有六種:一、《論語》。二、《儒家者言》,大部散見於先秦及西漢時期的一些著作中。三、《哀公問五義》,此書見於《荀子》、《大戴禮記》。四、《保傅傳》,見於《賈子新書》及《大戴禮記》。五、《太公》,有部分見於《六弢》與《金匱》,材料豐富,大多不見於今籍。六、《文子》,已整理的有六章及一些佚文,與今本不同者凡數點:一,簡文中的文字今本都改爲老子。二,簡中平王問文子答,今本改爲文子問老子答。考證者曰:證明《文子》本非僞本,今本《文子》實經後人竄亂。其佚文部分大半是對天道、仁義、功德和教化的闡發,具有一定的特色。這部書不僅證實一部古書的存在,且於古代思想史增添了材料等等。我對於《文子》這部書最應確定其時代及真僞。章炳麟《菿漢微言》:今本《文子》半襲《淮南》。然自淮南之死至五鳳三年凡七十餘年,其所出之書,儒家之書凡四種,與今存之書多符合,無僞者;道家兩種,《太公》之書亦然。此時承武帝之後,正崇儒斥道之時,奈何獨取僞作之《文子》乎?此其一。《淮南》雜家,本係採集古書而成,不疑《淮南》之抄《文子》,反疑《文子》之襲《淮南》,有是理乎?(楊樹達《淮南子證聞》謂《淮南》取材[?]或四本古籍凡二十種,一百九十餘条,足證《淮南》實採古籍而成,惟獨謂[?]《文子》之襲《淮南》,此强襲章氏之説也。)[1]此其二。中山懷王之死去淮南之死(元狩元年)僅六十餘年,爲時不遠,真僞易知,且墓中竹簡□不書於懷王死時,必遠在其前,則更不容不辨真僞。此其三。《韓非之·内儲説》已引《文子》齊王問治國於文子(由此言之,平王之問文子,必非周平王,班固疑之,大誤),劉向《别録》謂《墨子書》有"文子,子夏弟子",雖未必確,然其時代卻相當。此其四。今考竹簡佚文,多對天道、仁義、功德和教化之闡發,則其問學子夏,或有可信。此其五。

二、《淮南子》頗注重文彩,《文子》則否,有從《淮南子》中找些證明。

三、《文子》用韻,可以找幾條。如卷九:"工無異伎,士無兼官,各守其職,不得相干,人得所宜,物得所安。"又"得道之宗,並應無窮"。

四、《文子》卷二《精誠篇》"黄帝要謬乎太祖之下,然而不章其光",即《老子》廿七章"雖智大迷,是謂要妙"。

五、卷七《微明篇》"聖人立教施政,必察其終始,見其造恩",謂察乎終始,其造恩於民。與民不知,民知則德衰矣。卷九《下德》:"取焉而不損,酌焉而不竭,莫知其所其[2]出,謂之摇光。"古以北斗之柄曰摇光,

---

〔1〕 括號内爲小字加在上面空白處。

〔2〕 此處"其"疑爲"由"之筆誤。

亦作“瑶光”,謂北斗之第七星即北辰居其所,而衆星拱之之意。“戴圓履方,抱表寢繩”,謂其行動皆合規則,表謂儀表,繩謂繩墨。卷十《上仁》:“曲士不可與論至道者,訊寤于俗而束於教也。”訊謂問詢,寤謂悟,曉也,言問明白於俗人必不可得也。

孔子之前的儒家世界

楊儒賓[*]

一、前言:重回經學時代

本書探討孔子之前的哲學,書名稱作"原儒"。孔子之前有没有哲學?孔子之前有没有儒家?孔子之前有没有"儒"這樣的身份?儒家的源頭在何處?在目前的學術處境,這些提問仍然容易引發爭議,但既然本書的視角未必爲目前學界所熟悉,所以還是不得不稍作些繁瑣的討論。

關鍵的原因之一在於"哲學"是個新興的外來語,作爲學科名稱的"哲學"一詞並不是出自中國原有的知識系統,而是近代西方知識體系進入中國並影響中國的學術建置的一個概念。這個作爲 philosophy 的東方化身的"哲學"進入中國,取得發言位置之後,雖然纔不過百餘年,它實質上即取得對中國傳統重要知識體系如經學、子學、玄學、三教等等重新定位的作用。在這種重新定位的過程中,何者是哲學?何者不是哲學?什麽叫哲學?這類所謂"中國哲學合法性"的問題即不能不升

* 作者單位:臺灣新竹清華大學哲學所。

起。如果依目前學科建置下的"哲學"包含知識論、形上學、倫理學等諸大的類目以作判斷,孔子之前當無哲學可言。

但如果依傳統儒家自己建構的思想系譜,孔子之前有没有哲學的問題根本不需要提,也無從提起,因爲嚴格説來,"哲學"這個概念在儒學的知識光譜中没有出現,所以在儒家義理的傳承中也没有位置。既然没有"哲學"一詞,如何論儒家的哲學傳承?但儒學這個大知識體系當然有儒學傳承的脈絡,孔子之前有前賢往聖,孔孟之道繼承三代聖王,尤其上承三代之前的堯舜之道,這樣的敘述是被歷代儒者視爲自明的。孔子的思想前有所承,他自己也是承認的,《論語》終篇的《堯曰》篇直可視爲儒家版的《傳燈録》。孔子的孫子子思也説其祖"祖述堯舜,憲章文武"。准此,在中西混合語境的前提下,雖然哲學的内涵爲何,仍有待釐清,但我們如接受"哲學"這個詞語在當代的人文科學的建構中居有統合一套東西相關領域的知識,道行之而成,物謂之而然,概念在知識羣體的使用中逐漸凝聚成它的本質,像"儒家哲學"這樣的概念基本上已成爲學界常使用的語言。因此,我們依義不依語,從儒學的内部考量,"孔子之前的哲學"此提法當也可以成説。

"原儒"的"原"字也須解説,"原"字意指儒家之原本。"本"字帶有時間的藴義,也有依據的隱喻,所以"原本"既有歷史義,也有規範義。如果取歷史義的話,"原本"義略同"源頭"義,"原儒"一詞意指探討儒家的時間性源頭。"儒家"是歷史上出現的學派,它由孔子所開創,儒家源頭衹能指向儒家前史的階段,那是孔子之前、諸子百家的分化尚未萌芽的時代。早在《漢書・藝文志》時期,班固論九流十家的起源,他溯源儒家至王官的"司徒之官",其説已開啓了儒學源頭的議題。二十世紀新的學術機制啓動後,歷史意識大彰,章太炎首開儒學之源的議題,後人繼之,儒學之源儼然成了人文科學頗受注目的題目。

但"儒家"一詞如果取規範義的話,它的内涵與起源應當有另外形式的理解,它乃依經學的敘述而成立,無經即無儒家之教。經學的成立是歷史事件,經學的内涵也要在經學史的過程中展開,但由於經學本質上即是規範性的學問,没有規範即不成爲經,所以祇要經的意識一成立,經學的歷史性議題經過"經"這個概念的轉化,它即會指向非歷史性的根源,事實上也就是義理成立的依據。經學作品所述及的儒家傳承往往有歷史敘述的形式,卻帶著非歷史性的内容。如《尚書》所述及的遠古聖王的傳承,這些敘述總有些帶有歷史的知識,如洪水事件、曆象授時事件等等,但這些歷史性事件的形式總和一些非歷史性的意義連結在一起,如堯、舜的聖之性格,如禪讓政治的理想性格云云。歷代儒者閱讀這些文獻時,不是從文獻學的、歷史學的角度閱讀之,而是通過跨時間性地、非歷史性地傾聽經典發聲的方式以貼近之。孔子之前已有"六經",經的意識早已有之,孔子之於"六經"所記載的古聖王,即是信而好古,傾聽其隱語微衷的。此時的"原儒"之"原"即是取其義理根據之義。

孔子是儒學史上關鍵性的人物,更恰當的説法當説他是中國文明史上關鍵性的人物。從許多不同的觀點著眼,我們都可以將中國文明史依孔子的出現,分成前後兩個階段。從儒學史的觀點立論,孔子出現於歷史之所以爲關鍵,在於它劃分了兩個性質大不相同的時代,一個是孔子之前,"六經"所代表的時代,筆者稱之爲經學時代;一個是他之後,由廣義的諸子百家所代表的時代,筆者稱之爲子學時代。這兩個性質大不相同的時代在孔子身上完成嫁接轉換的工程,孔子之前的時代精神見於"六經","六經"的内容於今視之,成立的年代多有爭議,定本何時成立,甚至是定本該如何定義等等,蓋亦難言。可以確定的,每部經的定本年代不會一樣,其下限年代也不同,比如《易傳》成立的年代當在孔子之後。但經部或經學之名出現的年代和經學内涵出現的年代不一樣,經學内涵和經的意識泯不可分。大體而言,"六經"主幹可視爲孔子之前的文化傳統的總集,它是三代及之前的文化共同體的具體内容。經的意識何時出現? 確切的年代不一定找得到,但大量的道德概念密集地出現於西周，我們不妨將經的意識出現的年代定於西周時期，孔子繼“六經”而興。

孔子之後的時代精神表現則見於諸子百家，諸子百家可擴大解釋，它不祗指向戰國時期的儒、墨、道、法諸學派，也包含佛教流傳中國以後形成的各宗派。諸子百家承“六經”而發，如《莊子・天下》篇說的，“百家之學，時或稱而道之”。我們把“六經”以及“六經”所述及的遠古時代視爲一個段落，稱之爲經學時代，它包含“六經”文本成立時期的原經學時刻〔1〕以及“六經”所述往的史前時期的文獻、傳說與神話。孔子之後的義理發展，可稱作子學時期，它包含春秋、戰國時期發生於中土境内的諸子百家思想以及秦漢後因佛教東來引致的長期的三教競合的各派思想。子學時代的思想可溯源於“六經”，“六經”的經學也活動於子學時代，但道術已爲天下裂。孔子的出現可視爲子學時代的先聲，也可以視爲經學時代的殿軍。

本書溯源導河，九派流通，經學在先，子學繼之。本書設定經學在先，此一設定一方面是歷史的敘述，“六經”先於諸子百家而成立，它的内涵指向道術爲天下裂之前的文化總體。但此處的“先”字更指向非歷史意識的模範、典型，或者說“原型”意識，亦即經書中所出現的聖人及其行事被視爲在關鍵性的經之時刻出現後，它即成了文化世界的典型，爲爾後一切後續事件所仿效。竊以爲“原”表時間義，或表原型義，言各有當，未必矛盾。即使“原”表原型義，任何時代的儒者進入經的世界時，他仍不能不將時代的處境與個人的關懷帶進去。經學的詮釋總是存在性的，它的原型中總有時間的痕跡，時間性中也有原型的依據。

---

〔1〕“經學”的概念建立在“經”概念的成立上面，“經學”與“經”的成立都是歷史事件，它們應該都要有較明確的歷史定點。但“六經”的每部經的定本年代必不一致，“經”的規範性内涵的出現與“經”名的出現也不一致，“原經學時刻”當然祗是理念的設定，很難具體落實。

二、中國哲學史與經學視野的分歧

從上述的經學、子學的關係思考,我們可以説經學時期的道術之展現奠定了中國文明的基礎,子學時代的百家爭鳴從事的則是深化中國文明精神的事業。經學時代涵蓋的時間相當長,"六經"成爲定本的年代或許要遲至東周,但"六經"的實質内涵可説體現了之前悠久歲月的禮樂教化。從政治史的觀點看,它指涉的時期是自新石器時代晚期,也就是傳説中的三皇五帝時代開始,經由長期的族羣之鬥爭、交流,最後形成夏、商、周三代的格局,這種歷史結構見之於《尚書》一書的篇章構造。《尚書》從《虞夏書》以下,《商書》、《周書》繼之,歷史系列的安排井井有條,而且道德意識始終貫穿其間,這是個安排過的秩序。《尚書》的成立是經的意識出現以後,其時的哲人重新觀看以往歷史的產物。此後,儒家即有三代的概念,也有堯舜以下以道繼道的道統史。

《尚書》的歷史顯然是詮釋過的歷史,也是特定的歷史,説是"發明"出來的歷史也未必講不通,但這種另類的、非歷史的歷史有獨特的意義。回到先秦文獻,比如儒家以外的諸子百家所呈現者,上古的實情卻不是如此,中國古史的傳説年代的系譜相當混亂,各家陳述不同,道德在推動歷史前進方面也不見得發揮多大的作用。[1]孔子選擇的歷史圖像是《尚書》一書所呈現的敘述,也就是以帝堯開始的中國文明史的論述,孔子是堯舜史觀的闡述者,卻不是創造者,堯舜史觀的原型具體顯象於《尚書》一書。經學期的儒家精神史的圖像即是後世所説的道統,道統始於帝堯。

儒者論儒學之始或中國文明之始始於帝堯,這是道統論的敘述,是

〔1〕《莊子·天運》説:黄帝治天下,"使民心一";堯治天下,"使民心親";舜治天下,"使民心競";禹治天下,"使民心變"。世愈近,道德愈下。若此之言,《莊子》書中非一二見,戰國子書也多能見之,它們提供的上古面貌與《尚書》所見者大不相同。

經學的語言,不是中國哲學史的語言。“中國哲學史”此概念是近代世界的用語,這門學科一成立,即面臨“史”從何開始算起的問題。胡適於1919年出版《中國哲學史大綱(上卷)》,[1]此年恰好爆發五四運動,此書於此年出版,頗有象徵意義。此書是第一部較嚴格意義的中國哲學史的專著,[2]“第一”的書自然有許多開創的意義,其中一個重要的議題即是“中國哲學”的起源要從何處或何人算起。胡適此書斷定中國哲學的成立始於老子,老子之前的三百年雖已有些哲思醖釀,但不成體系,胡適稱爲“懷胎時代”。中國文明此母親經由長期的懷胎後,在公元前五百七十年左右,誕生了老子,帶有“中國哲學”身分的寧馨兒正式誕生。由老子開始直至韓非子,也就是我們現在泛稱的先秦時期,胡適定位爲“子學時代”。

胡適寫此書時,年紀不大(29歲),以當時中國學術界的水平以及他本人的哲學能力,處理整體中國哲學的流程,捉襟見肘之處可想而知。但他將中國哲學的起點訴諸老子,而不像以往的傳統文獻訴諸於虛實參半、惟恍惟惚的聖王,不能不説是一刀兩斷、壁立萬仞的寫法。胡適的中國哲學史的斷代於今觀之,固成常識。但當時實爲驚人之舉,四十年後,他反省這部書的意義時,提到當時的斷代曾引發學生的抗議風潮,因爲之前學者的講法是“從伏羲、神農、黄帝、堯、舜講起”,胡適的寫法是自我作古,也可説是開風氣之先。蔡元培爲此書寫序言時,也特别提到胡適從老子、孔子開始論起中國哲學發展的意義,因此,特别爲他辯護。[3]

---

〔1〕此書由上海商務印書館印行十年後,收入“萬有文庫”,改稱《中國古代哲學史》。本文因要突顯中國哲學史的書寫意義,而且要與馮友蘭的《中國哲學史》比較,所以下文敘述時亦簡稱其書名爲《中國哲學史》。

〔2〕謝無量於1916年著《中國哲學史》,此書應是民國以來第一部中國哲學史的專著,但此書多抄自高瀨武次郎的《支那哲學史》,譯的成分大於作的成分,故不論。參見陳威瑨《〈中國哲學史〉通史專書寫作的發展——從中日交流的視角談起》,文章收入鍾彩鈞編《中日哲學史書寫的理論與實踐》,臺北:“中央研究院”中國文哲研究所,2017年,第139—194頁。

〔3〕上述説法及蔡元培序言,參見胡適《中國古代哲學史》,臺北:臺灣商務印書館,1982年,第1—8頁、第1—3頁。

馮友蘭的《中國哲學史》繼胡適的著作而起。胡適的學術性格比較像國學學者,馮友蘭更像現代意義的哲學家,他的著作在建構中國哲學的系譜工作中,居有重要的地位。這本出版於八十年前的著作,至今仍是哲學界研究中國哲學流變的重要著作。馮友蘭晚年自我評價此書時,也認爲它至少仍有兩項重要的貢獻,至今不替。〔1〕馮友蘭其人及《中國哲學史》其書是二十世紀中國人文學界重要的公共議題,有各種的爭議。然而,他論及中國哲學的起源,其論點至今仍值得參考。他的《中國哲學史》論及中國哲學開端時,雖也論及孔子同時或之前的一些重要概念如鬼神、術數、天等概念,事實上,他是將中國哲學的起源定於孔子,從孔子到董仲舒爲止的時期乃中國哲學的黄金時代,他稱爲子學時期。漢初以後則爲經學時期,他用的"經學"是個類比的語彙,從馮友蘭眼光,漢初以後的哲學家多依傍先秦哲學宗師的經典以立論,尤其儒家,因爲儒家已定於一尊,後儒要發揮自己的思想,都要依附在聖人經典的名義下,乃能立論。即使慧眼巨識如王夫之,如戴震,他們發揮自己的思想學説時,仍是透過對經典的解釋,如王夫之的《周易内傳》、《周易外傳》、戴震的《孟子字義疏證》表現出來的模態。漢代以後的哲人殊少自闢思想體系,其論述方式仿若歐洲中世紀的神學。甚至佛教東來形成許多偉大宗派,代馮友蘭想,這些宗派的思想已非原始佛教所能拘囿,但它們詮釋佛教義理時,總是建立在佛典的解釋上面,如天台宗之於《法華經》,華嚴宗之於《華嚴經》,這些學派的思想依傍佛典衍義,都可視爲廣義的教下哲學。

馮友蘭對於中國哲學的分期恰與筆者所述的相反,他的《中國哲學史》書寫背後有中國通史的三斷代分法,以及西洋哲學史作爲背景,在

〔1〕他説的兩項貢獻,一是將名家分成以公孫龍爲代表的"離堅白"以及以惠施爲代表的"合同異"兩派;以及將二程兄弟分成不同的思想類型,程明道爲心學的先驅,程伊川則爲理學的先驅。參見馮友蘭《三松堂自序》,收入《三松堂全集》第一卷,鄭州:河南人民出版社,1985年,第209—210頁。

此背景下,他斷定中國哲學史没有近世哲學,衹有古代哲學與中世哲學,他所説的經學時代的中國哲學其實等同於西洋的中世哲學。[1]馮友蘭《中國哲學史》所用的“經學時期”的“經學”一詞相當負面,它意指僵化、停滯;“子學”才代表獨立思考的意義。馮友蘭的斷代與分類很果斷,他也是很乾脆地斬斷了諸子百家與“六經”及古史的連結,直接就具有體系思想的哲人處開宗立論。

胡適、馮友蘭的著眼點都有足以成論之處,中國哲學史上的流派自然以儒、道兩家爲大宗,兩家在先秦時期頗多交涉,[2]孔子與老子思想的關係以及年代先後,都是學術史的重要議題,重新探討的空間很大。孔、老兩人的年代先後姑且不論,胡、馮兩人對中國哲學的起點要從老子算起,或從孔子算起,雖有爭議,但他們顯然都從“史”的立場,也就是從有體系的思想之立場出發,[3]演繹中國哲學的開展。論及中國哲學的起源,有體系之思想自當從孔、老算起,諸子百家興起是第一次思想全面性突破的年代,其中的儒、道兩家更奠定了後世哲學思想發展的主軸,此種判斷自然有理據可説,學界也有相當的共識。然而,孔、老思想不是憑空生出的,《道德經》一出世,内容即非常精湛,議題的涵蓋面也廣;孔子出現於春秋時期的歷史舞臺,他的思想儼然集前代思想之大成。老子、孔子都承認自家思想前有所承,老子有“古之道”(《老子·第四章》)、“古之所謂”(《老子·第二十二章》)之言;孔子也自言“述而不作,信而好古”(《論語·述而》)。當代的中國哲學史著作面對孔、老的夫子自道時,也承認孔、老之前已有哲思流傳於中國文明,但它們會認爲那些哲思是片斷的,不夠體系。“體系”、“個人”(或稱作“私人”)這些概念是胡適、馮友蘭用以判斷中國哲學史的起點不能前移的標準。

---

〔1〕參見馮友蘭《三松堂自序》,收入《馮友蘭全集》第一卷,第204—205頁。

〔2〕先秦無“道家”之名,如實説來,兩家没有交涉的機會。此處所説,乃依漢代歸納出來的系統倒溯回去所致。

〔3〕兩家都從春秋戰國時期的哲學論起,而且同稱之爲“諸子時代”,由此可見一斑。

回到中國哲學史書寫前的文化場域,傳統的儒者顯然不能接受孔子之前的聖賢之統可以與孔子切斷,他們不但接受"伏羲、神農、黄帝、堯、舜(尤其堯、舜)"在儒學史中的重要地位,不會質疑這些聖賢是否爲真實人物,更不會認爲他們在"道"的意義上會不如後世的孔、孟。[1]這些未受現代知識洗禮的傳統儒者的堅持也是其來有自,因爲同樣在諸子的年代,孔、老的後學論及孔、老思想時,已多認爲他們之前有偉大的先行者,子思説"仲尼祖述堯舜,憲章文武"(《禮記・中庸》),莊子説"古之道術"有"以本爲精"者,老子"聞其風而悦之"(《莊子・天下》)。若此知識的溯古之論,雖不合時風,卻是前代儒者論學之常論。前代儒者對"六經"所記載之古史與古聖王,顯然有一種不同於當代學者學術論述所依託的歷史意識之理解。

有關老、莊思想的源頭,前人多已有説,"道家思想"的部分本書姑且不論。[2]儒家的溯古意識很强,當代學者要探討儒家之前的儒家思想成分或孔子之前的孔子思想的因素,或許可以重思傳統儒學史的提案。根據傳統儒者所述儒家系譜學的算法,我們從孔子往上追溯儒家源頭時,第一步可追溯至文王、周公,周孔一向並稱,周公的地位甚至可排到孔子之前;再前進一步,可追溯至夏禹、商湯,三代是先秦儒者的套語,三代的精神是被視爲一貫的;我們往上甚至可上溯至神話、史實雜糅的五帝,尤其是堯、舜,先秦儒家經典多已涉及這個難以徵實年代的聖王。朱子所説的道統即起源於堯、舜,他的提案是有本的,其結構大

〔1〕王陽明《傳習録》提到道統論裏的聖人有共相,有别相,他們純乎天理則一,但每人的才氣有别,他説"堯、舜猶萬鎰,文王、孔子有九千鎰,禹、湯、武王猶七八千鎰",其舉例頗引起門學生的議論,引發一時風潮,王陽明後來還修正了一下語氣。但王陽明的意思是指堯、舜、文王、孔子在道德上是一樣的,道德論質不論量。王陽明此處的觀點也是依經學意識立論的,堯、舜與孔子同格,其道德並没有更原始,甚至位階還可以更高。

〔2〕道家思想的源頭難論,因爲"道家"一詞是漢代以後追溯出來的,先秦無此學派之名。學派不存在,源頭自然就難論,皮之不存,毛將焉附。但如果我們以秦漢後成立的"道家"意識往前追溯東周的道家學派前史,這個問題自然還是可問的。參見拙著《道家與古之道術》,新竹:清華大學出版社,2019年。

體上是依照《尚書》及先秦儒者呈現的統緒建構而成的。五帝、三代,這是經學論述下孔子之前的時代框架,道統論系譜中的聖哲堯、舜、禹、湯、文、武、周公、孔子都是被安置在這個歷史框架内的儒家聖人,他們可説都是中國上古文明精神的創造者與傳遞者。

於今觀之,也可以説以史觀之,後世儒者追溯出來的精神系譜虛實雜陳,不見得全是歷史的。〔1〕文王、武王、周公其人其事有史可考,圖像相對清楚,他們是歷史的;夏禹、商湯應該也是歷史的人物,有跡可考,先秦文獻也多有記載,但其人的事蹟不一定那麼可靠,夏禹流傳的事蹟即多縹緲神怪之言。最有爭議的部分是三代之前的歷史,也就是儒家精神史記載的上游的歷史,此期史實的成分很稀薄,無端崖之辭特別多,堯、舜的真實内涵可以確定衹能在神話的框架下顯示,而不能看作歷史的事蹟。退一步想,縱然我們承認經書中記載他們的内容涉入了史實,他們之於史實衹能是層層地折射反映出來的圖像,後人要瞭解其人其事,重回歷史現場,仍必須層層解碼,反覆詮釋,才可得其仿佛。如果衹是依文解義,不免處處障礙。

當代學術依經書所述古史探索古史真相,解構經書文字與經書文字所指涉的史實之連結,當然有重要的意義。明顯地,當代中國的學術氛圍基本上已由信古走向疑古,再由疑古走向釋古的年代,"五帝"這樣的概念已成了可以探討的學術議題,顓頊、堯、舜其人其事也可被安置在歷史的脈絡中尋得他們的歷史地位。然而,真實有各種類型的真實,經學的真實不一定要與史學的真實同構,竊以爲經學知識的正當性宜建立在更穩當的基礎上。歷史上即使没有堯、舜其人,堯、舜不見得比秦皇、漢武、唐宗、宋祖更不真實。物理、歷史、美學、宗教各有各領域理解的真實,一種不符合歷史卻與人的存在感以及生活世界相關的敘述不見得不真實。依據中國古代的敘述傳統,儒家有個遂古洪荒的源頭,

〔1〕 歷史的終點也不見得是歷史的,《春秋》絶筆於獲麟,此神秘事件即非歷史的。

這個源頭也許爲非時間性的,卻不是虚幻的,傳統儒家不會認爲五帝是幻構的神話。即使活在儒家文化下的傳統史家也多有此意識,偉大史家司馬遷的歷史意識須要正視,他極具考辨意識,無徵不信。但他也主張"學者載籍極博,猶考信於六藝"(《史記·伯夷列傳》),論辨古史,他以經書作爲可靠與否的標準,雖然不是唯一的標準。[1]顯然,作爲一位承載儒家春秋精神的史家,他在事實與價值、史學與經學之間,有種獨特的連結。堯、舜事蹟既見之於《尚書》的記載,堯、舜時代即是一種真實,一種非關時間性的真實。於今觀之,它乃是坐落在歷史之先的歷史,這是種非歷史性的歷史。我們追溯中國儒家的起源,即要在非歷史性的時代偵巡具有深刻歷史意義的原儒思想的足跡。

中國文明進入二十世紀以後,不能不接納來自西洋源頭的"哲學"一詞進入中國原有的知識體系,這是整體學術現代化工程中的一環。但由於西洋的哲學在二十世紀進入中國時相當强勢,反客爲主,一個在西方環境下成長出來的知識取得中文"哲學"的化身之身分後,竟有了指導中國義理之學的地位,遂有了所謂的中國哲學合法性危機的議題。不管這議題是真問題或是假問題,但就哲學學科的建制而言,確實有以來自西洋的"哲學"此建制性概念運用於中國的學術園地,而中國傳統的經學、子學、道學、佛學須配合"哲學"的想象以進入現代學術機制的"哲學"學門的情形,此時機落在清末民初此關鍵性的革命年代。即使今日學者一般不太敢像胡塞爾那樣將"哲學"視爲祇是純粹歐洲精神的産物,歐洲以外的中國、印度不與焉;[2]也不太會陷入羅素撰寫《西洋哲學史》以前的風氣,當時的歐洲學人撰寫西洋哲學史時,常將西洋一個區域的哲學史直接視同哲學史本身,上述這種例子應該很少了。但

[1] 儒家重視堯舜,《尚書》論中華文明起源,即起源於帝堯之治。但司馬遷周遊禹域,各地風教殊異,傳聞不同,他撰《史記》,最後以黄帝開頭。

[2] 參見劉國英《現象學可以還中國哲學一個公道嗎——試讀老子》,收於劉國英、張燦輝編《現象學與人文科學:現象學與道家哲學》,臺北:邊城出版社,2005 年。

“中國哲學”在”哲學”此體制下的情況是否已融合爲一，大概還很難一言論定。

“哲學”一詞進入中國學術界並取得學制内的地位之後，由於特殊的時代背景，遂不免産生“格義”、“反格義”交叉代起的現象，其複雜糾纏尤甚於六朝時期佛教文明進入中土所産生的衝突與融合。〔1〕六朝時期，佛教進入中國，這個來自異文明的宗教爲求得其教義能獲得華人的認同與理解，因此，會假借中土的相似概念，主要是來自道家的概念，兩相比附映照，比如以道家之“無”理解佛教之“空”，以求相通，此之謂格義。但在十九世紀、二十世紀之交的中國，西洋哲學進入中國，兩組概念的關係竟是出主入奴，顛倒了主從。近人撰中國哲學史，不管其論述是論者所説的有中國没有哲學；或是有哲學没有中國哲學；或是有中國哲學卻是縮小的中國哲學，他們的論述背後都站立著一位西洋哲學巨匠如杜威、柏拉圖、康德，這些西洋哲學巨匠嚴厲地監督他們的中國信徒有無逾界，其著眼點有没有信守對哲學的承諾。無疑地，二十世紀出現的中國哲學史的論述都不能不受到來自西洋源頭的“哲學”兩字有形無形的影響。

然而，我們如果回到中國現代知識體系建立前的狀況，最好回到宋明時期的思想界，回想當時的儒者如何設想自家的傳統，不能不承認他們接受超越歷史的真實以外的經學的真實。經學記載的内容可能有的是史實，有的不是史實或是曲折的史實，但它們的内容因爲都被視爲是道的載録，所以都具有超乎一般經驗知識之上的意義。即使經學的知識不一定概念清晰，思辨的成分不夠强，歷史的先後難免混亂，也就是不符合現代對“哲學史”知識的認知。但就儒家的價值體系而言，經學的知識構成完整的價值體系的重要環節，它支撑了一個相當久遠時代

〔1〕關於現代中國哲學研究的反格義現象，劉笑敢的著作言之甚詳，較密集的討論參見劉笑敢《關於“反向格義”之討論的回應與思索》，收入《詮釋與定向——中國哲學研究方法之探究》，北京：商務印書館，2009 年，第 415—447 頁。

的儒者之人格結構與文化的統合。任何新知識進入中國文化的場域,如果能先傾聽原來的聲音,瞭解經學所賴以存在的“經”之意識到底有何重要的内涵。在此基礎上,再有創造性的混合,這種交流應當是更理想的。

三、宗經與“環中”詮釋學

經學的詮釋首先當顧及經學的本質,一種詮釋如果偏離了經的本質太遠,而變成了史學的論述、語言學的論述或社會學的論述,這種詮釋即是反客爲主,其詮釋活動即使有所獲,所失絶不會少。經當然不是形而上學的概念,它的意義無疑地是透過文本的内容呈現出來的,而經的内容所記人、時、事、地、物總是在特定的時空背景中出現,“六經皆史”之説有所不足,但亦有足以立論之處。“史”的内涵不僅指向歷史事件,它也可指向社會禮儀、典章制度、語言文字,這些内涵自然需要在時間之流中定位,重作詮釋是必然的。在當代,經學的議題常以史學、文獻學、社會學的面貌顯現出來,這些新題材無疑增加了經學的内涵;另一種常見的方式乃是它以中國哲學的面貌呈現出來,“經學的中國哲學化”可以詮釋爲當代經學的一種發展。經學進入二十世紀後,它被動地以新的學術議題與新的表達方式出現於世,此形勢使然,也不能不説是有某種程度的合理性。但鑒於經學在儒家及整體中國文明的特殊地位,我們不能不問在二十世紀出現的經學的新貌是經學調適而上遂的發展(借用莊子的語言),還是造成經學的遊魂化(借用余英時的語言)?

“中國哲學史”這個概念的建構已逾百年,相當程度上,它已成了我們當代知識核心的一環,我們現在反思儒家的歷史很難不考量這百年累積的成績。但面對强大的中國哲學史敘述,我們還是可以檢查它的敘述到底照明了多少的幽暗,又遮蔽了多少的明光。當經學時期的文獻被推出儒學的範圍,或者衹成了儒學的前奏,而不是儒學本身,其結果乃是堯、舜不再是聖王,禪讓祇是傳説,構成儒學核心價值的作用在現代知識的建構中被解構掉了。中國哲學史犧牲孔子之前的階段,一切從“道術爲天下裂”以後開始算起,這樣的代價是否一定要付出? 竊以爲現當代的中國哲學史的書寫有它的標準,這是不可避免的事情。但儒家既然有自己的價值傳承,經學構成了存在意義的知識,這麽悠久的知識自有立論的依據,它也需要得到高度的尊重。我們站在業已混合的中西語境的基礎上,面對不同定位的兩種敘述,應當可以有不同的理解模式。

經學和中國哲學史的關懷不同,筆者不認爲是孰是孰非的問題,到底兩種學問的性質不一樣。中國哲學史此學科需要處理中國哲學的核心議題,“中國哲學”一詞自然要受到“哲學”這個概念在西洋源頭與在現代中國使用史的制約。但“中國哲學史”的議題不祇是普遍性的哲學玄思的問題,它也是在中國歷史的脈絡裏呈現的問題,歷史的脈絡或歷史的框架該如何呈現,差異可以很大。胡適論諸子百家的起源,很注重他們的思想和時代思潮的關係,他反對《漢書·藝文志》的諸子出於王官説,但他注重哲學的社會性,哲學思想和現實政治社會問題的解決有非常密切的關係,政治社會變了,哲學問題也會跟著變。馮友蘭的《中國哲學史》與胡適的著作自然關懷不同,他的著作的哲學性更强。但馮友蘭定位中國哲學史,事實上是將中國哲學史和中國通史平行而觀,他的説法是他撰寫《中國哲學史》時,雖然没有明白引用馬克思主義的觀點,但事實上是受到了一些唯物史觀的影響,所以他的《中國哲學史》有成分不等的社會史、經濟史的背景。[1]

胡適和馮友蘭兩部《中國哲學史》奠定了中國哲學史的書寫方式,後來的中國哲學史專書雖然陸續有學者撰述之,有些著作的論述焦點也有大不同於這兩本書者,如勞思光的《中國哲學史》即有後出轉精之

---

〔1〕 參見馮友蘭《三松堂自序》,收入《三松堂全集》第一卷,第203頁。

處。但胡、馮這兩書在奠定中國哲學史的基本架構方面,還是起了根本的奠基作用。這兩書的内容頗有差異,衹是它們的差異是在這兩書的對照中産生的,我們如果將胡、馮兩人的著作與傳統中國類似議題的著作相比,譬如朱子的《伊洛淵源録》、孫奇逢(夏峰)的《理學宗傳》或黄宗羲的《明儒學案》等相比,胡、馮兩人著作的共相即相當清楚,他們的論述與朱子、黄宗羲等人的論述之根本差異,也同様清楚。新興的"哲學"這兩個漢字被引進中國學界後,很快即介入對中國核心概念的解釋,而且一介入就取得關鍵性的發言位置,這兩部《中國哲學史》的作用在於將儒家的義理帶到"中國哲學"的框架下重新定位——也可以説支解了。儒家是平面的中國文明史當中的"哲學"部門的一部分,它與其他的諸子百家彼此相對化,不再定於一尊。

胡、馮這兩書出來,另一個重要的影響乃是儒家的義理不僅在與諸子百家的比較中相對化,儒家各家各派的義理也在歷史的流變中相對化。透過歷史的定位,他們瓦解東周前儒者(如周公)的思想與孔孟思想的經學的同一性,姬旦是姬旦,孔孟是孔孟,周公的還給周公,仲尼的還給仲尼。歷史化且相對化哲人地位的手法自然不是胡、馮兩人首創,清儒反宋明理學時,即常用此策略,顔元所謂"破一分程朱,始入一分孔孟,乃定以爲孔孟、程朱判然兩途者是也"。[1]但前清的歷史主義的定位策略入民國後,因爲社會達爾文主義、唯物史觀等諸種强調時間意識的現代意識形態的加持,其作用更加强大,"古史辨"思潮就是個顯著的地標。從胡、馮兩人的觀點來看,儒學各派不管往前繼承了多少前儒的義理,或他們的觀點回應了多少當代重要的三教的議題,他們的思想的意義都是在歷史的流變中獲得定位的。胡、馮兩人撰寫《中國哲學史》時,都提到他們的觀點和之前談中國哲學,事實上也就是談儒家哲學的人大不相同者,在於前人論儒家哲學幾乎没有歷

〔1〕 顔元之語,引自戴望編《顔氏學記》卷三,臺北:世界書局,1962年,第72頁。

史的意識,他們往往從伏羲、堯、舜談起,一路逶迤,遲遲吾行,好不容易才會談到周、孔,至於堯、舜、周、孔之間的思想演變之意義,怎麼談也談不清楚。

胡、馮的《中國哲學史》著作在當時引發了很大的震撼,這兩本著作如果出現在廿一世紀的中國,應該還會有學術的意義,但或許不會有太大的思想史的作用。正是出現在新舊思潮夾擊下的民國早期,讀者閱讀時才會興起强烈的衝突,甚至是内在意識的撕裂,如果缺少集體情動的因素,《中國哲學史》的出現就不會是個具有歷史縱深的社會現象。從今日的情勢反思他們帶來的震撼,我們不妨反思震撼的發生點。筆者認爲晚清之前的士子所瞭解的儒家義理可以説是經學意識的知識,"經"提供了價值判斷的基準。晚清以後,新學制改訂,新興學子接受了另一套新知識,這羣新學制學子構成了胡、馮兩人著作當時的讀者羣,〔1〕他們是在經學文化與新知識體制文化兩者混合下成長的,這種混沌矛盾的情感狀態提供了胡、馮《中國哲學史》的影響力的基礎。從讀者反應理論的觀點著眼,我們可以追問經學意識碰到"客觀知識"、"歷史演變"這樣的框架時,爲什麼會受到那麼大的震撼。

回到胡、馮的兩書與傳統經學知識碰撞的現場,兩者的衝突似乎是必然的。經學的成立建立在"經"的基礎上,從文字學的觀點看,"經"字的成立也許有不同解讀,〔2〕但就歷代所重視的"經"的意義,其尤要者應該在於"常"字。《孔叢子》云:"經者,取其事常也,可常則爲經。"〔3〕

---

〔1〕晚清新學制下受教育的青少年學子和傳統的經學教育已斷了線,等他們成長後,恰逢"五四"新思潮,他們自然地成了那一代新思潮的接受者與參與者。鄧秉元近著有此觀察,足以成説。參見鄧秉元《新文化運動百年祭》,上海:上海人民出版社,2019 年,第 1—94 頁。兩部《中國哲學史》的影響力之來源也可從此觀點進入。

〔2〕《説文》云:"經,織從絲也。"直行絲或爲本義,楊樹達引申其義,釋"經"爲"直",即爲一例。參見周法高編《金文詁林補》,第 14 册,臺北:"中央研究院"歷史語言研究所,1982 年,第 7251—7253 頁。

〔3〕孔鮒《孔叢子》卷五《執節》,臺北:臺灣商務印書館影印四部叢刊初編本,1979 年,第 19 頁。

《白虎通德論》云:“經,常也,有五常之道,故曰五經。”〔1〕《韓詩外傳》云:“常之謂經。”〔2〕若此之言,在後代儒者的言論中,可謂比比皆是。論者或許會質疑經的出現是歷史現象,歷史的事物怎會恒常?而且,經的出現怎能保證其地位永久不變?就史實而論,儒家的核心經典從宋、元之後即由“五經”轉到“四書”,經怎能永久不變?上述的質疑都言之成理,就史學知識的觀點而論,也不容易辯駁。然而,論及經學,我們需要轉換觀察的視角,就儒學内部的觀點考察,經的出現代表新的時刻來臨,那是個非時間性的歷史時刻。我們且稱此設想的時刻爲經的時刻,經的時刻一旦到來,經就從個人性甚或集體性的著作變爲原型的著作,類别即由史變爲經,在歷史之流中出現的作品即有不變的意義。即使爾後有新的經典出現,比如儒家經典的重點從“五經”轉到“四書”,但“五經”作爲經典的本質事實上並没有減殺,“四書”與“五經”地位的消長仍是在儒家經學範式下作的調整,“經”之爲“常”是必然的。漢儒以“常”釋“經”,這種解釋不是從文字學,而是從經學觀點下的經的本質著眼。

經的模態是常,它的内涵是常道,因此,它就不能不帶有抗拒時間意識的成分,這種抵抗變遷源於原始的信託,也可以説帶有根源性的信仰。顔之推説:“吾每讀聖人之書,未嘗不肅敬對之;其故紙有‘五經’詞義,及聖賢姓名,不敢穢用也。”〔3〕顔之推的態度可以代表傳統士子對經的態度,不祇他一人或六朝一代爲然,而是經學文化薰陶下的士子讀經的共相。也不祇士人對經書有原始的信託,隨著儒學下滲民間社會的過程,經書提供了民間社會重要的價值意識的來源,對經書的禮敬在

〔1〕 班固《白虎通德論》卷八《五經》,臺北:臺灣商務印書館影印四部叢刊初編本,1979 年,第 19 頁。

〔2〕 此引孟子語,參見韓嬰《韓詩外傳》卷二,臺北:臺灣商務印書館影印四部叢刊初編本,1979 年,第 3 頁。

〔3〕 參見顔之推著,王利器集解《顔氏家訓集解 · 治家》,臺北:明文書局,1982 年,第 66 頁。“聖賢”一本作“賢達”。

傳統社會有相當廣泛的基礎。[1]

但經學意識的詮釋雖帶有信仰因素,卻非源於盲信,而是源於經學知識指向一種與人存在相關的知識。經學的知識不是主體所對的對象,而是主體必須縱躍進去而且融會進去的場所,經與讀者的原始關係是場所的相偶性,彼此相互深化。程頤論學者讀《論語》的態度有言:"學者須將《論語》中諸弟子問處便作自己問,聖人答處便作今日耳聞,自然有得。雖孔、孟復生,不過以此教人。若能於《語》《孟》中深求玩味,將來涵養成甚生氣質。"又説:"凡看《語》《孟》,且須熟玩味,將聖人之言語切己,不可衹作一場話説。人衹看得此二書切己,終身儘多也。"[2]程頤之言固可説是卑之無甚高論,但這卻是傳統儒者進入經書世界被要求的心態。朱子一生精力可説是盡瘁於《四書章句集注》,他指導後生讀書時,即特别援引程頤這幾段話,以示經書之於主體,不是被研究者,而是被請益者,經書的地位預設了超越讀者以上的更高的知識位階,它是種聖顯(hierophany),是道的文本化,讀者進入經書的世界要有先行的生命之敞開與謙卑。

"原始的信託"意味經書的閱讀不可能不建立在前見的基礎上,不可能不預設業已存在的文化傳統的權威。但學者既然敞開生命,以期提升,在提升轉化的過程中,學者與經典之間必然有差距。這種差距既有生命層次的差距,也有歷史處境、語言隔閡造成的差距,也有可能是經典文本内部結構的差異,比如經典中夾有僞經的成分,因此,信賴經典也無可避免地會引發有效的懷疑伴隨而生。而這種有效的懷疑有可能影響到對經書内容的解釋,甚至部分經文合法性的基礎。事實上,正是經學意識極强的兩宋時期,對於經學的内涵與真僞問題也産生了關

〔1〕 如"敬字亭"這類的機制即可視爲經學文化的一種象徵。參見潘朝陽《明清臺灣儒學論》,臺北:臺灣學生書局,2001年,第7—11頁。

〔2〕 程顥、程頤著,王孝魚點校《河南程氏遺書》卷二十二上《伊川雜録》,《二程集》,北京:中華書局,1981年,第285頁。

鍵性的轉變,宋儒對於《詩》、《書》、《易》諸經内容的真僞與價值高低之判斷,大有超越漢、唐儒者之處。經學意識下的士子對於經典不能没有原始的信託,但經典之於讀者不是片面的權威與服從的關係,而是一種互動的相偶關係。當學者進入經書世界時,固然需要全身投入,但投入之後自然會有疑情,因爲經書所展現的世界不可能和閲讀者當時的生命世界完全相契,讀者有疑是必要的。衹是有疑的前提仍是與經書的互動,疑在信中尋得解決。信不改疑,疑非無信,信疑交加,兩者在互動中引發讀者人格的轉化與經書性格的深化。

本書對於經的定位與理學家的定位較爲接近,理學家對經的尊崇是有名的,理學的興起與經學的重新建構是同一樁學術工程的不同部分。理學家都是尊經的,但同樣顯著的文化現象乃是理學家論學貴"疑"。張載説:"有疑,是問是學處也,無則只是未嘗思慮。"[1]又説:"於不疑處有疑,方是進。"[2]張載固是一代豪傑,勇於承擔,咀嚼百家,跨邁千古。然學問衹要落實實踐,即不可能不碰到經典旨義與現實處境如何相應的問題,疑團不能不起,[3]正因信之切,所以才會疑之深。從張載以下,"貴疑"成了理學論學重要的傳統。朱子與吕祖謙合編的《近思録》一書中,即有多段文字彰顯了"疑"的重要意義。[4]胡適論及讀書的訣竅時,也特别提及張載、程頤論爲學須疑之語,表示這是他們很重視的治學工夫。[5]"經"總是在常與變之間,在信與疑之間作辨證的發展。

儒家的經之内涵所以在常與變之間交互運動,其模式與儒家經典

〔1〕張載《經學理窟·氣質》,收入《張載集》,北京:中華書局,1978年,第268頁。

〔2〕張載《經學理窟·義理》,《張載集》,第275頁。

〔3〕這也是張載所以説:"不知疑者,只是不便實作,既實作則須有疑"。張載《經學理窟·氣質》,《張載集》,第268頁。

〔4〕如卷三《格物窮理》第15條"學者先要會疑",程子語;第21條"義理有疑,則濯去舊見,以來新意",張載語。

〔5〕胡適《讀書》,收入《胡適文存》第三集,臺北:遠東圖書公司,1961年,第137頁。

既經且史的性格有關。"經"雖是經,它仍是在歷史中出現的,經的内涵不能不反映書寫時的社會内容,章學誠"六經皆史"[1]説很難否認。但經總是經,在歷史中出現的經學知識很難徹底地歷史化,"經也者,恒久之至道,不刊之鴻論"(《文心雕龍・宗經》)。没有永恒的意識,没有守死善道的信念,即没有經學可言。所以反過來説也通,經學意識一旦形成後,所有的歷史也是經。經史互訓,反覆相證,理學家詁經多有此詮釋的特性。事實上,我們如果追溯章學誠的"六經皆史"之説,發現此説是有傳承的,他繼承李卓吾之説而來。李卓吾論經史的關係時有言"六經皆史",但他也説"經、史一物也"。[2]李卓吾對"經"的歷史知識價值很看重,但他的"六經皆史"的内涵其實是"經史一物",而不是化經爲史。經以史顯,史依經立,這纔是他立論的旨意。李卓吾固是豪傑之士,時有驚世駭俗之言,但他這段話可説是理學家關於經史關係很根本的設定,不是他個人的一家之言。比起"六經皆史"説,"經史一物"説是更穩當的表達方式。

"經史一物"之説意指傳統儒者的知識架構不可能脱離經學意識的軸心作用,但依經學意識看待"六經",不必然就會抵抗新興的解釋。恰好相反,劉勰論"六經"的作用時説道:"往者雖舊,餘味日新,後進追取而非晚,前脩久用而未先。"經典常在,不晚不先,它具有源源不絶的神秘功能,"百家騰躍,終入環内"。[3]百家由"六經"出,百家還歸於此"六經"。劉勰的解釋乍看神秘,卻是典型的經學意識的反映,也是對已發生的經典詮釋學的歷史效果一種合理的總結。引文的"環内"即"環中",莊子以環中喻道,環中這個隱喻指向一種帶動不斷變化的不變化

---

〔1〕語見章學誠《文史通義・内篇・經解上》:"古之所謂經,乃三代盛時,典章法度見於政教行事之實,而非聖人有意作爲文字以傳後世也。"

〔2〕上述引文參見李贄《焚書》卷五《經史互爲表裏》,收入《焚書續焚書》,北京:中華書局,1975年,第214頁。

〔3〕前引參見劉勰《文心雕龍》卷一,臺北:臺灣商務印書館影印四部叢刊初編本,1979年,第5頁。

者,一種帶動相互相成的迴旋運動者。劉勰運用了《莊子》"環中"的寓言,我們可稱經學的詮釋運動是種環中的詮釋活動。

"環中"的"中"存在而不可見,它就像莊子所説的"外化而内不化"的"不化",[1]這個作爲永恒軸心的"不化"不可見、不可定義、不可加以狀詞,但它卻是存在的。對活在經學意識下的詮釋者而言,"環中"是他進入經學世界的基礎,經的内涵依環中模態的運動展開。經學意識所帶動的規範意識無疑有信仰的因素,不管學者對此信仰因素自覺到什麽程度,他如果没有基本的信託,就不會進入經書的環中。但信仰不是知識,卻不一定無助於知識,有意義的信仰往往可以强化知識成立的支援意識,活化闇默向度的能量。[2]尤有甚者,正如前文所説,真誠的信仰會信疑互生,深化議題。信仰的内涵要付諸實踐時,往往會産生知與行的落差。學者因知、行的落差而起疑,因起疑而釋疑而相信,因相信而有更高階的疑情。如此信疑相生,步步深化。"環中"的詮釋就像這個隱喻顯示的,因中轉環,環也轉中,這是經學的詮釋學循環。"樞始得環中,以應無窮","樞"會在信疑兩端間轉化,因而整合成更有解釋力的知識。

四、兩重證據法之外

本書追溯儒學史上孔子之前儒家傳承的意義,著眼點放在《尚書》敘述的聖人所代表的意義。依據後來的道統論的説法,孔子之前的聖人有堯、舜、禹、湯、文、武、周公諸人,這些聖人可以説都是聖王。這些聖王被認爲傳下了道,道構成了儒家的精神脊梁。但我們進入《尚書》

---

〔1〕《莊子·知北游》:"古之人,外化而内不化。今之人,内化而外不化。"莊子這裡説的"古之人"、"今之人"自然是"得道之人"與"没有得道之人"的另一種表達方式。

〔2〕筆者此處借用波蘭尼(Karl Polanyi)的理論,波蘭尼分析知識的構成,主張知覺核心的焦點意識需要有作爲背景的支援意識支撑,知識才能成立。他的知識論帶有格式塔心理學的印記。參見波蘭尼著,許澤民譯《個人知識》,貴陽:貴州人民出版社,2000年。

所陳述的聖王世界時,每位聖王的史實成分不一樣,有些聖王的知識是歷史的而且是有文獻學證據的,如《尚書》的《周書》部分;有些是歷史混合傳説的,比如夏、商部分的文章;有些是神話而非歷史的,比如《虞夏書》部分的一些篇章。不同類型的經文需要不同類型的解讀方式,《尚書·周書》的問題落在傳統的文史知識可以討論的範圍,證實性高,史料價值最確定。《虞夏書》、《商書》的内容通常虚實夾雜,史料價值須反覆過濾而得,考古文物的幫助很大。最麻煩的,當是我們要進入三代之前的傳説時期的知識版圖時,没有史實可靠的文獻可作爲佐證,出土文物的幫助也相對有限,如果我們以追求失落的歷史環節爲目標,我們可以動用的知識工具真是有限。

先史時期是無文字的時代,後人要探索它的精神史,有根本的限制,很難克服。它的内涵或可依賴口頭傳説、代代傳遞下去,傳説是先民傳播古代文明精神的重要管道,也是後人想要重建文明的黎明期無可逃避的途徑。但先史時期的傳説内涵如何解讀,困難不小。中國有很强的文字書寫傳統,先史時期的傳説進入經學時期或子學時期,它的内容常會被載録下來。但事關上古的傳説一傳再傳,即不免走樣,此徐中舒、蒙文通所以有古史三系説。古史是否真有三系,或者不祇三系,姑且不論。但古史傳説祇要經過一段時間的羣衆之口,它的意義即可能會被轉化成更具原型意義的類型,也就是它作爲“歷史”的内容會蜕變爲原型的内容,這種歷史事件原型化的歷程是古史傳説的一大特色。[1]但傳聞異辭,傳述者存在處境不同,上古傳説經由不同的傳述管道,郢書燕説,魯魚亥豕,歷史就變爲小説。

筆者不認爲傳説的蜕變有何不好,也不認爲一定可以阻擋得住事情的發生。中國思想的非歷史源頭有它的意義,祇要儒家存在,經作爲

〔1〕 參見耶律亞德(M.Eliade)著,拙譯《宇宙與歷史——永恒回歸的神話》,臺北:聯經出版事業公司,2000年。

道的載體的功能就不會喪失,而一種帶有常道的詮釋内容也就不可能不具備。但經的常道也是動態的,就像《易經》這部聖經闡釋的,“不易”透過“變易”而顯,“變易”依賴“不易”而現,“不易”與“變易”交互指涉,以“反因”證成“公因”,學術的檢證總要在歷史的脈絡中呈現。學者如果無法接受“變易”的挑戰,也就無法與新時代的新知識對話,“不易”的基地一定守不住。前塵影事,血跡斑斑,不言可喻。

經學的道統源頭既落於歷史的源頭,它的常道意義就不可能不受到當代文化氛圍下對文明源頭的理解之刺激。自從現代考古學在中國興起之後,我們對以往的傳説有著和前賢大不相同的理解,這一世紀來,陶器、銅器、玉器、骨器等文物的出土帶給我們極大的想象空間。二十世紀是中國考古學的黄金時代,上半葉的挖掘已頗驚人,下半葉以後,中國的考古更呈現驚人的發展,從東北到西南,從塞外到江南,紅山文化、龍山文化、仰韶文化、大汶口文化、齊家文化、良渚文化、石家河文化、石峁文化,一個個規模宏大的中國史前文明場景在世人眼前揭開。幾乎中國輿圖各地皆有重要文物出土,其分布之廣,有如考古學家蘇秉琦所説“滿天星斗”。[1]二十世紀下半葉以來的考古發現之内涵,不但宋儒、清儒未曾夢及,即使現代中國學術的奠基者章太炎、康有爲、羅振玉、王國維等人,甚至年代晚一些的郭沫若、董作賓等學者,也是不甚瞭解,甚至聞所未聞的。

當代中國考古發現的規模是空前的,它的意義也是相當巨大的。但目前學界對於春秋之前的三代及先史時期文明的解釋仍然不足。考古報告當然是有的,器物層次的賞析及解讀當然也是有的,而且數量不少,但這些器物的精神内涵爲何,則未免茫然,具有哲學内涵的解釋更少。比如同樣是考古出土文物,戰漢時期的出土簡帛之研究即極爲火

〔1〕“滿天星斗”的比喻不知始出何人,但此譬喻用得很廣,蘇秉琦也用,參見蘇秉琦《中國文明起源新探》,北京:三聯書店,1999 年,第 101—127 頁。此書原由香港商務印書館於 1997 年刊行,兩年後改由北京三聯書店重新排版發行。

紅，簡帛研究已成了獨立的研究領域，有自己的學會與網站，相關的論文與專書更不知凡幾，也解決或解釋了不少重要的學術議題。我們現在已很難想象研究先秦兩漢的學者如果没有涉獵二十世紀下半葉的新出土文獻，他在這個領域的研究會受到多大的影響。僅就本文已提及的儒道兩家思想而論，馬王堆出土的黄帝帛書（可能是《黄帝四經》）以及郭店出土的儒家竹簡，它們對我們瞭解秦漢的"道家"概念以及面貌久已模糊的子思的思想，都提供了關鍵性的幫助。

相比之下，先史時期文化的研究無此幸運。目前出土先史時期的文物距離孔、老的年代少則一兩千年，興隆窪文明的時代甚至可溯至距今七、八千年前，也就是距離孔、老年代五千年。問題還不祇是年代，而是這些出土文物所顯現的文明狀態已重要到學術研究者難以忽視的程度。紅山文化的女神祭壇與豬龍、勾雲紋器的出土揭開了中華遠古文明的象徵系統；良渚文化出土許多精美的玉器，它的城市建築之早不但落實了以往所說的悠久歷史一語，它的規模之大還具有世界史的意義；[1]齊家文化的青銅器、鐵器及玉器出現之早及出土的地點，很難不令人聯想到早期中西的交流史；石家河與新干大洋洲出土玉器之豐及特別，讓我們看到一個不一樣的長江中游文明；三星堆及金沙文明的青銅器規格之高，形制之奇，遺址規模之大，令人瞠目撟舌，而它們出土地點竟是在傳統文獻記載相對陌生的四川。晚近在陝北地區石峁文明出土的文物之豐與城墻格局，也不斷重塑我們對遠古文明的認識。以往的遠古傳説從今日的眼光來看，不祇是文字的狀詞而已，它的成就應當遠遠超越了當日撰述者的認知了。面對著這些成羣結隊而來的文明遺産，我們很難不興起"中華文明起源之謎"的疑問，這些偉大的文明遺跡到底傳達了什麼樣的訊息？它們與後來的儒家或其他的諸子百家到底是什麼樣的關係？

---

〔1〕良渚古城遺址在2019年被聯合國教科文組織列爲世界文化遺産。

由於二十世紀下半葉以來,三代及先史時期的文物大量出土,幾乎遍布中國境内的各地域文明中心,因此,對這些分散各地的文明型態及彼此關係的説明、整理、理解,自然也不少。"重建史前史"的呼籲不斷地被有識之士提出,[1]相關的會議不斷召開,文章大量出版。連帶地,對三代文明的重新探討也被提到了議事桌上來。本世紀初,由李學勤帶領的"夏商周斷代工程"就是涉及這個領域的大型國家計劃。[2]這個計劃的論點會引發不同觀點的交鋒,事先即可預期,成果報告出來之後,果然出現了各種的質疑。但不管報告内容或質疑之聲的具體論點之出入如何,這樣的現象至少顯示三代及先史時期的文化,包含文明起源的議題,應當藴藏了豐富的學術内涵,而且是可以討論的學術議題,所以纔會引起社會及學界高度的重視。但在這些大量的探討文字中,如何去解讀這些玉器、陶器、銅器、建築遺跡的内涵,依然問題重重。相對於戰漢時期的出土簡帛文獻,我們不能不感慨商周之際及先史時期的文物之魂仍未被完全唤醒,仍在恍惚迷離中,它與有文字載録以下的歷史(包含追溯的遠古歷史)的連結藕斷絲連,連繫的關係雖已被觸及,但所連之絲的内容爲何,仍隔幾重山在。

先史時期的文物没有像戰漢的出土文獻引發那麼活潑的思想議題的學術爭辯,文字的缺席無疑是關鍵的因素,文字使得書寫者可以將具體的視覺印象轉化成可供傳遞的公共意義,它可將模糊曖昧的心理感覺轉化爲客觀的認知符號。先史時期的文物缺少了文字的認知機能,因此,大量的視覺、觸覺的物質意象如何解讀,遂不能不沉埋於黝黑的歷史積澱之中。很明顯地,面對先史時期的文物,學者解碼的工具和面對戰漢出土的文獻不一樣,戰漢文獻的解讀之所以較暢通,一大半的原

---

[1] 參見蘇秉琦《關於重建中國史前史的思考》,收入《蘇秉琦文集》第3册,北京:文物出版社,2009年,第175—184頁。

[2] 參見夏商周斷代工程專家組編《夏商周斷代工程1996—2000年階段成果報告(簡本)》,北京:世界圖書出版公司北京公司,2000年。

因依賴它和傳世文本之間有較明確的對照系統而來。先史時期的文物缺少這項優勢,它沒有文字,雖然透過詮釋的歷程,讀者或許可在後世的文獻中找到相關的文字對照系統的歷史痕跡。但歷史時期的文獻所記載的先史時期的内容通常是經過幾代傳説的過濾,傳説一轉再轉,面貌必然走樣。如論及文物可能有的精神内涵,物質文物與紙本文獻彼此之間的扣合更形困難,其解讀需要更精緻的詮釋過程。

我們探討中國思想的第一章,首先就要面對大量的先史文物與築基於神話、傳説之上的傳世經學文獻之間的巨大差距,先史文物不説話,它們衹是自我展示,意義凝聚於沉默的物象當中。中國人文研究傳統一向重視文字的作用,現代考古學的前驅乾嘉考據學的重要成就多半是繞著文字的輯佚、校讎、注釋而展開的,即使王國維有名的二重證據法的提案,基本上也是以文字爲核心,衹是他會强調出土文物的文字力量。他的名文《殷先公先王考》即是以出土甲骨對照《史記》所述,重新建構而得。甲骨四堂(羅振玉雪堂、王國維觀堂、郭沫若鼎堂、董作賓彦堂)的學術成績大半也是兩重證據法合作的産物。兩重證據法不但有方法論的意義,它實質上已成了二十世紀後的中國人文科學研究很重要的一條運作原則。

但兩重證據法用以解釋先史期的上古文化,有根本的限制,它太强調文獻、文物的解釋力道,而忽略了文物如果没有承載相應的理論,它的解釋力道還是有限的。尤其先史時期的文物恰好没有文字,因此也就不是文字所能束縛的。良渚的琮、璧、祭壇很壯觀,三星堆的青銅器極威嚴,石峁的城池、石器、玉器極吸睛,但它們所言何事呢?面對先史時期沉默不語的文物,爲了解開隱藏的密碼,我們不能不假借當代的理論爲之補白。如果没有當代的神話學、宗教學、人類學的輔助,我們幾乎可以確定出土文物與傳統文獻的神話題材之關聯,仍衹會停留在表層的湊合而已,它的内涵仍是緘默的。上述這些知識是傳統文人較缺乏的工具,這些知識建立在域外的學術傳統上,它們大抵是在現代的知識從海運東來之後,横向地移植所致。聞一多、徐旭生、郭沫若、蘇雪林、淩純聲、張光直等前輩學者所以在解讀中國古文明的精神内涵有較重要的突破,相當程度和他們掌握現代的神話學、宗教學的知識有關。相對之下,不具備這些現代知識意識的傳統學者的貢獻就相對有限。〔1〕

我們現在祇要稍微反省一下我們對經書所刊載的三代及傳説的五帝時期的内容的理解,即可瞭解我們和民國前的學者擁有大不相同的圖像,我們對堯舜的理解已很難擺脱楊寬的上帝説;我們涉及少昊的問題時,孫作雲的鳥圖騰説會自然湧上;大禹已進入三代範圍,但我們對大禹的瞭解很難擺脱梁啓超、徐旭生等人提供的洪水傳説;我們對商周始祖的理解已很難不考慮郭沫若、聞一多提供的高媒神、大母神的解釋模式;我們對黄帝的理解多少不能不注意葉舒憲、蕭兵的太陽神話説;我們涉入伏羲、女媧的解釋時,聞一多、芮逸夫的觀點也會自然浮現。上述在二十世紀纔出現的新解釋大體上可歸納在"神話"一詞的名目下,經書所記載先史時代的内容脱離不了神話的範圍,此義大概已成了涉足此領域的學者奉守的規律。很明顯地,我們現在知識人意識中的經學已經是現代知識體系下的構造。

傳統文獻的神話題材不能依賴傳統文獻本身加以解決,出土文物的幫忙也有它的局限,任何文獻或文物所以能發揮較高階層的解釋作用,都是要承載理論導向的,所以我們需要現代知識意義的理論之加持,這是相當清楚的。但經書詮釋所需要的理論不祇是現代的神話學

〔1〕 民國以前,有關三代及先史時期文化的解釋,主要掌握在經學家或金石學家手裏,金石學家往往也是經學家。民國以後,傳統金石家的角色逐漸讓位給留洋回來或受過現代學術訓練的考古學家、人類學家,即是這種時代風潮的反應。據説傅斯年爲史語所考古組找主任及殷墟發掘找主持人時,年輕的哈佛大學博士李濟打敗著名的金石家馬衡,脱穎而出,最後由蔡元培選定,就是個具有指標意義的人事安排。此事參見張光直《李濟考古學論文選集編者後記》,《中國考古學論文集》,北京:生活·讀書·新知三聯書店,1999年,第430—431頁。

而已,它無論如何不能脱離傳統理論大宗的經學的管道。我們探討的中國思想第一章不是純粹理念的第一章,它是發生於中國文明的事件。即使前文字時期的事件不是史實,而是神話或傳説,但神話或傳説發揮集體意識的作用時,它仍曲折地反映了該時代的社會現實,更恰當地説,乃是兩個時代的社會現實,一個是文字指涉的遂古時期,一個是文字載録的時期。换言之,中國古典文獻中的神話題材顯現了重層的構造,它的敘事面指向了遂古之初的神話事件,那是個發生於"昔天之初"的"彼時"事件,它會成爲後世人民不斷追求的原型。但這個神話事件如何呈現,卻有待於後世的經書加以呈現,在一個設想中的經之時刻,神話事件被智者記載下來,它的性質發生了質的變化,它變成原型事件。此時文本的呈現通常也就是詮釋,祇是這種呈現通常敘述、詮釋不分。早期文獻載録的中國神話敘述之所以具有特殊的學術内涵,應當是它透過後世掌握了文字表達能力也是文字詮釋能力的士人之手所顯露出來的,神話變成了經典。因爲正是通過這個無可逃避的再創造的過程,原生的神話事件纔會被賦予更深刻的意義。

神話或傳説的事件不可能完整地呈現於後世文獻,後世文獻的載録也不可能符合設想中的原初的神話事件,這兩種不可能乃是本質上的不可能,但透過有效的解碼,原初的神話事件因經過了經學事件的再詮釋,它的内涵遂可能釋放出更深刻的文化意義。凡經學所指涉的前文字時期文明的文本之意義都是重層的,它包含敘述指向的神話時刻與敘述時的經之意識的時刻。相應地,在今日解碼經典的理論也是重層的,一方面,中國文明的第一章畢竟是透過中國古代的經典顯現出來的,我們的解讀無疑仍有待傳世文獻——尤其是"六經"系統文本所載録的文字爲之定位。它的意義與經典的詮釋密不可分,我們脱離不了經學的過濾作用,也可以説是再創造作用。但另一方面,既然古史即神話,古典文獻有許多神話的内容,神話的深層結構畢竟有待神話學的解讀,意義纔能呈現。此時它已進入傳統文史較陌生的學術領域,所以我們不得不借助於跨領域的學術工具,神話理論尤爲重要。古典的經學理論與新來的神話理論兩者結合,纔足以活化前文字時期的文物。

從清代考據學直至民國學術,中國學術的史料(含文獻與出土文物)詮釋導向模式一直很重,即使晚近學風已由疑古漸趨釋古,但釋古的"釋"字所須的理論價值,似乎仍有重申的必要。無疑地,證據本身會説話,但它説的話要讓人聽得懂,仍需經過理論的轉譯。否則,會説話的證據衹會凍結於文物的物性當中,衹會神秘地自説自話,它仍是穿不透的物自身。出土文物、原始文獻、古典的(經學)與現代的(神話學)理論解釋乃是本書賴以成立的三項要素,我們不妨稱作詮釋三要項,甚至稱作三重證據法——如果我們認爲理論就内在於客觀的物質文本之内,有詮釋效率的文字或文物總是承載理論的,那麽,理論本身不妨視作一項獨立的證據。没有出土文物與原始文獻的支持,原始儒家精神之説是空洞的;但没有理論的解密,出土文物的内涵衹會封閉於物自身的不可知之 X 當中,而原始文獻的作用也就衹能是文獻學的作用而已。

五、道與神聖意義

本書追溯孔子之前的儒家哲學,這樣的"前儒家之儒家"自然不能是戰國以後學派意義的用法,也不可能是現在學制下哲學學門的用法,而衹能是經學論述下孔子所繼承的思想的源頭。依傳統的説法,這個源頭即是"六經"的系統。"六經"是孔子之前傳統文化的總集結,莊子説:"《詩》以道志,《書》以道事,《禮》以道行,《樂》以道和,《易》以道陰陽,《春秋》以道名分。"(《莊子・天下》)"志"是主體性的詞彙,主體性的志則在公共的生活世界展現出來;"事"是人文的事件,政治領域由人文事件組成;"行"是公共領域的行爲,但這些行爲建立在共同體規範(禮)的基礎上;"和"是存在的一種和諧狀態,它透過異質性因素的五音衝突之平衡而達成;"陰陽"是自然的基本規範,兩種相反相成的原理或力量;"名分"則是社會生活的組織原理,社會之實與社會之名互滲連結。簡言之,文明的原理與文明的聖典是一一對應的,孔子之前的總體文化表現大體已收在"六經"這六部經典裏。

"六經"的文本大體定型於周代,它的内容不能不以周文化爲大宗。但"六經"的周文化不是憑空生起的,作爲前代文明集成的經典,它涉及夏、商兩代以及更早的先史文獻的載録亦不少。"六經"的編者對這些遠古文化的追溯已作過創造性的轉化,這些遠古文化的内涵遂有文本在其自己的意義以及折射出來的周文化的意義,兩面密貼難分。我們要進入諸子百家興起前的歷史,如能以"六經"及相關的歷史文獻(如《左傳》、《國語》、《山海經》、《逸周書》等)爲主,經由經學與神話學的詮釋途徑,輔之以大量的出土文物,藉以建構孔子之前的儒家精神傳統,未嘗不可行。這一段重構的歷史可以説是"從神話到哲學"的歷程。中國學界自從經歷新史學的引進、古史辨的爭論以及馬克思主義的傳播與確立主流地位等過程之後,"古史即神話"基本上已取得相當的共識。因此,我們如要解讀三代及之前的文獻的一些内容,不可能跳過神話的門檻,此事殆無疑義。

問題是如何解讀神話的内涵?神話到底代表什麽樣的意義?同樣作爲解讀孔子之前儒家哲學不可或缺的經學與神話學,我們從何處介入神話與經的内在關係?神話大概是人類的諸知識領域中最早出現的一支,[1]人文知識甚至人類知識最早的源頭往往與神話有關。但神話的解釋很難取得一致的共識,作爲文明的起點與各文化分支的公分母,

---

〔1〕參見卡西勒(E.Cassirer)著,劉述先譯《論人》,臺中:東海大學出版社,1959年。神話是最先的生命象徵符號,這是卡西勒的晚年觀點,他早年將語言排在神話之前,如*Philosophy of Symbolic Forms*此巨著所述者。筆者認爲如果神話取敘事觀點,那麽,語言當在神話之先,因爲卡西勒接受洪堡特(Wilhelm von Humboldt)的觀點,主張語言是精神的器官,没有語言即没有精神的展現。但神話如果不取敘事觀點,而取"聖"(luminous)的力量的展現,由於神話形成了最早的聖俗分裂的結構,那麽,神話應該是更早的精神表現之象徵符號。

它的内涵必然是重層的,也是多面向的。神話的議題從社會學的角度介入,從歷史學的角度介入,從心理學的角度介入,從宗教學的角度介入,其意義大不相同。神話學的研究所以有結構功能學派、原型學派、文化史學派、馬克斯學派等的分途,大抵起源於解釋者的關懷不同。當代中國學界對神話議題的研究也呈現多元繽紛的現象,張光直説很少有一門學科像神話一樣,幾乎每個學科對它都有興趣,多少也都涉入其中。[1]這是個很有趣的觀察,我們如果考量神話的概念被引進中國纔百多年,神話學還是一門相當年輕的學科,解釋竟然可以如此多樣,張光直所説的現象就更值得省思了。

"神話"的概念被引進中國已逾一世紀,"神話作爲古史"與"神話作爲集體潛意識的原型的表現"等原則在史學與文學批評界都已不陌生,取得相當的成就。就筆者粗淺的接觸所得,最近三十年來,筆者對孔子之前儒家傳統的理解即深深受益於兩股相關思潮,一是文史學界提出的走出疑古之風,以釋古取代信古、疑古的風潮,在蘇秉琦、李學勤、張光直、裘錫圭等老輩學者的引領下,一股大不同於古史辨思潮的學風應當已蔚爲上古史研究的主流;另一股思潮是較年輕一輩的蕭兵、葉舒憲等人結合人類學、考古學與文獻學的神話研究團體提出的,他們在"文學人類學"的旗幟下,回應中國政經局勢的開放以及中國考古學的重大突破,在神話的研究上也取得相當的成就。本書處理儒家源頭的問題,儒家的價值體系是本書的焦點意識所在,但儒家的源頭不太可能不來自文明的公分母,神話的解讀是不可能跳過不論的關卡。本書的許多論點得益於前人以及當代學界同仁的研究,固不待多言。但同樣的"儒家"與同樣的"神話"這兩個詞彙,學者的理解可能頗有差距,如何連結兩者,取徑也很可能不太一樣。

筆者理解的儒家,或者説筆者重視的儒家,重在它提供的一種支持

---

〔1〕張光直《中國青銅時代》,臺北:聯經出版公司,1983年,第288—289頁。

人的生命意義的力量,前人稱之爲安身立命的作用,宋明儒者稱之爲“道”的意識。“道”是古老的詞彙,它承載了悠久的詮釋傳統,雖然“道”的內涵如何,歷代的解釋總難免參差不定,以後也還是會紛紜不定。韓愈説“道”是“虛位”,[1]“虛位”的“道”意味著它會自我空洞化,它的內容有待解釋者加以補充,解釋者關懷不同,“道”的光譜即不免遼闊,聚焦不易,可謂“一道各表”。但道的“虛位”也不宜太虛位化,我們從“道”字承載的内容來看,確實没有核心的共享概念,但虛以控實,從使用者,也就是求道者的内在經驗來看,“道”字卻又承載著很强的情念的因素,它與使用者的價值意識的定位緊密相關,“殉道”或“守死善道”之旨對歷代真正的儒者來説絶不陌生。

衆所共知,宋明理學的“道”不離日用常行内,但其内涵卻不局限於日用常行内,它紮根於生命深層的超越向度。一方面,“道”被視爲非時間性的,它亘古如斯,具有永恒的價值。另一方面,“道”卻是千面英雄,它要在歷史中展現,而且一身多相,與時俱化。在程朱理學處,道以“性即理”的身份出現;在陸王心學處,道以“本心”、“良知”的面貌出現;在歷代所有儒者處,道是以人倫的面目出現的。如果“道”的意識從它在外王領域上的表現著眼,“道統”的概念可視爲道在歷史中的顯象。道貌岸然而多相,此之謂“理一分殊”。承載道的意識的學問可謂之經學,經學意識、道的意識和“聖”的概念三者就理念而言,可謂一莖三葉,同根而發,此劉勰所以有“原道—徵聖—宗經”三者共構的“文之樞紐”之説。

經的意識、道的意識是儒家進入歷史後的表現,它還有前身,對於經學時期的三代及史前時代,我們應該可以找到另外的切入點,也可以説找到它的源頭。筆者認爲道的意識最早出現的時代即是神話的時

[1] “道與德爲虛位”,參見韓愈《原道》,《朱文公校昌黎先生集》卷十一,臺北:影印四部叢刊初編本,臺灣商務印書館,1979年,第1頁。

代,最早出現的場合即是作爲早期的"聖"之顯象的祭典場合。神話是一種敘述,但早期作爲敘述的神話也是一種力量。在尚未被知識、文明稀釋掉的年代,神話的敘述總帶著行動的力量,它的實踐面與宗教禮儀的實踐面很難分割。宗教除了具備以語言敘述的神話外,總還有禮儀等實踐面,藉以溝通神人間的心意。本書追溯儒家哲學的源頭,固然會處理神話的敘述結構,但焦點更落在早期宗教的實踐經驗如何演變成道的意識。

在五四運動時期,中國學界曾有反宗教的風潮,當時反宗教的文化巨子甚至包括佛教此世界性宗教的高僧大德在內,他們多想分割哲學與宗教,或瓦解哲學與宗教的連結的世間印象。他們希望憑藉哲學與宗教分家,以漂白自家的思想體系。近代中國新知識體系的建立和反宗教思潮相伴而至,這種世俗化的知識圖像意味著一種反超越論的價值抉擇。籠統而觀,哲學的神話源頭在任何大的文明體系中應當不是太隱晦的現象,但在五四文化運動時期,這個明顯的現象卻沒有受到應有的重視,而且反其道而行,學界關心的焦點,乃是如何將之抹殺。即使有內在修行經驗的行者如梁漱溟、熊十力、歐陽竟無等人,他們對"宗教"一詞的觀點也不佳。二十世紀下半葉以後,海外學者比如唐君毅、陳榮捷、秦家懿等人,纔逐漸正視儒家哲學和早期的宗教觀念有關,也更能正視其連結的意義。其中,唐君毅是重要的代表,他可能是二十世紀中國哲學家中最能正視宗教價值的一位。唐先生論天的概念、論三禮的意義,都可看出他很重視儒家思想的宗教性格,也可以説他將儒家的價值體系溯源至天及祖先、聖賢的祭祀,並以此包容並世的耶、佛兩大教。[1]唐先生論他與前輩學者的差異時,也特别指出了此點,他是位

〔1〕有興趣者不妨參考唐君毅一九五〇年代的著作《人文精神之重建》、《中國人文精神之發展》、《文化意識與道德理性》諸書,唐先生的宗教情懷在晚年的巨著《生命存在與心靈境界:生命存在之三向與心靈九境》的"天德流行境"也可看到,他甚至將宗教情懷賦予更高的位階。

宗教感很强的儒者。

本書的著眼點自然也是“從原始宗教到儒家”或“從神話到哲學”的歷程,但相對於前輩學者如唐君毅等人的深刻義理分析,筆者更著重宗教經驗帶來的變化過程。筆者接受奥托(R.Otto)《論“神聖”》(*The Idea of the Holy*)一書對“神聖”(luminous)概念的解釋,[1]也接受二十世紀神話學者伊利亞德(M.Eliade)的“聖顯”之説。[2]事實上,伊利亞德的“聖顯”概念雖用得更爲廣泛,隱然具有泛神論的架式,但他的論點主要即承自奥托之説。二十世紀的宗教學者,或涉獵宗教領域的學者多受益於奥托的“神聖”概念,固無足異。“神聖”這個原出之名“luminous”應該也因奥托的提倡,遂成爲宗教學的重要概念。此概念譯爲中文,因少掉陌生化帶來的張力,衝擊的力道就弱了。

奥托《論“神聖”》論及宗教的核心概念不在體制,不在教義,而是發生在個人意識層面上的“神聖”的理念。該書的出版在宗教哲學史上是一樁大事件,相當程度可以視爲一種詮釋典範的翻轉,他將宗教學的焦點由各種外涉的議題如教主、教會、教義等,轉向宗教人的宗教經驗本身。“神聖”的經驗不是美學的美感經驗,不是倫理學的應然的道德感經驗,它指向一種不同於日常經驗的特殊經驗。神聖感降臨時,當事者會對之産生極度的嚮往,或極度的畏怖,他會覺得自己渺若塵土,毫不足道。“神聖”仿佛成了截然的他者,當事者全身處在另一個次元裏,和周遭世界撕裂開來。奥托的解讀雖然以耶教爲聚焦點,但他事實上是將此概念當作所有宗教的核心義。奥托的“神聖”概念預設了“聖”“俗”兩界的分化,“神聖”是不同於世間任何經驗的不共法門,神聖一到,周遭世界皆俗。聖/俗的分立也見於伊利亞德的“聖顯”之説,伊利亞德的

[1] 參見奥托(R.Otto)著,成窮、周邦憲譯《論“神聖”——對神聖觀念中的非理性因素及其與理性之關係的研究》,成都:四川人民出版社,1995年。

[2] “聖顯”之説參見伊利亞德(M.Eliade)著,楊素娥譯《聖與俗——宗教的本質》,臺北:桂冠圖書公司,2001年,第61—69頁。

"聖顯"理念承續了奥托的"神聖",[1]但施用的範圍更廣,他將神聖的因素帶入所有宗教的象徵當中,從自然界的日月、山川以至偉大文明的聖殿、聖物,施用範圍尤廣。顯然,他對人的理解即是宗教人。

竊以爲神聖的意識,也就是和世俗隔離的超越之嚮往與畏怖,乃是很合理的對於宗教意識的界定,具有普遍性的意義,奥托的解釋以及伊利亞德延伸的解讀是很有説服力的。即使儒家一向主張"極高明而道中庸"、"即俗即真",但高明不等於凡庸,真也不能與俗混淆在一起。"極高明而道中庸"這類的命題不是扁平的現實經驗的命題,而是辯證轉化過的圓融命題,要提就全提,不能半提。[2]圓融命題中的這些"而"、"即"字都不能不預設一種撕裂現實的一體之感的過程,它需要超越的心理動力,將凡庸轉化爲高明,再將高明下降爲中庸。没有撕裂即没有突破,也就没有轉化後更高階段的圓融。本書所説的重要主題,從創世神話的出現到新天命觀的突破,包括最後篇章的孔子仁説的興起,筆者認爲其動力應該都與神聖意識的轉化有關。經的意識、道的意識也都是在這條歷史縱貫軸上産生的文化現象,它們與 luminous 同出而分流,異派而同源。如果論者對唐宋思潮不陌生的話,應該不難發現筆者的解釋更帶有體用論的思考模式。事實確也如此,至少就理論結構的位置來看,儒家的本體與"神聖"(尤其是伊利亞德的"聖顯")可以相比。

筆者將奥托神聖概念帶進儒家的本體概念的圖式中,當然要付上比較哲學容易罹患的不可共量性的謬誤。但奥托提出神聖的概念時,他即有意地將此概念置定在康德的睿智界的物自身的領域中加以討論。在康德的思想構造中,物自身是必然要出現而又無法涉入體驗的

---

[1] 關於 luminous 與 hierophany 兩概念的關係,參見伊利亞德(M.Eliade)著,楊素娥譯《聖與俗——宗教的本質》,臺北:桂冠圖書公司,2001 年,第 59—69 頁。

[2] "全提"、"半提"這兩個詞彙是顧憲成論理學工夫論時用的術語,"半提"是他批判一些喜從高明立論而缺乏工夫過程的儒者的説法。參見顧憲成《辨識仁篇》,《小心齋劄記》卷七,臺北:廣文書局,1975 年,第 6 頁。

禁區。康德後,費希特、黑格爾、謝林都有意踏入這個理論禁區,牟宗三也是這個行列中的成員,但他立足於中國哲學的基礎上。牟宗三最大膽的哲學見解可以説將儒、釋、道三教的根本要義建立在對此禁區的體證上面,我們在他的著作中找到"良知"與"智的直覺"的連結,找到"本體"與"物自身"的連結。我們如果把奥托的"神聖"概念放在康德哲學的架構下省察,"神聖"正是人的重要經驗中的宗教經驗的要素,它要完成"宗教如何可能"的使命。"神聖"也是無始始來界,一切法等依。它在原始神話處的表現自然不同於偉大宗教修行者所體證的本地風光,但兩階段之間仍有本質性的聯繫,當然也有轉化。就像"本體"在聖在凡、在始在末,雖然面貌不同,但依然有不增不損之面向。儒者多相信文明之始的堯、舜與儒家宗師的孔、孟一脈相傳,這種論點當然不是歷史論述,而是經學論述,但它的立論依據也可從宗教學的神聖論述之觀點著眼,秘響旁通。

宋明儒學的本體概念,不管是性體或是心體,乃是依道德的主體義而成立。但本文整合心性論的本體與宗教學的神聖概念,乃是要後者涉入歷史的流動中。簡言之,神聖的意識也是追求存在意義的意識,它的出現意味著聖/俗的第一次分裂,也是"人"的概念的真正出現。"人"的出現也才是世界的出現,"世界"不是自然學的概念,而是人文學的概念。動物的活動中,衹有環境沒有世界。人的出現與世界的出現預設了周遭環境的意義化,意義化以後的環境纔有世界,世界的出現也就是世界的創造,就神話類型而論,即是創世神話的出現。有了創世神話,纔有"人在世界"的故事跟著産生。而在創世神話的結構中,神聖意識仍連著一種非凡的、流動的魔咒之力,人類學家所説的瑪納(mana)力量流動於天地分裂後的世界之内,[1]這種瑪納力量可

〔1〕"瑪納"這個源自人類學田野調查所得的概念是否可解釋"神聖"感的原始動能,事涉專門,無能讚一詞,筆者主要是接受卡西勒的詮釋。但"神聖"介入歷史,它要有原始的一動作爲出發的機制,應當不難理解。

稱之爲“氣”,〔1〕神聖概念、氣的概念、創世神話等,皆是思想發展的第一步的概念,儒家思想的源頭恐怕也脱離不了此源頭,祇是它由此往前流出後,人文精神的成分越來越濃。

如果神聖意識是思想發展的動力,放在中國文明的範圍來看,實踐此思想動力的前驅人物即是巫,巫是文明初期的知識人,也是宗教人,筆者認爲也是原初之儒。“巫”是個籠統的語彙,可以説是大共名,在傳説的三皇五帝時代有巫,夏朝有巫,商朝有巫,春秋時期各國各有巫。狹義的巫是女巫,但巫不單指女性,男性的“覡”是巫,以口溝通鬼神的祝是巫,醫、卜之人也有可能是巫。〔2〕《説文解字》云:“巫,祝也。女能事無形,以舞降神者也。”“巫”的造型“象人兩褎舞形。與工同意。”“工”不管其意爲何,〔3〕總是禮器。巫借著“工”此禮器在舞蹈中引神下降,但嚴格説,祭典不祇可以降神,巫的舞蹈也可能出神,意即他可能靈魂出遊。在尚未“絶地天通”的年代,世界没有除魅,鬼神力量無所不在,巫可上通鬼神,鬼神也可憑靈巫覡,侍奉鬼神自然是文明的要務,“巫”也因此無所不在。

巫在上古時期的文明裏扮演重要角色,殆無可疑。巫有多種角色與多種能力,此義也可以確定。但本書接受巫是薩滿的提法,薩滿是通鬼神之宗教人員,巫之通鬼神可能源於他有較易被外界異物侵入的體質,也可能因爲他的主體性格不夠强,容易被異物憑靈所致。但憑靈的

〔1〕關於“瑪納”與“氣”,參見拙作《氣的考古學——風、風氣與瑪納》,收入《五行原論——先秦思想的太初存有論》,臺北:聯經出版公司,2018年,第103—150頁。

〔2〕葉國良將“巫”與“祝”等嚴格分開,從體制化的禮制觀點看,分别説固然有道理,巫—祝、巫—覡、醫、卜、星、相的功能各不相同。但從生活世界的語用學觀點看,作爲共名的巫還是很明顯的,祇是外延太廣的詞彙,其内涵必然籠統。本文從靈魂的經營者著眼,巫者或脱體見神,或神降附體,其人皆可謂之巫。此處提出巫的角色,意在架構從靈魂論到心性論的轉折。葉國良觀點參見《古禮書中之祝與巫》,《禮學研究的諸面向續集》,新竹:臺灣清華大學出版社,2017年,第236—252頁。

〔3〕張光直認爲“工”當是“矩”,乃巫師參天用的禮器,天圓地方,有規矩才成方圓。由於空間是知識成立的先決條件,空間的創造是創世神話重要的一環,《堯典》的“四方風”故事即與此有關,“工”“矩”之説有合理之處。

巫是一種,另外一種人格特質當是可以掌握出神技術(technique of ecstasy)的巫。[1]换言之,巫和靈魂的經營有關,不管他是安排自家靈魂出竅,借以升天入地;或是藉著憑靈和他界的鬼神溝通,藉以獲得他界的訊息。巫都要掌握靈魂,也就是要有掌握出神(靈魂出竅或靈魂依憑)技巧的能力。但出神是特殊的靈魂冒險,他要進入到另一個非同凡常的巫術時空,所以他當然也要具備相應的巫教知識。儒家重視孝道,重視祭祀,孝道固然是家族倫理的重要項目,但"家族倫理"這樣的集體性概念不足以解釋對於死亡親人的追思之深刻的主體經驗。對祖先的孝思、祭祀云云,首先就是與人面臨生死分裂此一存在性的撕裂之感相關,它意味著先人的靈魂和陽世子孫仍有深奥曲折的聯繫,幽明之際的隱微聯繫管道是填補親人喪失的巨大心靈空白的機制。在本質上,原始的孝道和經營靈魂的巫覡是分不開的,"儒"的起源很可能和執行喪禮的職業有關。[2]

對於"儒家哲學的起源"這樣的議題,可以設想的切入點一定不會衹有一種,因爲"儒家的興起"這麽重要的文化現象應該會牽涉文明的演變、社會的條件、心靈的反應機制等條件,不同層面或角度的解讀一定是有的,但本書是從作爲文明重要承載者的精神著眼,觀看從早期的巫者到晚期的儒者之間,他們的精神之演變。本書討論"帝堯—神巫—周公—孔子"思想的演變,討論從神話到經學的演變,可以説是討論如何由神聖意識至道的意識,討論如何由靈魂論的工夫論轉至心性論的工夫論的歷程。竊以爲"從靈魂論到心性論"可視爲貫穿五帝與三代精神發展的歷史動脈,這個大的精神轉化工程的圖像至目前爲止仍不夠清晰,有待學界繼續探索。

---

〔1〕伊利亞德(M.Eliade)定義薩滿教即爲掌握出神技術的宗教,參見 M.Eliade, *Shamanism: Archaic Techniques of Ecstasy*, Princeton, N.J.: Princeton University Press, 1972。

〔2〕參見張亨《説儒家》,《思文論集:儒道思想的現代詮釋》,臺北:臺灣大學出版中心,2014年,第535頁。

六、結論:孔子之前與之後

遂古之初,儒家有道,名曰太極。歷史之初,儒家有聖人,名曰堯、舜、禹、湯,這些聖人即是聖王。中古時期,儒家有聖人,名曰文、武、周公,這幾位聖人也是聖王。下古時期,儒家有聖人,名曰孔子,這位聖人衹是位素王,但他是之前的華夏文化精神的總結者,也是現代學術意義下儒家學派的創立者。[1]上述的聖人光譜可名曰道統,這些人物被視爲儒家傳承中人格的典範,他們在歷史上不管軀體曾不曾存在,或如何地存在,但對歷代儒者而言,他們就是聖人,他們在價值的位階上,比現實世界人物的存在更真實,等第更高。

我們要進入道統論聖人的世界,顯然不能拋棄經學的觀點,没有經學因素在内的探討或許有另外重要的意義,但不會是與儒家精神相符應的詮釋。但如果衹是傳統的經學的觀點,守常而不化,我們顯然也無法完成經學的現代轉型的工作。"傳統"不能衹擺在博物館裏,"傳統"是"現代"的奠基者,也是活化者,"傳統"衹能透過自我的更新以更新社會。經學一個絶大的神秘乃是它的常道總要經歷與時更新的詮釋,代代重來,人人重來,乃得顯現。二十世紀後,中國學界面臨新舊學術的重組,學者重新進入經學的論域時,勢必要引進新的理論因素(如神話學),才比較好解釋歷史轉折中的變化因素。

上文提到神話意識與巫(薩滿)的源頭,應當就是新舊學術很好的銜接點。薩滿教是相當古老的宗教,在遠古中國,薩滿的任務如果意在使他不穩定的靈魂飛離軀體的限制,與薩滿教世界的鬼神精怪溝通,以期獲得此界無法取得的訊息。我們很快就會想到,這種易致恍惚狀態

---

〔1〕上述"遂古"一詞出自屈原《天問》:"遂古之初,孰傳道之。""中古"、"下古"之詞出自《易經》傳統,《漢書・藝文志》云:"易道深矣,人更三聖,世歷三古。"顏師古注云:"伏羲爲上古,文王爲中古,孔子爲下古。"

的主體如何演化到主體的深化、自我的同一化？也就是巫者的人格結構如何從主體的缺席(靈魂出遊)或主體的代换(鬼魂憑附)演化到價值定位清晰的主體性格？我們接著會想到，此恍惚的主體如何進而爲春秋時期儒家思想的建立奠定基礎？

在二十一世紀的中國，學者藉著神話的媒介探討儒家思想的起源，享有前代學者無法擁有的優勢，此即二十世紀下半葉的中國考古出土，提供我們前賢難以想象的豐富文化遺産。如前所述，我們在當今中國各地幾乎都可看到頗重要的考古發現，在古代中原區域外的東北、内蒙、江浙、陝北、甘肅、四川都有範圍很大、文物很精的前史時代的文化遺址出現，而且這些文化遺址彼此還頗有聯繫，如牙璋從閩粤到陜甘到北越皆有發現；帶有良渚風格的琮在四川、陝北也可見到蹤影。顯然，滿天星斗的史前文化遺址並非一一隔絶的孤島，這些帶有特殊地區文化風貌而又彼此互有交流的史前文明現象到底該如何解釋？它與古書追溯出來的“禹會諸侯於塗山，執玉帛者萬國”之類的敘述到底有什麽關係？

筆者所以提到滿天星斗般的考古發現與古籍追溯出的“萬國”圖像，乃因我們現在所接受的上古三代文明帶有强烈的連續性，夏、商、周的文物與制度被視爲如孔子所説的乃是“損益”的關係，夏、商、周三代的精神也被視爲是連續的，儒家所説的道統人物貫穿了三代的聖王。即使民國學界有王國維的《殷周制度論》，有傅斯年的《夷夏東西説》，有蒙文通的江漢、河洛、海岱三民族説，有徐中舒的東夷、華夏、苗蠻三集團説，這些學説提供了我們更爲鮮活的中華早期文明的圖像，三代之前文明之複雜、多元超出我們以往所理解的知識圖像。但隨著考古文物的不斷出土，各地區豐富的文物一方面帶給我們深刻的風土特色，但另一方面三代連續説的解釋能力似乎没有减弱，朝代的替换並没有摧毁前後之間的聯繫。“三代連續説”的提出淵遠流長，孔子當年主張“因”、“損益”，顯然也是支持連續説。孔子之説也是有本的，因爲我們看到

《尚書》此部儒家聖經看待夏、商、周,基本上認爲其精神是一貫相傳的。

有關夏、商、周的文化異同或是否有族羣的差别,筆者無法判斷,當中的一個重要因素當然在於如何界定民族概念。但我們現在大概可以確定夏、商、周三代的連續性是建立在差異的共時性的基礎上的,誠如張光直一再强調的三代既是異時性的概念,也是共時性的概念,在三代的任一代,存在著另外兩代的族羣。即使在周代,作爲夏代繼承者的杞國與作爲殷商繼承者的宋國,它們和周王朝是同時存在的。如果我們將三代的概念往上追溯,由於統一的帝國尚未出現,政治分散而訊息流通的情况可以設想依然是存在的,在籠統的華夏地區,同樣可以看到連續與差異的共構性。至於年代更早,各地的文化的差異應當會更明顯。問題的關鍵正在此:滿天星斗般的各文明或萬國,它們如何鎔鑄成可以共同生活在一起的共同體意識? 最後甚至於可以形成恍若有道統貫穿的三代文明演變史,並形成具有明顯特徵的中華文明的基盤。

在前文,筆者指出任何經書的史前敘述都藴含了重層的構造,它的顯層構造指向了神話時刻的敘述,它的底層結構則指向了經之意識的時刻。神話時刻的敘述反映了神聖意識躍上了歷史舞臺,經之時刻的敘述則反映了作爲常道的道之意識的朗現。神聖意識是道之意識的先行者,兩種意識的概念有内在的緊密性,"從神話到哲學"的命題因此可視爲"從神聖意識到道的意識(經的意識)"的展現,這樣的提法是一種合理的敘述上古思想演變的途徑。在本書各章節的敘述中,筆者將指出神話時刻的内容乃以創世神話、氣(瑪納)、禮(祭典)概念的顯現爲主,它們構成神聖意識的顯像。至於經之時刻的到臨,它的指標是以敬、畏、對越、憂患的道德意識的出現爲準,其形成期當在西周。在西周形成的經的意識是對之前的神話意識的總結與轉化,它將靈魂論的、情念性的、脱體論的文化表現凝聚於肅穆的主體性意識中。從神聖意識到道之意識的轉變即内在於經學的史前敘述的重層構造中。

神話時刻的創世、氣、禮概念的出現應當是中土哲學思維的出發點，這些因素在中華文明的黎明期分散於遼河、長江中下游、黄河中下游等地，它們是分別出現的，中原在三代之前並不是文明唯一的輻射源。晚近討論中華文明起源的學者逐漸形成板塊共構而多元一體的理論，蘇秉琦所謂的“考古學文化區系類型”理論，以及張光直的“多元互動説”，即是典型的代表。[1]换言之，三代之前文明是多中心的，它們分途發展，但多有交流，這種交流的行程有多遠，我們不太能確定。三代之前文明的疆域和三代以後的地域不同，李濟建立現代化的考古學專業時，已提及中華文明的探究不能以長城爲界，安德森、瓦西里耶夫、蘇雪林、凌純聲等人也都分别提過中華文明的西亞、中亞因素與環太平洋因素。域外文明在中華文明形成的過程中扮演過的角色，似乎没有太吸引當代的哲學學者的關注，這些考古學專業所提出的問題不是門外漢如我輩等所能讚一詞，但筆者雖没有能力介入討論，卻也没有理由質疑他們提出的證據。

現當代政治地理的概念往往束縛了我們的想象，如果我們能接受三代之前的多元文化板塊互動説，此板塊中甚至有遠自西亞或環太平洋的海洋文化，這些大大小小異質性的因素經由長期的交流過程後，形成組成文化連續性的三代共同體的概念，我們由此比較容易理解“三代”作爲理想政治的普世意義源何而至。三代原本是時間性的三個朝代的總稱，夏、商、周這三個朝代有可能是來自不同的族羣，我們很難確切地掌握它們彼此間的文化差異有多大，族羣的意識有多强，但它們興起於不同的區域，是可以確定的。“三代”是個獨特而有意義的概念，在儒學興起以後的後世，“三代”成了理想世界的代稱，它隱然與“天下”概念互滲，這兩個來自時間與空間的隱喻在九州這個區域中生成，後來都具有普遍性的意義，“大道之行也，天下爲公”（《禮記・禮運》）、“三代之所以直道而行”（《論語・衛靈公》）。入宋以後，因爲一種普遍性視野的

〔1〕 蘇秉琦《蘇秉琦考古學論述選集》，北京：文物出版社，1984年，第225—234頁。

性理學的興起,“三代”與“天下”更隱然成爲“性理”觀念在歷史中的展現。竊以爲“三代”和“天下”的概念有類似之處,它們都是在族羣的長期衝突中,經由文化的交流形成的一種普遍性的概念,它們超越了地方性的族羣認同所形成的框架。“孔子之前的儒家”如何演變到孔子,這個過程是伴隨著“多元板塊的文明”如何演變到超出地方方國的界限所形成的文化共同體而發生的。

從第一道精神曙光照耀在東亞大陸,歷史如何經由原始的“聖人”,也就是最初帶有“聖”之意識的宗教人——巫演變到九流十家的儒,這是個耐人尋味的精神發展的過程。儒者個體生命史的演變應該不是在意識自體内發生的,它是在一個極特殊的歷史場域裏生成的,那是在一個分布許多不同“國”的新石器時代,許多不同族羣面對著不同的環境,他們彼此要抗爭,要交流;而其時主導這些族羣的領袖很可能就是各地的巫。他們的生命要在現實的處境、不穩定的主體性格與聖顯的天命之間,尋得合理的出路,個人性的主體發生學與集體性的族羣發生學,在此發生交集,兩線交紐,共同演化,這條歷史演變的途徑慢慢趨向於最後的突破點的出現。

這個突破點的出現也就是“經”的意識的出現,道的意識的出現,它的出現意味著一種超越於族羣、語言、區域區别之上的普遍性原理的出現,這個經的時刻的確切定點不易落實,但我們如要找出一位象徵人物,那麽,經學史上一位核心人物周公或許可説是庶乎其人。《尚書》中的《周書》部分多與周公相關,《周書》的精神在相當程度上重新定位了更早期的《虞夏書》、《商書》的内涵,三代的概念隱然或者説已穩然成形。殷周之際的轉變是儒學史上的一大關鍵期,不管我們如何稱呼這段轉型期的内涵,“憂患意識”也可,“道德意識”也可,“對越意識”也可,“道德的共同體”也可,但可確定的是,此際興起的禮樂文明充分地倫理化了當時人文的秩序以及以往的歷史記憶。堯、舜、禹、湯、文、武、周公的秩序大體形成,它就形成於《尚書》的架構中。

漫漫長途,在本書各篇章的文字中,我們將較細密地勾勒出周公之前的儒家因素如何演進至周公的興起。早期的道顯聖於個別的聖王,個體是羣體的顯象,聖人的傳記史體現了華夏的文明史。從堯、舜到周公,華夏大地上活動的族羣應當相當複雜,不管各"國"的民族成分如何,但衆多獨立單位的"國"的存在總是事實,在缺乏文字記載的遠古時代發生不少征伐、叛逆、衝突流血,這也是事實。但經過周公之前的歷代聖哲的努力,他們在衝突後妥協,在戰爭後交流,他們甚至在矛盾中發現普遍性的道德政治法則統治了歷史的行程,殷周之際,經的時刻呼之欲出。以文王爲代表的周初先王爲這個神秘的歷史突破點作好了準備,他們跨越了族羣的矛盾,找到了溝通不同族羣與確立道德意識的貞定法則。

經的時刻何時降臨,我們可能永遠找不到可靠的歷史證據以證明之,但經學史一再强調周公在綜合歷代智慧傳承上的貢獻,我們如果把周公當作一位象徵人物,象徵在他名下發生的"制禮作樂"的文化工程的奠基者,那麽,以周公作爲經的意識的突破者,固無不可。禮樂在三代或之前,可以視爲一個時代文化體系的總稱,它一定有沿承,"制禮作樂"的工程不可能不涉入對前朝文化的再解釋。我們觀《尚書》一經,《周書》部分可以説是以周公爲核心而展開的,《虞夏書》、《商書》的精神也是與它一致的。筆者認爲《尚書》的結構與"制禮作樂"事件背後依循的法則是一致的。古文經學家喜歡强調周公在經學上的意義,他們的觀點是值得重視的。

但經學的突破不會衹有一次,就像聖人不會衹到周公爲止。論儒學,論經學,我們永遠繞不過孔子這一關,孔子代表這條歷史演變軸的第二個突破點。孔子生前已有人稱他爲"天縱之將聖",孔子身上確實有些理性而又神秘的氣質,他是那個時代最具人格魅力的哲人,韋伯所説的卡里斯瑪類型的人格庶幾近之,卡里斯瑪的人格超出理性解釋的範圍之上。但孔子的影響還不僅限於他那個時代,更重要的,是發生在他辭世之後悠長的歷史。宋代有位無名的作者有言:“天不生仲尼,萬古長如夜。”這段話曾引起大儒朱子的禮讚。〔1〕從後儒的觀點來看,一個没有孔子的歷史是價值全失的時間流程,其時的世界仿若處於漫漫長夜。孔子生前没有完成自己從政的規劃,他的“東周”没有到來。身後,卻被後人視爲“至聖先師”,他是位偉大的教師,他的思想成就了不少的跟進者,也成了一代又一代人的明燈。孟子説:“自生民以來,未有如夫子者也。”

聖人都是具體的普遍,他既是歷史人物,也是象徵。就象徵而言,孔子的“天縱將聖”説自然足以成立,聖人總有非時間性的神秘性。但就歷史人物而言,孔子的“天縱將聖”説衹能視爲讚歎語,不可能是事實,他的思想自然也是沐浴在歷史的長流中,吸收並轉化前賢的思想,逐漸形成的。這股歷史的長流匯聚了華夏大地上許多先史的智慧,它的源頭可想見的極爲悠遠,不管從古籍裏提到的“執玉帛者萬國”或三皇五帝,或從今日的考古出土,我們都可發現先史時代的文化分散極廣,我們有理由相信孔子對他之前的古史應當是相當關心的,《論語》記載他入太廟時,每事問,孔子以博學、知禮著名,他想問什麼呢? 旁觀者説:“孰謂鄹人之子知禮乎?”其語言不無嘲諷之意。“子入太廟”一章顯示的孔子與旁觀者的問答應當不衹知識的涵義,“禮”是一個民族價值體系的總稱,周人有周禮,殷人有殷禮,孔子入太廟問禮,“太廟”背後不能不涉及民族的興衰起伏,這樣的“古學”對孔子説來應當是非常重要的。周公透過“制禮作樂”,重整了以往的歷史,並賦予史事“經”的地位。孔子也因知禮,重損益,而重整了以往的歷史,並再度彰顯了經的意義。

在編纂實際文本方面,孔子對“六經”的貢獻度如何,其具體工作不

〔1〕“‘天不生仲尼,萬古長如夜’,唐子西嘗於一郵亭梁間見此語。”引見黎靖德編《朱子語類》卷九十三,北京:中華書局,1994年,第2350頁。

能説是很清楚的。但論及經學的價值,我們如果抽離掉孔子的因素,那是極端不可思議的,孔子的詮釋已是經學内部的核心成分。如果説以周公爲核心的周初聖哲在經學史上的意義,乃是他們克服了族羣意識的障礙,找到了貫穿歷史的普遍性法則,同時也發現了較穩定而理性的人格結構。孔子在跨越族羣與主體意識的深化方面,幾乎重走了周公的路線,但歷史影響更爲悠遠。

衆所共知,孔子在血緣上是殷商後裔,其先祖從微仲輔助微子啓開始,孔家歷代都有達人,孔子是殷商民族最傑出的代表。殷亡於周,但孔子在文明類型的抉擇上卻選擇"從周",以周公爲嚮往之大儒。而且還支持"三代"一貫之理念,並且更上仰堯、舜,樹立起政治領域内的道德統治法則,這是孔子在政治領域留下的重要遺産。在他生前,即有衆多來自不同地區的學生,其中有的遠自秦、吴而來,向他問學。孔子在型塑文化共同體——跨越族羣藩籬方面,走在秦漢帝國之前,其效果則遠非政治的手段所能到。

孔子思想另一個重要貢獻,在於他特别提出一個前人少用的"仁"説,用以闡釋新的道德意識的誕生。"仁"字在宋代以後,成了本體概念的分身;在陸王心學處,它帶有更强的道德主體性的内涵。"仁"的内涵不必衹有一種,但筆者相信"仁"字的核心意義乃是順著殷周之際"天命有德"思想進一步的發展所致。殷周之際是道德詞彙迸發生起的關鍵年代,一種超越於部族倫理之上的道德政治法則已經誕生,一種内斂、畏懼的主敬意識也已産生,順此主體轉化的路途演變,一種具主體意識也具人際倫理意識的"仁"的意識終究也跟著突破興起。在孔子之後,我們將會更清楚地看出孔子奠下的這塊仁説基礎,其影響有多大。

本書討論"孔子之前的儒家",核心關懷都指向了儒學的義理初步匯聚於周公,再度匯聚於孔子,這兩次的突破意義都是重大的,這兩次突破發展出的價值體系形成爾後儒學發展的母體。從帝堯到孔子,其間的歷史軌跡多湮没於時間的長流中,但其精神成就是極爲巨大的。

我們看到一種人格不穩定的巫覡意識逐漸穩定,並轉化爲具有道德地位導向的主體意識,而這樣的演變過程是在族羣交流的歷史過程中,祛偏解蔽,長期互動,最後纔形成具有特殊文化風土而又具有普遍性價值傳統的文明。這個長期演變的過程到了兼具殷周思想於一身的孔子,可以説完成了歷史的轉捩點。孔子繼承周公,上仰堯舜,敬領天命,以仁爲宗。不管在羣體意識與主體意識的解釋上面,孔子都既繼承舊時代,而又跨越舊時代。繼往開來,儒家的格局至此正式建立,歷史翻到了新的一頁。

朱熹之氣化論

——從易學的角度看

吴　寧*

朱熹以太極爲理,即形而上之道,以陰陽爲氣,即形而下之器,把太極陰陽五行之妙表述爲理氣論,以作爲其理學之根基,而其理氣論則源自其易學建構。關於理氣問題學界研究十分深入,但從易學角度探討朱熹氣化論則相對匱乏,本文之目的即在從易學角度探討朱熹關於陰陽二氣、動静之義和氣化論等,以呈現朱熹易學氣化論之特質,至於朱熹的易學理本論,另有專文探究。

一、陰陽二氣

陰陽爲朱熹建構其易學體系最重要的一對觀念。在他看來,一切皆由陰陽而成,"天地之間,無往而非陰陽,一動一静、一語一默,皆是陰陽之理。至如摇扇便屬陽,住扇便屬陰,莫不有陰陽之理。'繼之者善'是陽,'成之者性'是陰。陰陽只是此陰陽,但言之不同,如二氣迭運,此兩相爲用,不能相無者也"(《朱子語類》卷六十五)。二氣迭運,所以陰

* 作者單位:中山大學博雅學院。

陽相互爲用。儘管可以從不同的角度論陰陽,但陰陽正是表達天地之間所有的事物的方式,故而他説道:

諸公且試看天地之間别有甚事?只是陰與陽兩箇字。看是甚麽物事都離不得。只就身上體看,纔開眼,不是陰,便是陽,密拶拶在這裏,都不着得别物事。不是仁,便是義,不是剛,便是柔。只自家要做向前,便是陽;纔收退,便是陰。意思纔動便是陽,纔静便是陰。未消别看,只是一動一静便是陰陽。(《朱子語類》卷六十五)

這是以陰陽來描述天地之間的一切事物,所謂"天地之間無往而非陰陽",也可用來説明仁、義,剛、柔等道理。陰陽之所以能夠如此,是因爲,從根本上説,陰陽乃一動一静,而萬物莫不有動静。而聖人畫卦、繫辭,皆從陰陽入手,以類萬物之情。然而陰陽並非終極的存在,而亦有所本,即作爲理的太極,此爲終極本體,《朱子語類》云:

陰陽是氣,纔有此理,便有此氣;纔有此氣,便有此理。天下萬物萬化,何者不出於此理?何者不出於陰陽?(《朱子語類》卷六十五)

陰陽本於"實然之理","實然之理"即太極。太極在朱熹易學中居於本體的地位,無論就朱熹專門的易學著作,如《易學啓蒙》和《周易本義》而言,還是就廣義的易學著述,如《太極圖説解》、《通書注》、《西銘解》而言,都不例外。因此我們可以説,太極對於陰陽而言,有其超越的意義。陰陽爲太極所生,而世間萬物的生成變化,又都是陰陽二氣交易、變易這一氣化過程的結果。因此,從生成論上講,陰陽的盛衰變化貫穿於天地大化流行中。陽氣的生、長、盛與陰氣的始、中、終的方向正好相反,且承擔著不同的功能,同時也有自身的規範性特徵,以此區分君子之道和小人之道。

《莊子》中有"易以道陰陽"之語,朱熹認可此説,"莊生亦不爲無見",從"易字義只是陰陽"(《文公易説》卷二)出發,他還進一步提出儘管《易》之所言爲陰陽之千變萬化,然而"易只是個陰陽",故"易只消道

陰陽二字括盡”(《文公易説》卷二)。朱熹在《金華潘公文集序》中集中表述了他對陰陽的看法:

> 天地之化包括無外,運行無窮,然其所以爲實,不越乎一陰一陽兩端而已。其動静、屈伸、往來、闔闢、升降、浮沉之性,雖未嘗一日不相反,然亦不可以一日而相無也。……然及其推之人事而擬諸形容,則常以陽爲君子,而引翼扶持,惟恐其不盛,陰爲小人,而排擯抑黜,惟恐其不衰,何哉?蓋陽之德剛,陰之德柔,剛者常公而柔者常私,剛者常明而柔者常闇,剛者未嘗不正而柔者未嘗不邪,剛者未嘗不大而柔者未嘗不小。公明正大之人用於世,則天下蒙其福;私暗邪辟之人得其志,則天下受其禍,此理之必然也。(《文公易説》卷二)

這是説陰陽爲天地之化的載體和實體,同時陰陽也表現爲動静、屈伸、往來、闔闢、升降、浮沉等既相對待、又相輔相成的屬性。由於聖人正是通過法象萬物而作易,所以易“以通神明之德,以類萬物之情”,並由天道推至人事的領域。進而,從陰陽的德性上看,由於陽之德常常表現爲公、明、正、大,而陰之德常常表現爲柔、暗、邪、闢,所以陰陽的價值意義也由此得以確定。從規範性的角度看,朱熹與程頤一樣,都有强烈的扶陽抑陰的傾向:

> 陰陽者,造化之本所不能無,但有淑慝之分。蓋陽淑而陰慝,陽好而陰不好也。……但聖人參天地,贊化育,於此必有道,故觀履霜堅冰至之象,必有謹微之意,所以扶陽而抑陰也。(《文公易説》卷三)

朱熹這種傾向固然與倫理和政治觀念之建構有關,然而陰同樣是造化所不可或缺的,其重要性何嘗低於陽?這裡的關鍵在於將陰、陽與兩種相反的價值相關聯,扶陽抑陰是從本體論出發得出的規範性結論,儘管這種做法可能會引發其他問題,但在朱熹易學體系中完全是自洽的。

關於陰陽生成萬物的模式,朱熹提出"自一陰一陽見一陰一陽,又各生一陰一陽之象"的生成模式來變化的。同時,對萬物陰陽屬性的認定並非一成不變。從總體上説,朱熹認爲"一物上各有陰陽",如人有男女,同時,同一個體上的各個部分等又可進一步區分陰陽,不特如此,而且,從過程上講,也可以區分出陰陽來,例如對晝夜而言,雖然晝爲陽、夜爲陰,但晝、夜發生過程中在各自的階段内又各有陰陽。此爲"陰陽各生陰陽之象"(《文公易説》卷二)的具體含義。在朱熹看來,陰陽作爲天地大化的構成性要素需從兩個角度來理解。第一,將陰陽理解爲實體性的存在,例如陰陽之爲二氣;其次,是將其描述爲事物的屬性,或事物發生、發展過程的階段性特徵。朱熹對此作了十分詳盡的説明:

> 陰陽有相對而言者,如東陽西陰,南陽北陰是也;有錯綜而言者,如晝夜寒暑,一箇横、一箇直是也。……言"易"須兼此二意。體在天地後,用起天地先。對待底是體,流行底是用。(《朱子語類》卷六十五)

> 《易大傳》所謂"精氣爲物,遊魂爲變,故知鬼神之情狀"者,正以明此。……若又以其往來者言之,則來者方伸而爲神,往者既屈而爲鬼。蓋二氣之分,實一氣之運。故陽主伸,陰主屈,而錯綜以言,亦各得其義焉。(《四書或問》)

陰陽既可以從一氣的角度看,也可以從二氣的角度看,完全取決於語境,故而,"陰陽做一箇看亦得,做兩箇看亦得。做兩箇看是'分陰分陽,兩儀立焉';做一箇看只是一箇消長"(《朱子語類》卷六十五)。當然,朱熹也明確地提出,"陰陽只是一氣,陽之退便是陰之生,不是陽退了又别有箇陰生"(《朱子語類》卷六十五)。在他看來,既可以從"相對底陰陽流轉"的維度論陰陽,也可以從"錯綜底陰陽"的維度論陰陽,這兩個角度不僅不矛盾,而且唯有充分考慮到這兩個維度,才能將陰陽的特徵表達得較爲整全。職是之故,他對程頤提出批評,認爲程頤祇考慮到了“相對底陰陽流轉”這一個角度,而未及錯綜,故而不曾説出陰陽交互之理。朱熹接著提出他對陰陽一氣、二氣的總體看法:“蓋二氣之分,實一氣之運”(《四書或問》卷四)。這樣既確認了陰陽實爲一氣的運動變化這一原則,同時又兼顧了此一氣必定有朝向不同的方向發展變化的傾向,此即一氣所具有的陰陽兩種屬性。實際上,朱熹既在實體的意義上使用陰陽,此即“一氣之運”;也以陰陽來描述事物的屬性和傾向,此即“二氣之分”。在這兩個維度中,“一氣之運”爲根本,“二氣之分”爲運用;“一氣之運”爲“二氣之分”的前提,“二氣之分“爲“一氣之運”的表現形式。進而,在“一氣之運”中,“二氣之分”也總是有其偏重的,從總體上講,任何過程或由陰居於主導地位,或由陽居於主導地位,因此“天地間無兩立之理,非陰勝陽,即陽勝陰,無物不然,無時不然。寒暑晝夜、君子小人、天理人欲。”(《朱子語類》卷六十五)

無論從卦畫上講,還是從萬物的角度講,陰陽的變化規則與易之義密切相關,在朱熹看來,易有兩義:

> 問:“易有交易、變易之義,如何?”曰:“交易是陽交於陰,陰交於陽,是卦圖上底,如‘天地定位,山澤通氣’云云者是也。變易是陽變陰,陰變陽,老陽變爲少陰,老陰變爲少陽,此是占筮之法,如晝夜寒暑,屈伸往來者是也。”(《朱子語類》卷六十五)

> 陰下交生陽,陽上交生陰,陰交陽,剛交柔,是博易之易。這多變是變易之易。所謂易者,只此便是。那個是易之體,這個是易之用。那是未有這卦底,這是有這卦了底。那個唤做體,是這易從那生;這唤做用,揲蓍取卦便是用處。(《文公易説》卷二)

此是從“易有兩義”即交易、變易兩方面來闡發陰陽的變化生成之道。陰性重濁,故向下遇陽則交,陽性輕清,故向上遇陰而交。相交則通達,最典型如泰卦;不能相交則滯塞,最典型的如否卦。進而,朱熹認爲,交易是變易之體,變易是交易之用。所以從卦畫上看,陰交於陽,陽交於陰,都是對天地之間陰陽變易恰如其分的模擬;而老陰變老陽、老陽變老陰,不過是以交易爲基礎進行占筮時所發生的卦變的一部分。因此,交易是天地之間無時無刻都在發生著的,而變易則主要指占筮過程中卦畫之變,所以前者爲體,後者爲用。

關於陰陽和乾坤的關係,朱熹認爲,乾坤祇是卦畫之名義(《文公易説》卷十四),而陰陽無所不在。從《周易》的角度來看,"易中只是陰陽,乾坤是陰陽之純粹者"(《文公易説》卷十四)。而非先有乾坤兩卦,後有陰陽,此外,陰陽也不能等同於乾坤。從乾坤二卦的産生而言,"乾坤只是卦名,乾只是個健,坤只是個順,純是陽所以健,純是陰所以順。至健者惟天,至順者惟地,所以後來取象,乾便爲天,坤便爲地"(《文公易説》卷二)。從乾卦經卦的産生來看,也是先有陰陽而後方有乾坤,故而:"或説一是乾初畫。熹謂,那時只是陰陽,未有乾坤安得乾坤?初間只是一畫者二,到有三畫方成乾卦。"(《文公易説》卷二)

朱熹往往同時從萬物生成和規範性這兩個角度論陰陽:

> 陰陽有以動静言者,有以善惡言者。如乾元資始,坤元資生,則獨陽不生,獨陰不成,造化周流,須是並用。如"履霜堅冰至",則一陰之生便如一賊。這道理在人如何看,直看是一般道理,横看是一般道理,所以謂之"易"。(《朱子語類》卷六十五)

朱熹此説承自邵雍"獨陽不生,專陰不成"之説(《皇極經世書》之《觀物外篇》),但他進一步提出,在"造化周流"過程中,陰陽"須是並用"。此外,還需注意到,陰陽有以善惡言者,又可對以陰比喻小人,儘管如此,但陰陽的規範性意義所含甚廣,並不僅僅限於小人、君子的範疇,還有更爲根本的意義,朱熹説:

> 陰陽、剛柔、仁義,看來當曰義與仁,當以仁對陽。仁若不是陽剛,如何做得許多造化?義雖剛,卻主於收斂,仁卻主發舒。這也是陽中之陰,陰中之陽,互藏其根之意。(《朱子語類》卷七十七)

一般認爲仁對陽,義對陰和剛,而朱熹認爲這裡的情況比較複雜,在其陰陽、剛柔、仁義之義中,體現了陽中之陰、陰中之陽。

二、動靜之義

動靜衹能是某個東西的動靜,談論動靜本身的動靜是没有意義的。在朱熹易學體系中,動靜主要是就陰陽之動靜而言。陰陽之動靜無所不在,無時不在,因此,動靜並無真正的起點可言,所以朱熹説:“太極動而生陽,只是如一長物,不免就中間截斷説起。其實,動之前未嘗無靜,靜之前又未嘗無動,如繼之者善也,亦是就此説起,譬之俗語,謂自今日爲頭,已前更不受理意思。”(《文公易説》卷一)此即所謂“動靜無端”,故而討論動靜乃是由於爲了方便起見,即“自今日爲頭,已前更不受理意思”。《朱子語類》云:“《易》言‘太極生兩儀’,一生二也,所以大衍之數虚一。周子言‘太極動而生陽,靜而生陽’,則一在二中。然要其實一雖生二,依舊只在二中,但易摘出説耳。”值得注意的是,朱熹在此顯然無差别地視《繫辭》和周敦頤《太極圖説》各自所言同指“一在二中”之理。並觀以上兩書,可知《太極圖説》雖然自成體系,然其基本思想不僅來自《周易》,且與之相合,故而完全可以互相詮釋。所以《太極圖説解》構成朱熹易學體系中之重要一環。需要注意的是,“太極動而生陽,靜而生陰”是指“一在二中”,即太極在陰陽之中,由此可見太極不離陰陽,陰陽不離太極。

雖然動靜主要就陰陽而論,但周敦頤《太極圖説》云,“太極動而生陽,動極而靜,靜而生陰,靜極復動。一動一靜,互爲其根,分陰分陽,兩儀立焉”,這裡的“動靜”明顯是指太極之動靜。朱熹也認爲太極有動靜,故其注云:

> 太極之有動靜,是天命之流行也,所謂“一陰一陽之謂道”。……其動也,誠之通也,繼之者善,萬物之所資以始也。其靜也,誠之復也,成之者性,萬物各正其性命也。“動極而靜”,“靜極復動”,“一動一靜,互爲其根”,命之所以流行而不已也。“動而生

陽”，“靜而生陰”，“分陰分陽，兩儀立焉”，分之所以一定而不移也。蓋太極者，本然之妙也；動靜者，所乘之機也。太極，形而上之道也；陰陽，形而下之器也。[1]

實際上，這裡朱熹以“天命流行”描述動靜，又由於“一陰一陽之謂道”，故而所謂太極之動靜必然與陰陽密切相關。進而，由於“太極動而生陽，動極而靜，靜而生陰，靜極復動……”，所以，若是太極有任何動靜，都必然生陽或生陰，也就意味著陰陽一開始就已處於動靜之中。如此一來，太極有動靜，即陰陽有動靜，故而《文公易説》云：“梁文叔云：‘太極兼動靜而言。’先生曰：‘不是兼動靜，太極有動靜也。’”

不過，如果换一種説法，也可以認爲太極本身無動靜，但由於太極含動靜之理，而動靜又不過是陰陽動靜而已，故《朱子語類》卷九十四記載：

太極，理也，動靜，氣也。氣行則理亦行，二者嘗相依而未嘗相離也。太極猶人，動靜猶馬，馬所以載人，人所以乘馬，馬之一出一入，人亦與之一出一入，蓋一動一靜而太極之妙未嘗不在焉。此所謂所乘之機，無極二五，所以妙合而凝也。

且不論此譬喻所受後世之詬病，對動靜之氣和太極之理，陳來的總結是：“所謂以本體而言可謂太極含動靜，實即《太極圖説解》所謂‘自其微者觀之，動靜陰陽之理具於太極中’，指太極本體本來包含動之理、靜之理，因爲程頤本來即説微指本體而言。這樣看，‘太極動靜’應指‘太極含動靜之理’。……太極含動靜是從本體之微上説，太極有動靜是從流行之著即用上説。”[2]此説當可化解朱熹太極、陰陽動靜問題中所可能暗含的矛盾。

陰陽之動靜發生的原因也非常值得關注。咸卦《彖傳》云：“咸，感

〔1〕《太極圖説解》卷一，《朱子全書》第十三册，上海：上海古籍出版社，2004 年，第 72 頁。
〔2〕陳來《朱子哲學研究》，上海：華東師範大學出版社，2000 年，第 101—102 頁。

也。柔上而剛下,二氣感應以相與,止而説,男下女……天地感而萬物化生,聖人感人心而天下和平。觀其所感,而天地萬物之情可見矣。”此是説,咸卦意味著感通。其卦象爲艮下兑上,男下女,爲陰陽二氣感應而相交之卦,故而吉。感能化生萬物,也是天地萬物之情之表達。朱熹認爲動静之所以發生,乃在於二氣交感:“二氣交感,所以化生萬物,這便是天地之塞吾其體,天地之帥吾其性。”(《文公易説》卷一)並進一步提出天地間感應的普遍性,“天地間只是個感應”(《文公易説》卷二)。而之所以如此,乃是由於“天地只是一氣,便自分陰陽,緣有陰陽二氣相感,化生萬物,故事物未嘗無對”。進而從相反的方面來論述二氣交感的道理,“天下之理單便動,兩便静。且如男必求女,女必求男,自然是動。若一男一女,居室後便定”(《朱子語類》卷六十五)。二氣交感是一種内在而根本的傾向。在陰陽尚未感通之際,一氣處於動中,並求感於另一氣,即如男求女、女求男一般,此非外力所及,非實現陰陽感通即如男女居室才能有所定。而這種定並非静止的狀態,而是動態的平衡,因此二氣交感應能達致一種相對穩定的平衡狀態。究其實,“天地之化,包括無外,運行無窮,然其所以爲,實不越乎一陰一陽兩端而已。其動静、屈伸、往來、闔闢、升降、浮沉之性,雖未嘗一日不相反,然亦不可以一日而相無也”(《文公易説》卷二)。這裡所謂動静、屈伸、往來、闔闢、升降、浮沉之性,皆是陰陽兩種性質或功能的表達,也正是由於陰陽動静變化無窮,所以萬物才得以形成,而萬物的形成、變化和消亡也都是陰陽消長的結果,所以朱熹提出,“陰陽雖是兩箇字,然卻只是一氣之消息,一進一退,一消一長。進處便是陽,退處便是陰;長處便是陽,消處便是陰。只是這一氣之消長,做出古今天地間無限事來”(《朱子語類》卷七十四)。可見,不僅動静,而且其餘變化和功能作用,從根本上講,都是易有兩義之陰陽交易作用的不同體現方式,交易亦即陰陽之間的相互感通,如前所述,交易是變易的基礎,故而,也可從變易的角度論動静:

夫易,變易也。兼指一動一靜、已發未發而言之也。太極者,性情之妙也,乃一動一靜、未發已發之理也。故曰"易有太極",言即其動靜、闔闢而皆有是理也。(《文公易説》卷一)

如此一來,則將動靜與已發未發聯繫起來,而太極爲一動一靜、已發未發之理。易則兼動靜、已發未發而言之,不能偏於其中之一。所以太極既可以指宇宙之本體,也可以用以來指心之本體,心自然也衹能通過感應而有動靜,"心只是個動靜感應而已,所謂'寂然不動,感而遂通'者是也,看那幾個字便見得"(《文公易説》卷一)。於此,朱熹弟子曾有爭論,"趙師夏謂心爲太極,林學蒙謂心具太極,師夏舉以爲問。先生曰:'這般處極細難説,看來心有動靜,其體則謂之易,其理則謂之道,其用則謂之神。'"(《文公易説》卷一)此是説,心之動靜與太極之動靜高度相合,心之動靜的方式爲交易、變易,其動靜之理爲道,其用則神妙莫測,皆如太極之易、理、神。在此朱熹綜合了心爲太極説和心具太極説。

感應之所以能成爲動靜的根據在於其理如此,朱熹説,"天地之間,理一而已。然乾道成男,坤道成女,二氣交感,化生萬物","然其所以一陰而一陽者,是乃道體之所爲也。……直以陰陽爲形而上者,則又昧於道器之分矣"。陰陽的相互交感固然是萬物化生的原因,但在朱熹看來,陰陽還衹是形而下的氣、器,其所以然者則是形而上的理、道,"造化已是形而下,所以造化之理是形而上"(《朱子語類》卷四)。在六十四卦裏艮卦之卦義最能體現氣之動静,其《彖傳》云:"艮,止也。時止則止,時行則行,動静不失其時,其道光明。艮其止,止其所也。"卦象爲䷳,艮上艮下。其《彖辭》和《爻辭》皆無突出之處,但"艮居外卦者八,而皆吉",所以朱熹認爲周敦頤是就艮卦而提出"定之以仁義中正而主静"之説。艮卦《彖傳》的意義較爲特别。朱熹發揮其深意:"艮卦是個最好底卦,動静不失其時,其道光明,又剛健、篤實、輝光、日新,其德皆艮之象也。"(《文公易説》卷七)何以如此? 衹因爲艮卦在當止的時候就停,在當行的時候就行,止固然是停止,而如果在採取行動時而不失其正,行動者則可謂知止。知止自然意味著内心光明。而艮卦之所以動静皆得當,乃在於"'艮其背',静而止也;'行其庭',動而止也。萬物皆止其所,只有理而已"(《文公易説》卷六)。對程頤從萬物皆止其所止之理推出聖人治理天下之道,朱熹深表贊同,"伊川於此下解云,'聖人所以能使天下順治,非能爲物作則也,惟止之各於其所而已',此義卻最解得分明"(《文公易説》卷六)。

三、氣化模式

朱熹既以《繫辭》"易有太極"章爲筮法,也將其視爲易學義理綱領,在《答程可久》的書信中提出:

> 太極之義,正謂理之極致耳。有是理即有是物,無先後次序之可言。故曰"易有太極",則是太極乃在陰陽之中,而非在陰陽之外也……有是理即有是氣,氣則無不兩者,故易曰"太極生兩儀"。(《晦庵集》卷三十七)

太極是宇宙生成的所以然之理。從邏輯上講作爲理的太極先在於物,但從發生學的角度看,理與物"無先後次序之可言"。由於理氣不雜也不離,所以陰陽據太極之理流行生物,此時理寓於氣,由"太極乃在陰陽之中,而非在陰陽之外"可知,太極和陰陽構成一種内在論。

> 理也者……生物之本也;氣也者……生物之具也。是以人物之生,必禀此理,然後有性;必禀此氣,然後有形。其性其形,雖不外乎一身,然其道器之間,分際甚明,不可亂也。(《朱文公文集》卷五十八《答黄道夫二書》之第一書)

具體而言,作爲形而上之道的太極之理,在氣化生物的過程中爲本體,人物無不具其理,因以得其性;而作爲形而下之器的陰陽之氣,在氣化生物的過程中提供材質,人物無不由陰陽之氣而得其形質。一方面,理氣、性形不可分離;另一方面,道器的區分又非常顯明。此即“理氣不雜不離”。總而言之,“性”因理稟於人、物而出現,在天地大化流行過程中自然發生的,爲“所以然”;“形”也因氣稟於人、物而出現,是天地大化形質化的具體表達。

然而氣化的具體機制究竟如何? 對此,朱熹借助周敦頤的理論來加以説明,從根本上講,朱熹的《太極圖説解》是從易學的角度進行解釋的,《太極圖》所示即氣化之原理。首先,從理氣關係上看,朱熹提出“有是理後生是氣,自‘一陰一陽之謂道’推來”(《朱子語類》卷一)。從邏輯上講,理在氣先,而且理生氣的過程是在一陰一陽中得以實現的,此之謂道。具體而言,氣化從“理”到“氣”再到“質”漸次展開,“先有個天理了,卻有氣。氣積爲質,而性具焉”(《朱子語類》卷一),一物之質形成之後,其“性”完全落實在物上,性乃天理在物上的表達。所謂“質”,在朱熹看來,是陰陽在發生氣化作用時以五行的具體形態呈現在人們面前的形質化之物。“陰陽是氣,五行是質。有這質所以做得物事出來。五行雖是質,他又有五行之氣做這物事,方得。然卻是陰陽二氣截做這五個,不是陰陽外别有五行。如十干甲乙,甲便是陽,乙便是陰。”(《朱子語類》卷一)由此可知,陰陽不可見,而必須通過作爲已經形質化了的五行才能表達自身以成就萬物。朱熹又提出:“陰以陽爲質,陽以陰爲質,水内明而外暗,火内暗而外明。横渠曰‘陰陽之精,互藏其宅’,正此意也。”(《朱子語類》卷一)這是説,陰以陽爲其形質或者外觀,而陽以陰爲其形質或者外觀。水内明而外暗,從卦象上説爲坎☵,爲陽;火内暗而外明,從卦象上説爲離☲,爲陰。因此,無論是陰陽的物象還是卦象,都可以通過對照互顯對方之“質”,張載“陰陽之精,互藏其宅”即是對這一看法極其恰當的歸納。朱熹認爲周敦頤《太極圖説》和《通書》都極好地闡發了何謂“易”之義,他認爲,

周先生《太極》、《通書》便只是衮這幾句易之爲義也。……只是陰陽交錯,千變萬化,皆從此出。故曰“易有太極”,這一個便生

兩個,兩個便生四個,四個便生八個,八個便生十六個,十六個便生三十二個,三十二個便生六十四個。(《文公易説》卷一)

從作爲一的太極到"兩個",乃至"六十四個"的變化生成,爲陰陽交錯相互作用的氣化過程所遵循的數理模式。而卦畫則完全是對此一過程的模擬,因此,從對卦畫變化出發,便知氣化之過程,其結果可以用吉凶悔吝之道來加以顯示。

朱熹更從氣化中區分出形化,有時也將之稱爲"化生",他在注《繫辭傳》"天地絪緼,萬物化醇。男女構精,萬物化生"時提出:"絪緼,交密之狀。醇,謂厚而凝也,言氣化者也。化生,形化者也。"(《周易本義》)"醇"即是氣化而後的狀態,而化生"指氣化而言,草木是也"(《朱子語類》卷七十六)。天地中陰陽二氣交匯和合生出萬物,即氣化作用的結果。這裡朱熹似乎是在説,氣化是從"絪緼"狀態而生成新的東西。形化則與之不同,是指從既有之物中化生出萬物,其重點不在生成新的東西,而在於萬物因陰陽的相互作用而連綿不絶生物,所以他又提出:"氣化是當初一箇人無種後自生出來底,形生卻是有此一箇人後,乃生生不窮底。"(《朱子語類》卷九十四)儘管氣化和形化(化生、形生)不同,但從根本上講,形化也衹是氣化的一種表現方式,都來自陰陽作用,所以《朱子語類》云:"問氣化形化。曰:'此是總言物物自有牝牡,只是人不能察耳。'"(卷九十四)"物物自有牝牡"是説氣化形化過程無不在陰陽相互作用中進行,此即所謂"氣化形化"最重要的特徵。故而"天地、男女,都是兩箇,方得專一,若三箇便亂了"(《朱子語類》卷七十六)。

歸根到底,萬物都是一氣生成的,所以"一元之氣,運轉流通,略無停間,只是生出許多萬物而已"。那麼,一氣的陰陽氣化作用又如何生成萬物?朱熹認爲,"太極只是一箇氣,迤邐分做兩箇:氣裏面動底是陽,静底是陰。又分做五氣,又散爲萬物"(《朱子語類》卷三),可見一氣之動静變化,是以一分爲二(分陰分陽),和二分爲五(二五之精,妙合而凝)的模式發生的。總而言之,在天地間,祇有一氣,但可分而爲陰陽,經過五行造化作用,萬物的産生與終結,没有不是這樣的,這就是氣化的作用方式。然而,在朱熹那裡還有一分爲二、二分爲四、四分爲八、八分爲十六、十六分爲三十二、三十二分爲六十四乃至無窮的模式,而這一模式主要受邵雍的啓發——程頤接受一分爲二、二分爲四的説法,而周敦頤也祇是二分爲五行而已,他們並未將一分爲二推至無窮。朱熹則不然,他將一分爲二無限地貫徹下去,並認爲可以以《易》中的模式來進行推導,所以他提出"此只是一分爲二,節節如此,以至於無窮,皆是一生兩爾"(《朱子語類》卷六十七)。

結語

北宋易學氣化論之發展,主要體現在張載、周敦頤、程頤和邵雍等人的易學理論中。周敦頤的"無極而太極"説,奠定了基於理氣學説的宇宙論和人生論之根基;張載提出"天之化也運諸氣","由氣化有道之名"(張載《正蒙》卷一),將氣化與道相結合,揭示了氣化流行過程即道之理;程頤則認爲"萬物之始皆氣化,然後以形相禪","有形化,形化長則氣化漸消"(《二程遺書》卷五)。朱熹氣化論也以太極形而上之爲理、陰陽爲形而下之氣,二者不雜不離,但更重要的是,他既吸收了張載的氣化流行説,也發展了程頤的"形化"論,更通過對周敦頤《太極圖説》創造性地建構其氣化論,所有這些都是天地陰陽之化。朱熹進一步提出,"天地之間,一氣而已",人、物皆由氣之運動變化而來,所以無論是屈伸往來,還是人與天地相接,都是氣化連續不斷的過程,從無間斷。此氣之流行充塞宇宙,此氣之流行過程即氣化,人、物之性皆出於天,而天之氣化亦"必以五行爲用"。由此,首先,陰陽既有一氣之運,也有二氣之分,並且有一個從生成論到規範性的自然轉换,故也有扶陽抑陰的傾向;其次,而太極之動静和陰陽之動静各有其説,但統之於"一在二中"

的内在論;最後,朱熹根據太極陰陽動静之原則,基於一分爲二、二五妙合的機制,辨析並呈現了具體的氣化、形化等模式,從而最終完成其易學氣化論。朱熹易學氣化論不僅是其存有論的核心内容,而且在其影響甚巨的理氣關係説中具有奠基性的意義。

王學末流考論*

[日]山本正一撰

廖明飛譯**

一

明末風靡全國的王學,入清後急劇衰微。誠然,在清初,北之孫奇逢(1584—1675)、西之李顒(1627—1705)皆擁有相當的勢力,南則有劉宗周(1578—1645)的弟子黄宗羲(1610—1695)與孫、李鼎足而三。稍後的毛奇齡(1623—1716)和李紱(1675—1750)等人雖然支持王學,但也衹是所謂餘波而已。以上諸人之後,幾乎没有再出現繼承和發展王學之人。又,崇禎十二年(1639),沈國模(1575—1656,周汝登門人)在陽明的出生地餘姚創立姚江書院,與史孝咸(1582—1659)等講明良知之學,沈、史二人既没,書院輟講十年,而韓孔當(1599—1671)等繼之,然韓氏等人没後,姚江學者日衰矣(彭紹升《二林居集》卷十九《儒林述》)。然而,根據同屬於姚江書院派的邵廷采(1648—1711)的記載,

* 日文原題《王學の末流について》,《大東文化學報》第4輯,1941年11月,第43—70頁。

** 譯者單位:日本學術振興會(JSPS)·青山學院大學國際政治經濟學部。

“陽明書院之在宇内者七十二，而浙中居其六”(《思復堂文集》卷四《姚江書院記》)。在陽明的出生地所創立的書院既已如上述之蕭條不振，正可見清初王學急劇衰微之態勢。

在此種形勢下，加之在野的碩學顧炎武(1613—1682)、王夫之(1619—1692)等人每有機會即斥陽明思想爲“邪説”，而且與他們同調的人士也不絶於後。一方面，張履祥(1611—1674)、陸世儀(1611—1672)等乘機掀起復興程朱學的運動，正如王源(1648—1710)所言“舉世若狂，以詆姚江爲風氣”(《居業堂文集》卷七《與朱字緑書》)，排王學而尊朱學，蔚然成風。另一方面，清廷也斟酌此種形勢，與元明一樣，尊程朱學爲正統官學，定下學術之歸趨。結果，王學作爲學派的命脈斬斷於清初，此後，取而代之的是，程朱學和考證學統治學術界。因此，换一種看法而言，雖然是老調重彈——清初可以稱爲是對王學的反動期。

但是，因爲即使未至清初，王學在陽明在世時就已遭到了猛烈的攻擊，而一百數十年後，彷彿與明清鼎革同步，王學如此急劇衰落，也許並不能一概説是陽明思想本身包含著這種命運、矛盾吧。懷著這樣的疑問，重新檢討明末清初的諸種文獻，這裡所説的“王學末流”的問題就浮現出來。

比如，顧炎武攻擊陽明的一段話，被當作攻擊王學的言論屢屢被引用：“以一人而易天下，其流風至於百有餘年之久者，古有之矣。王夷甫之清談，王介甫之新説，其在於今，則王伯安之良知是也。孟子曰：‘天下之生久矣，一治一亂。’撥亂世，反之正，豈不在於後賢乎?”(《日知録》卷十八“朱子晚年定論”條)不過，考慮到顧氏此論的根本動機，是因爲陽明以後發展出來的頓悟一派沉溺於有關心性的狹隘的議論，脱離國家社會的實際問題，或者言行放縱不羈，破壞名教，造成明末的所謂末世之世風和國運之陵夷，進而以這種經世家的觀點出發對被認爲是流弊之根源的陽明本人的思想予以如上嚴厲的批判。也就是説，顧氏的直接意圖是打破王學末流的流弊，挽救世風，從一開始就不是在學問領域與陽明學展開論戰。

不過,像顧炎武這樣的立場,不僅同時的王夫之等人如此,王學派的孫奇逢和黄宗羲等也存在。誠然,因爲孙、黄立足於陽明學之傳統,故與顧、王兩家一样,對陽明思想本身毫無異議,但是,孫氏云:"龍谿獨持四無之説,羣起而疑之,乃先生亦復唯唯,於是龍谿之言滿天下。後傳龍谿之學者,流弊滋甚,因是遂疵陽明之學。嗟乎,豈陽明之過哉!亦由於傳陽明者之過耳"(《理學宗傳》卷二六王龍谿條),不認同陽明的高足王龍谿(1498—1583)一派之思想爲王學正傳。同時,黄氏也録其師劉宗周之説:"愚按:四句教法,考之陽明集中,並不經見。其説乃出於龍谿,則陽明未定之見"云云(《明儒學案・師説》),而且,黄氏從鄒東廓《青原贈處》所引四句訣和龍谿《天泉證道記》的異同推考,"今據天泉所記以無善無惡議陽明者,盍亦有考於先生(鄒東廓)之記乎?"(《明儒學案》卷十六鄒東廓傳)此種論調果然也暗示了與顧炎武相同的態度。不僅如此,前述姚江書院一派延續了所謂末流的周汝登(1547—1629)的傾向,因而曾受到劉宗周的嚴厲忠告(《劉子全書》卷十九《答王金如書》),最终到了邵廷采的時代,姚江書院派出現了與劉氏一派的修正王學合流的傾向,從中也可以看出,爲清初一般學風所不容的主要就是王學末流。

從這種風氣上還必須注意的一點就是,遊於劉宗周之門的張履祥由修正王學一變而爲程朱學,孫奇逢門下的張沐(順治十五年[1658]進士)和湯斌(1627—1687)、申涵光(1620—1677)等在繼承其師之朱、王折衷的學風的同時,逐漸向程朱學傾斜。此外,出身於曾爲王學最盛之地江西省的謝文洊(1615—1681)、張貞生(1623—1675)等人由王學轉向程朱學等現象,無疑意味著王學内部的崩潰瓦解。同時,将之與前述内容綜合考慮的話,可以概括性地作出以下推測。即,清初雖然反動的中心對象確是王學末流,但是排擊王學末流也直接成爲王學本身崩潰瓦解的主要因素,然則所謂末流的思想,實際上發展自陽明學内在的生命精神,但是,該精神在陽明以後因爲某些原因被歪曲、變異,甚至朝著陽明未曾企圖和預期的形態展開。因此,現在暫且以如上的推測爲線索,追蹤王學末流展開之跡的同時,思考在清初所謂反動思想的意義。

二

正如上述,據孫奇逢等所云,王學末流之流弊完全源於王龍谿的思想,而這種觀點也見於《明史》王龍谿本傳:"其後,士之浮誕不逞者,率自名龍谿弟子。"而且,事實上,泰半被看作是末流的人,都自述本於龍谿之思想,基本上確鑿無疑。但是,另一方面,從龍谿乃王門高足中的高足這一點來看,他的思想必然是發展了陽明的思想。因此,如果認爲將末流之弊歸咎於龍谿是妥當的話,當然也有必要進一步從龍谿上溯至陽明本人,追究所謂流弊之根源。既然在此以王學末流作爲問題的中心,即使没有必要詳述陽明思想本身,但是,從陽明到龍谿的思想的展開無疑是闡明末流實態的先決問題。因此,首先來看龍谿是如何繼承陽明思想的。

歷來認爲王陽明的學問是宋代陸象山思想的繼承,一般稱作"陸王之學",將之與程朱學對立。但是,仔細考察的話,陸王兩家之學也有差異,同時,陽明並非從一開始就單純地從理論上繼承象山思想。

據陽明弟子錢緒山(1496—1574)所云:"先生之學凡三變,其爲教也亦三變"(《刻文録敘説》)。具體而言:爲學之三變,乃謂早年馳騁於辭章,後出入於佛老,繼而貶謫龍場,翻然復歸儒學;爲教之三變,乃復歸儒學後之事,自三十七歲至四十二歲左右,力主"知行合一",此後至五十歲前後,主"心即理"説,多教學者静坐,其後單提"致良知"三字,遂成一家之學。關於陽明爲學爲教之階段,緒山同門王龍谿在《滁陽會語》(《龍谿全集》卷二)中也有幾乎相同的敘述,大體可以信據。但問題是,陽明歸儒後並非馬上就提倡象山的"心即理"説,而是進入第二階段之後才開始明確如此主張。此前,陽明祇是一味以朱子學爲批判的對象,一邊反省朱子學以積累多樣的外在事象的知識作爲爲學方法而屢屢陷入的支離之弊,同時,試圖通過摒棄這種方法而採用其他爲學方法革新舊來的儒學。於是,其他的爲學方法——也就是取代外在知識的探求,而探求内在的心之本體——的哲學基礎的確立之必要性便凸顯出來,陽明在第二階段遂採用了象山的學説。

若然,我們可以推論,陽明思想的出發點主要是革新舊道學的現實要求,爲了使從這一要求産生的爲學方法的學問體系化而引進了象山的學説,以該學説作爲基本理論的同時,再次高揚此前革新舊道學的要求,從而主張"致良知"。也就是説,陽明的思想始終以解決當時思想界的現實問題爲依歸,黄宗羲所云"陽明當建安格物之學大壞,無以救章句訓詁之支離,故以良知之説倡率一時"(全祖望《鮚埼亭集外編》卷十六《甬上證人書院記》所引),也可以在如上的意義上加以引用。

總體來説,陽明貶謫貴陽龍場,在化外之地困苦不堪,而導出一家之學,此事本身充滿戲劇性。爲此,門人弟子們甚至進行了一番神秘主義的渲染並流傳下來,但是,在貶謫之前,陽明早就質疑並批判舊道學,祇不過處於龍場這一幾乎與道學社會隔絶、道學教説無法發揮規範作用的世界,而獲得了急速飛躍的發展。

本來,以朱子學爲基調的舊道學重在窮理——在多數情況下,作爲其中一環的是讀書窮經——作爲知識階層的一般教養的學問是適合的。同時,就主張嚴格遵守名教格式這一點而言,一方面也有利於維護封建國家及社會機構的運行,因而元朝以來被尊爲官學,有官方作爲强大的後盾,舊道學因之實現了普及。另一方面,這一學問容易流於固定化的静的性質,並不能靈活有效地應對非常時期。同時,官學的立場往往妨礙這一學問的自主發展,有時由於倚仗這樣的官學背景,不免導致指導魄力的逐漸弱化,走向墮落。而這些事情,都似乎恰好是在陽明出現的明中葉開始不斷發生的,顧炎武也説:"蓋自弘治、正德之際,天下之士，厭常喜新，風氣之變，已有所自來。”（《日知録》卷十八“朱子晚年定論”條）又，據筆者所考察的領域，在經學研究上，批判《五經》《四書大全》和舊道學派的基本經説，或者嘗試脱離上述經解另闢蹊徑進行研究，也是在此一時期勃興的新傾向，作爲上述現象的反映，值得我們注意（參考《東洋文化》第 194 號所載拙文《明代中葉以降の經學について》）。也就是説，伴隨著明朝王權之陵夷而來的舊道學權威之失墜的現象，在中葉以降發展爲學術思想界的大問題。

陽明對舊道學的革新，或許正反映了上述狀況。同時，從早年的懷疑，逐漸成長，直到龍場一悟，這種發展形成了前所未有的强硬的反道學之學術。如果不如此觀察，僅僅認爲陽明思想是陸象山思想的理論繼承，就難以説明陽明思想不止於陽明個人而迅速風行全國的經過。

既然如此，陽明的道學革新的要點爲何？綜上所述，基本上可以推論：第一，在爲學方法的問題上，他不採用舊道學一派極力主張的“窮理”。正如《傳習録下》（第 27 條，黄直録）“天下事物，如名物、度數、草木、鳥獸之類，不胜其煩。聖人須是本體明了，亦何緣能盡知得”云云，認爲客觀知識的積累本身並無助於人的心性的自覺發展，屢屢造成支離之弊，妨礙人們抵達聖賢之境。他高度評價陸象山的“六經皆我注脚”之論，也是從上述觀點批判窮理之一端的“誦讀”的結果，正如陽明在《別湛甘泉序（壬申）》（《王文成公全書》卷七《文録四》）中所言：“顔子没而聖人之學亡。曾子唯一貫之旨，傳之孟軻終。又二千餘年，而周程續。自是而後，言益詳，道益晦，析理益精，學益支離，無本而事於外者益繁以難……今之所大患者，豈非記誦詞章之習？而弊之所從來，無亦言之太詳，析之太精者之過歟？”

陽明在該文中又指出，佛老思想盛行而聖賢之道廢，是因道雖不同，佛老務於心得（自得），當今之儒學則汲汲於記誦之學，不務心得，誤以聖人之道勞苦無功。陽明以此强調心得（自得）之學，蓋亦理所當然。因爲所謂心得（自得）之學，是擯棄外求，把握心之本體並加以擴充，不僅是誦讀窮理,自己心性以外的所有外在事象、規範的束縛,都必須警惕,毋寧説在終極上必須以心之本體來判斷外在事象、規範的是非得失。

因此,陽明主張必須暫時擺脱由舊道學守護和尊重的既有的名教格式。《傳習録下》(第57條,黄省曾録)録有陽明與弟子的如下對話:"王汝中、省曾侍坐。先生握扇,命曰:'你們用扇'。省曾起對曰:'不敢。'先生曰:'聖人之學,不是這等綑縛苦楚的,不是裝做道學的模様。'"又《答顧東橋書》(《傳習録中》)中陽明有云:"夫舜之不告而娶,豈舜之前已有不告而娶者爲之準則,故舜得以考之何典,問諸何人而爲此邪? 抑亦求諸其心一念之良知,權輕重之宜,不得已而爲此邪?"這些言論都應該在這種意義下聯繫起來理解。又,陽明在《答羅整庵少宰書》(《傳習録中》)中云:"夫學貴得之心。求之於心而非也,雖其言之出於孔子,不敢以爲是也,而況其未及孔子者乎?"這是頗爲斬截的表述,也可以和上述例子一起加以引用。從既有的規範中解放出來,高揚人性自覺的理念,這不僅是作爲心得之學一環的學問的主張,同時,也是反省如上所述的當時道學拘於格式傳統,不斷喪失應對現實世態的能動精神的現狀爲出發點的陽明的革新論之一。正因如此,在《答羅整庵少宰書》中纔會有如上述的激烈表述。同時,如果再參照陽明平定當時頻繁發生的暴動和叛亂的行實,就能更好地理解這一點。

本來,清初顔元(1635—1704)等人認爲,陽明之事功與爲教截然各自獨立,事功出於陽明之卓越天資,而其教説依然是以宋學的心性之空談貫穿始終(《存學編》卷一),這固然是顔元狹隘的"實習主義"不容思辨性學問而産生的偏見。事實上,陽明的軍政活動進一步强化了他的學問中的能動精神,正如陽明自己在五十歲時所説:"某於此良知之説,從百死千難中得來"(《陽明年譜》正德十六年辛巳條),即可窺知事功與致良知學説的完成具有的關聯。同時,由中年以静坐收斂爲基礎的修養法,發展到晚年的致良知説的經過,也基本能夠得到理解。

這裡所説的“致良知”説，不用説是關於《大學》的“格物致知”的解釋，但重要的是，陽明警惕把“知”看作一般的客觀知識而陷入支離之弊，同時，防止將之祇是含糊地視爲心之本然而墮入抽象思辨的空疏的危險，而將之解釋爲孟子的“良知”這一親切的容易把捉之物。人的修養，是關於我們意念的發動之處，判斷善惡，去惡爲善，以此推極此一良知。换言之，一方面救正舊道學的支離之弊，另一方面不游離於不斷變動的社會事象（陽明所謂“人情事變”）之外，而是與社會事象相適應的磨煉的方法。可以説，對當時儒學革新的現實問題，陽明提出了切實的解決方案，同時，正因爲如此，他的學術可以回擊舊道學一派的誹謗壓迫，而風行全國。總而言之，陽明的學術不僅回應了當時社會的要求，而且很好地進行了指導。

三

如上所述，陽明的學術隨著現實的要求而發展，也因此與思想界的要求一致而大爲風行，但是，進一步考慮的話，受制於這種因應現實的動機，陽明的教説在構成上有缺乏精到、流於粗淺之嫌。如在《答羅整庵少宰書》中提出的是非之判斷必須“求之於心”（既出），即使這是基於匡正外求支離之弊的意圖，但其所説的心之本體即“良知”，到底是不是現在任何人都能輕易把握的呢？同時，縱然該良知與格物相互逐漸發展，到哪裡纔算是終極的境地呢？而且，針對門人“聖人可學而至，然伯夷、伊尹於孔子才力終不同，其同謂之聖者安在”的發問，陽明答曰：“聖人之所以爲聖，只是其心純乎天理，而無人欲之雜，猶精金之所以爲精，但以其成色足，而無銅鉛之雜也。……然聖人之才力亦有大小不同，猶金之分兩有輕重……蓋所以爲精金者，在足色，而不在分兩。所以爲聖者，在純乎天理，而不在才力也。故雖凡人，而肯爲學，使此心純乎天理，則亦可爲聖人。猶一兩之金，比之萬鎰，分兩雖懸絶，而其到足色處,可以無愧,故曰人皆可以爲堯舜者,以此。"(《傳習録上》第99條,薛尚謙録)如果陽明的回答可以與上述結合起來考慮的話,縱然此教能有效防止含糊地期望抵達抽象性的高遠境界而墮入空疏的危險,但也會造成聖人之境容易到達的誤解,使人錯誤地認爲良知的體認是簡單的,這就不可避免要産生任意認定上述"終極的境地"的弊端。考慮到這幾點,再來檢討王龍谿和錢緒山圍繞陽明四句訣的論戰,就會發現二者意見的對立幾乎是不可避免的。

毋庸贅言,所謂二者的對立是指,對於陽明的教言"無善無惡是心之體,有善有惡是意之動,知善知惡是良知,爲善去惡是格物",緒山認爲是師門不變的教則,人應該於習染久之後,積累格致誠正的工夫,恢復本體。與此相對,龍谿認爲這一教言是陽明針對普通士人所説的特定的便法,而如果從本體之上直截悟入,則理應不存在意、知、物、善惡的對立。

這一論戰見載於《傳習録下》錢緒山的記録和錢緒山的《陽明年譜》、王龍谿的《天泉證道記》,對此,陽明的判定中有云"汝中所見,是接上根人教法;德洪所見,是接中根以下人教法",這部分的記載三者是一致的,但《傳習録》和《年譜》中還記載了陽明云"此(緒山之見解)是徹上徹下語,自初學以至聖人,只此功夫。初學用此,循循有入,雖至聖人,窮究無盡"。相反,根據龍谿的記載,陽明乃謂:"汝中所見,我久欲發,恐人信不及,徒增躐等之病,故含蓄到今。此是傳心秘藏……"。但没有緒山之見解是"徹上徹下"之教的記載。此外,根據鄒東廓《青原贈處》的記載,與前三者更不同,緒山未云"無善無惡是心之體",而説的是"至善無惡者心"。

不過,即使《傳習録》和《陽明年譜》的記載是異辭同義,可以姑置勿論,但仍有錢、王、鄒三家的三種不同看法,而且,須引起我們注意的是,此種異同的産生,恐怕正是起因於與前述疑點相關的陽明思想的不嚴密性。另外,關於這一點,黄宗羲依據鄒氏的記載,斥錢、王二家的看法非陽明本來的教説(《明儒學案》卷十六《鄒東廓傳》),毋庸贅言,這不過是站在反省龍谿以後末流之弊的修正王學的立場上的觀點。

接下來分析陽明是否肯定了錢、王二家中的一家的觀點。龍谿的記載中有"世間上根人不易得,只得就中根以下人立教",緒山所記也有同樣的教言,不僅如此,與"四句訣"問題無關,《傳習録下》(第43條,黄修易録)還有這樣的教言:"諸君工夫,最不可助長。上智絶少,學者無超入聖人之理。"從這一教言也可以看出,就修養論而言,陽明認爲應該以緒山的見解爲基準,是毋庸置疑的。然則,龍谿的見解又是怎麽出現的呢? 在此,我們再一次質問本章開頭所提出的疑問:"良知是否是現在能夠把握的"?《傳習録下》(第25條,黄直録):"我輩致知,只是各隨分限所及。今日良知見在如此,只隨今日所知擴充到底。明日良知又有開悟,便從明日所知擴充到底。如此,方是精一功夫。"陽明顯然是教人應該從現在良知出發。當然,現在良知和將來得到擴充的良知不可視爲一物,同時,正因如此,就需要可以稱爲培養之功的修養論,而若令爲善去惡之修養成爲可能的也是判定善惡的良知之作用,那麽,即使不過衹是萌芽狀態,也必須首先確認現在良知。

果真如此的話,如何把握現在良知就成爲必須進一步解決的問題。然而,對於這一問題,陽明没有給出明確的解答,讓人覺得非常不謹慎,但也許是陽明相信不待特定的辦法就可以實現的吧。於是,龍谿的四無頓悟之説也由此出現,衹要看他屢屢極力主張先師的良知是指現在良知即可大致推知。

之所以上面説陽明没有對把握"現在良知"作出明確解答是"不謹慎",是因爲既然不限於特定的方法,可以預想的危險是普通人往往以自己所有場合的好惡比擬良知。當然,陽明許以上根聰明之人的龍谿並非如此,但陽明没後,曾幾何時學者徒託現成良知自欺,往往放逸而無所忌憚,縱情私慾,這樣的歪風邪氣蔓延滋長,成爲無可掩蓋的事實(參考《大學問》錢緒山後序等)。於是,對此,王學派内的一部分修正論者——主要是以鄒東廓、聶雙江、羅整庵等爲中心的《明儒學案》所謂的“江右派”——專門針對王龍谿一人,敦促他進行反省,這是因爲龍谿早在陽明在世的時代就强調“現成良知”,主張通過頓悟把握本體,以及陽明没後,龍谿在王學派内部佔據卓越的地位,其影響也頗大。因此兩點,批評龍谿也就至爲理所當然。

他們提出的修正方案,自然是排棄伴隨諸種弊端的“現成良知”説,强調嚴密的修養論。比如,羅念庵(1504—1564)云:“終日談本體,不説工夫。纔拈工夫,便指爲外道。此等處,恐使陽明先生復生,亦當攢眉也。”(《念庵文集》卷三《寄王龍谿》)又詰難云:“良知二字,是陽明公特地提出,令人知聖賢不遠,方有下手處。然上面添一‘致’字,便是擴養之意。又良知‘良’字,乃是發而中節之和。其所以良者,要非思爲可及。所謂不慮而知,正提出本來頭面也。今卻盡以知覺發用處爲良知,至又易‘致’字爲‘依’字,則是只有發用,無生聚矣。”(《念庵文集》卷三《與尹道輿》)斷言“龍谿之學久知其詳,不俟今日。然其謂工夫又卻是無工夫可用,故謂之以(現成)良知致良知,如道家先天制後天之意。其説實出陽明公口授。……直是與吾儒兢兢業業必有事一段絶不相蒙,分明二人屬兩家風氣。今比而同之,是亂天下也。持此應世,安得不至蕩肆乎?”(《念庵文集》卷三《與雙江公》)這是將龍谿之思想從王學中切割剥離出去的最强硬的議論(此種論調後來爲孫奇逢等人所繼承)。

但是,正如上述,既然陽明已經明言良知能夠現在把握,攻擊龍谿之學,勢必發展爲批判陽明本人。因此,羅念庵終於主張陽明思想中由龍谿發展的部分並非陽明本來的教旨,必須將之抛棄。他説“今之言良知者,一切以知覺簸弄,終日精神隨知流轉,無復有凝聚純一之時。此豈所謂不失赤子之心者乎? 恐陽明公復出,不能不矯前言,而易之以它辭也”,斷言“自未聞良知之説以前,諸公之學頗多得力。自良知之説盛行,今二十餘年矣,後之得力較之先進,似或不勇,此豈無故耶”(《念庵文集》卷三《答陳明水》),就是體現上述觀點的發言。但是,這種主張無論對當時不斷發展的王學的一部分弊端發揮了怎樣的救正作用，另一方面，恐怕也不可避免地對陽明晚年到達的高明闊達的精神和思想有所歪曲和縮小。第一，羅念庵一派的學者認爲龍谿的修養法粗略，而一味主張静坐以收斂凝聚精神，但静坐不正是陽明在未形成致良知説以前的教法嗎？(《傳習録下》："吾昔居滁時，見諸生多務知解，口耳異同，無益於得，姑教之静坐。一時窺見光景，頗收近效。久之，漸有喜静厭動，流入枯槁之病。……故邇來只説致良知，良知明白，隨你去静處體悟也好，隨你去事上磨煉也好。良知本體，原是無動無静的，此便是學問頭腦。")既然如此，毫無疑問，他們的修正運動未能以陽明晚年的思想爲基礎出發，毋寧説不過是倒退到陽明晚年以前的做法。

天資聰穎的王龍谿當然没有理由承認這種修正運動。他立即反問念庵："至謂世間無有現成良知，非萬死功夫斷不能生，以此較勘世間虚見附和之輩，未必非對病之藥。若必以現在良知與堯舜不同，必待功夫修整而後可得，則未免於矯枉之過。曾謂昭昭之天與廣大之天有差别否？"(《龍谿全集》卷二《松原晤語》)進而針對他們一派的修養法，龍谿批判道："吾人未嘗廢静坐，若必藉此爲了手，未免等待，非究竟法。聖人之學，主於經世，原與世界不相離。……若以見在感應不得力，必待閉關静坐，養成無欲之體，始爲了手。不惟蹉卻見在功夫，未免喜静厭動，與世間已無交涉，如何復經得世。"(《龍谿全集》卷一《三山麗澤録》)同時，斷言獨修獨行在佛家則可，而吾等儒者到底必須以塵勞煩惱之現實社會爲道場(《念庵文集》卷三《答董蓉山》："今之言良知者，惡聞静之一言，以爲良知該動静、合内外，而今主於静焉，偏矣，何以動應"云云，即就龍谿一派的如上議論而言。對此，念庵主張，即使本體理應如此，但在修養論上必須根據静之一路)。

王龍谿不僅不贊成修正派的主張，甚至更加熱心地發展自己的信念。於是，在此之際，曾經見之於陽明的解放精神得到異常高揚，這也是對修正派懲於上述王學一部分之弊，而矯枉過正，不免經常爲毁譽所左右的反彈。這一點,祇要看龍谿答覆胡石川的批評的書簡就不難推知:“自古入聖入賢,須有真血脈路,與形跡把捉格套支持絶不同。吾人致知學問,未嘗不照管形跡、循守格套,然必以形跡觀人,以格套律人,遺其自信之真機,未免以毀譽爲是非、同異爲得失,未免有違心之行、狥義之名,所差不但毫釐間而已。”(《龍谿全集》卷九《答胡石川》)就此而論,修正派太過細心的救正,反而起到了促進龍谿學發展的反效果,以頓悟爲主的超脱思想和對名教格式的解放的精神相輔相成,逐漸激化。另外,全祖望曾論:“吾觀陽明之學,足以振章句訓詁之支離,不可謂非救弊之良藥也。然而漸遠漸失,遂有墮於狂禪而不返……是陽明之救弊,即其門人所以啓弊者也。”(《鮚埼亭集外編》卷十六《槎湖書院記》)這一耐人尋味的議論,對我們認識從陽明到龍谿的思想展開頗有啓發。

四

正如《明史・儒林傳》所述:“畿既廢,益務講學,足跡遍東南,吴、楚、閩、越皆有講舍,年八十餘不肯已。善談説,能動人,所至聽者雲集”,龍谿以“僞學”見斥以來約四十年間,以在野之身,爲王學的傳道奔走不息。他從事傳道的範圍以江浙爲中心,跨越廣闊的地域,門徒之盛,在陽明門下稱最。不僅如此,同門大率卒於嘉靖末年至隆慶間,而他較爲長壽,享年八十有六,一直活動到神宗萬曆十一年(1583),因此其學説的普及和影響,在陽明後學中也是至大至廣的。

不過,根據《明史・儒林傳》的記載,王心齋(1483—1540)的教説也頗與龍谿接近,門人之多,也可與龍谿比肩。又《明儒學案》卷三十二《泰州學案》開頭即云:“陽明先生之學,有泰州、龍谿而風行天下,亦因泰州、龍谿而漸失其傳……然龍谿之後,力量無過於龍谿者,又得江右爲之救正,故不至十分决裂。泰州之後,其人多能赤手以搏龍蛇。傳至顔山農、何心隱一派,遂復非名教之所能羈絡矣。”黄宗羲雖然將心齋和龍谿並稱,但認爲實際上王學末流主要出於心齋之後學。然而,將末流歸於心齋一派,衹是基於特定師承關係的看法,未必正確。

具體的理由容另外論述,不過,第一,心齋之學,正如在他的《遺集》中有云:"天下之學,惟有聖人之學好學,不費些子氣力,有無邊快樂。若費些子氣力,便不是聖人之學,便不樂";"良知之體,與鳶魚同一活潑潑地。當思則思,思通則已……不著人力安排";"有學者問放心難於求。先生呼之,即起而應。先生曰:'爾心見在,更何求心乎?'"(卷一《語録》)以上所論爲頓悟自然,正如劉宗周也説"心齋言悟雖超曠,不離師門宗旨"(《明儒學案・師説》),在思想上,心齋有不少地方比龍谿更加穩健。第二,即使如泰州、龍谿屢屢並稱一般,心齋的思想與龍谿近似,但心齋在嘉靖十九年(1540)就去世了,遠比龍谿謝世要早。因此,可以認爲心齋的影響也不如龍谿,同時,心齋死後,他的後學也往往受龍谿學的洗禮。另外,關於此點,根據《明史・儒林傳》王龍谿本傳,"其後,士之浮誕不逞者,率自名龍谿弟子",以及後述東林一派的反王學者們無一例外攻擊龍谿學説,相反,卻幾乎未曾論及心齋學説。從這些方面可以看出,心齋學説對王學末流的影響比之龍谿學説遠爲微弱。本來,如果仔細考察,心齋出身庶民,因而他的思想富於民衆色彩,且因此王學更爲簡易化,得到更加解放地自然主義的發展,這與後述末流向民間的發展以及其他方面並非没有關聯。但即便如此,因爲龍谿學説指導了末流思想的展開,所以在此主要從龍谿到末流的發展的脈絡進行討論。

如上所述,王龍谿所傳之王學風行於非常廣泛的地區,但正如陽明指出應當注意的,本來龍谿的教説衹適合世間少有的上根之人。儘管如此,龍谿學説還是實現了如上所述的盛行,到底是什麼原因呢?關於這一點,第一,龍谿是王門的嫡傳弟子中活躍到最晚的;第二,與江右一派多以閉户獨修爲事相反,龍谿的傳道是積極地推動社會。而進一步思考的話,比如,由于認良知爲現成早已造成某種陋習的滋長,以及由此他們作爲王學派的成員無法逃避來自社會的批判摩擦等,江右一派的人們就是爲了消除前述這些不利狀況而採取了閉户獨修的消極態度。龍谿的態度當然與他們截然相反,而且,陽明曾經因爲反道學的主張而遭到來自各方面的誹謗,陽明對此作出反彈而勇往直前,走上獨自發展之路,龍谿的態度與陽明的此種所謂狂者之精神適相一致。(《陽明年譜》嘉靖二年[1523]五十二歲條:"吾自南京已前,尚有鄉願意思在。今只信良知,真是真非處,更無揜藏迴護,纔做得狂者。使天下盡説我行不揜言,吾亦只依良知行。")進一步而言,此一精神從内容上看,不祗是超越毁譽,而且是不拘泥於任何傳統觀念和格式的解放精神,同時,反映了社會上逐漸脱離舊道學,要求批判革新舊道學的時代風氣,也是回應了這種要求的産物。這一點纔是龍谿學風行天下的根本理由。另外,與此相關,龍谿的三教合一傾向也值得注意,因爲這與他的學問的風行和末流的泛濫有著重要的關係。

毋庸贅言,儒學爲了達成近世之新形態,早已接受了佛老思想的影響,尤其是心得之學這一重視内觀性思辨的學問,容易與在這一點上特别發達的佛教(主要是禪學)接近,事實上陽明等人在這方面也是很明顯的,而龍谿比陽明更加積極公開地邁進。比如,龍谿有云:"先師提良知二字,乃三教中大總持。吾儒所謂良知,即佛所謂覺,老所謂玄,但立意各有所重,而作用不同。"(《龍谿全集》卷十《與李中溪》)"友人問佛氏雖不免有偏,然論心性甚精妙,乃是形而上一截理。吾人敘正人倫,未免連形而下發揮,然心性之學,沉埋既久,一時難爲超脱,借路悟入,未必非此學之助。"對此,龍谿云:"吾儒未嘗不説虚、不説寂、不説微、不説密,此是千聖相傳之秘藏,從此悟入,乃是範圍三教之宗。"又反駁道:"自聖學不明,後儒反將千聖精義讓與佛氏,纔涉空寂,便以爲異學,不肯承當。不知佛氏所説,本是吾儒大路,反欲借路而入,亦可哀也。"(以上《龍谿全集》卷一《三山麗澤録》)這些就是絶好的例證。龍谿認爲,儒教和其他二教在心性之學上不僅没有對立,而且儒教也並非必須借用佛老的理論,吾人極力主張之學問其實就是儒教的最高理念,同時也包含了佛老的宗旨。《明史・儒林傳》評價龍谿"每講,雜以禪機,亦不自諱也",正是基於以上這一點。

於是,龍谿的這種傾向與其頓悟的主張相關聯發展起來,恐怕也無須多言。《明史》也將龍谿與錢緒山比較,謂:"德洪徹悟不如畿,畿持循亦不如德洪,然畿竟入於禪,而德洪猶不失儒者矩矱。"至謂龍谿的三教合一説爲何有利於他的學説之風行,是因爲如果將儒學視爲與其他二教對立的存在,就不止於在理論上捍衛自家的畛域,而且也會直接限制其流佈範圍,與此相反,正如上述,龍谿的學問没有那樣鮮明的畛域。

在此回到本文的主題,考察所謂的"王學末流",我們會發現,在不爲名教禮節所束縛而勇往直前貫徹自己的信念上,末流發揮了上述龍谿之精神,在蔑視既有的修養法上,末流具有與龍谿之頓悟相仿佛之處,而且,末流在主張三教合一上,也可以看出對龍谿學的發展,因此,由龍谿而發展至末流的事實,已無可動摇。

稍微具體而言:首先,如關於顔山農(1504—1596,鈞)之學,《明儒學案》卷三十二《泰州學案一》有云:"其學以人心妙萬物而不測者也。性如明珠,原無塵染,有何覩聞,著何戒懼?平時只是率性,所行純任自然,便謂之道。及時有放逸,然後戒慎恐懼以修之。凡儒先見聞,道理格式,皆足以障道。此大旨也。"關於羅近溪(1515—1588,汝芳)之學,在他的《語録》中載有與弟子關於"赤子之心"的問答:"我今問子初生,亦是赤子否?曰:然。曰:初生既是赤子,難説今日此身不是赤子長成。此時我問子答,是知能之良否?曰:然。曰:即此問答用學慮否?曰:不用。曰:如此,則宗旨確有矣。"弟子進而問感得赤子之心後如何用工夫,他答道:"吾子只患不到此處,莫患此後工夫。請看慈母之字嬰兒,調停斟酌,不知其然而然矣。"(據《明儒學案》卷三十四《泰州學案三》所引)又如,關於楊復所(1547—1599,起元)之學:"明德本體,人人所同,其氣稟拘他不得,物欲蔽他不得,無工夫可做,只要自識之而已。故與愚夫愚婦同其知能,便是聖人之道。愚夫愚婦之終於愚夫愚婦者,只是不安其知能耳。"(《明儒學案》卷三十四《泰州學案三》)周海門(1547—1629,汝登)也在萬曆二十年(1592)南都的講會上,因闡發龍谿的《天泉證道記》,而與許敬菴(1535—1604,孚遠)之間發生著名的論爭(參考《東越證學録》卷一《南都會語》)。又,他們打破三教畛域而講論心性之學的情形,亦不煩枚舉。正如楊時喬(1531—1609)在奏疏中之所抨擊:"佛氏之學,初不溷於儒。乃汝芳假聖賢仁義心性之言,倡爲見性成佛之教,謂吾學直捷,不假修爲。於是,以傳注爲支離,以經書爲糟粕,以躬行實踐爲迂腐,以綱紀法度爲桎梏。踰閑蕩檢,反道亂德,莫此爲甚。"(《明史》卷二二四楊時喬本傳)羅近溪的三教合一傾向甚爲顯眼,及至周海門《聖學宗傳》,則毋寧説近於恣意。

其次,他們的傳道不止於士大夫的範圍,而是延伸至更廣泛的社會各階層。這與和龍谿並稱的心齋的庶民出身也有很大關係。比如,心齋門下有樵夫朱恕(1501—1583),心齋之次子東崖(1511—1587,襞)門下有陶匠韓樂吾(1509—1585)學有所成,樂吾最終也從事於傳道,"以化俗爲任,隨機指點,農工商賈從之遊者千餘。秋成農隙,則聚徒談學,一村既畢,又之一村,前歌後答,絃誦之聲洋洋然也。"(《明儒學案》卷三十二《泰州學案一》)又,心齋門下的王一庵(1502—1581,棟)云"自古農工商賈,業雖不同,然人人皆可共學。孔門弟子三千,而身通六藝者纔七十二,其餘則皆無知鄙夫耳。至秦滅學,漢興,惟記誦古人遺經者,起爲經師,更相授受。於是,指此學獨爲經生文士之業,而千古聖人與人人共明共成之學,遂泯沉而不傳矣。天生我師,崛起海濱,慨然獨悟,直宗孔孟,直指人心。然後愚夫俗子不識一字之人,皆知自性自靈,自完自足,不假聞見,不煩口耳,而二千年不傳之消息,一朝復明矣"(《明儒學案》卷三十二《泰州學案一》),也值得我們注意。另外,李卓吾(1527—1602)敘述羅近溪講學之情景"至若牧童樵豎、釣老漁翁、市井少年、公門將健、行商坐賈、織婦耕夫、竊屨名儒、衣冠大盜,此但心至則受,不問所由也”(《焚書》卷三《羅近溪先生告文》),雖然也許多少有誇張之嫌,但也不能認爲完全是無稽之談。之所以這麼説,因爲不僅他們所宗的王學本身不强迫人讀書,毋寧説警惕由讀書造成的弊端,總是倡導從舊道學的格式繩墨中解放出來,所以,其教説在一定程度上爲没有文化知識的人所接受是可能的。而且,如果在此之上,同時考慮到龍谿以來的三教合一傾向和在外部當時普通民衆參與社會的積極性的提高、人的自覺的成長(這是人的價值一般由身份、財産等規定的封建秩序的緩和所必然帶來的結果。三教合一的傾向在當時已經公開進行,也與當時的秩序不無關係)等,那麽,他們的教説的傳播範圍得到如上所述的擴大,就不足爲怪了。

此外,末流的奇矯的行動,也是他們身上所具有的解放的、狂者的精神的發揮,在此這一點也必須加以論及。但是,那些行實,大率都是站在反對派的立場上的人所記録下來的,可以在多大程度上予以採信,難以遽定。職是之故,在此從略,俟諸異日再考。(比如,《池北偶談》卷上“何顔僞道學”條,記載了何心隱[1517—1579]、顔山農之醜行。但是,當然那不僅與學問無涉,而且真僞亦不明。又,有關羅近溪、李卓吾等的行實的記載,也有相當程度的歪曲。大凡此類情況,必須另稿加以辯證。)

五

大體上,在王陽明身上可見的不論是解放精神,還是反對漫無目的的外在知識的積累而高揚人的内在自覺,所有這些都是從批判舊道學在當時的不適性、不合理性爲出發點。但是,陽明的批判與他所批判的道學一樣,依然立足於儒家之立場。衹要看他雖然抨擊程朱改訂的《大學》,但是依然嚴格地以《古本大學》作爲自己思想的證典等就可以瞭然。因此,陽明的解放精神也好,其他的主張也好,最終没有逸出一定的界限。然而,到了他的高足王龍谿,這種立場逐漸失守,至於其後所謂末流,那樣的傾向就更加顯著——比如,三教合一就是突出的表現——不過,之所以如此,是因爲陽明自身的儒家意識意外的稀薄,還是説他革新舊道學的精神太過激烈,抑或反而是出於外在條件的推動。不管是哪種情況,陽明的儒家立場和因應現實的主張之間,在容易產生對立和矛盾的同時,又較好地得以保持均衡。相反,龍谿以降,這種均衡最終被打破,是不容置疑的事實——又及,如果讓陽明享年更久,這種假設在學問上可能是無益之談,不過如果實現了的話,他的思想遲早要失去均衡,偏向其中的某一方,衹要看他死後王學的分裂(頓悟和漸修等)就知道了——既已如此,逸出儒家之矩矱和自由解放之精神相輔相成,形成一環發展,已經是勢在必然。

再稍作補充:第一,他們的言行傾向自然主義。這在思想上,主要是因爲草率地把握現成良知,混入了現實的慾望和感情的結果。第二,他們屢屢空談心性,在學問上游離於國家社會之外。這與儒家的學問態度——經世——的退潮有關。第三,他們的學問到達的境界往往有限。正如所謂"羅近溪以顔山農爲聖人,楊復所以羅近溪爲聖人,李卓吾以何心隱爲聖人"(顧涇陽《小心齋劄記》卷十四所引)一樣,這是如上所引把聖人比喻爲"精金",將差别相置之不論,强調平等的可能性的陽明的教法(《傳習録上》,既出),與現成良知的頓悟相結合而陷入的簡單的墮落。

陸世儀《思辨録輯要·後集》卷九云:"講學之風,至嘉隆之末、萬曆之初而弊極。凡諸老相聚,專拈四無,掉弄機鋒,閒話過日,其失更不止如晉室之清譚矣。"又《明史》周汝登本傳云:"汝登更欲合儒釋而會通之,輯《聖學宗傳》,盡採先儒語類禪者以入。蓋萬曆世士大夫講學者,多類此。"從嘉靖末年至隆慶、萬曆間,所謂"王學末流"發揮了如上所述的所有非儒家的樣貌而風行泛濫的情形,由以上記載即可窺知其一斑。

本來,在此期間,王學派内部的修正運動依然持續進行。如尤西川

(1503—1580,時熙)“晚年,病學者憑虚見而忽躬行,甚且越繩墨自恣,故其議論切於日用,不爲空虚隱怪之談”(《明史》卷二八三尤時熙本傳),就曾嘗試救正;馮可大(1555—1606,應京)以“志操卓犖,學求有用,不事空言”(《明史》卷二三七馮應京本傳)之學風,一邊重視經學研究;又如隸屬於甘泉學派而又出入王學的許敬庵,就龍谿的四無説與周海門展開論戰,最值得我們注意。而與過去羅念庵等的修正運動未能抑制龍谿學的發展(正如《思辨録輯要・後集》卷九所論:“羅念庵雖講良知,而能深知王門之弊,特是時狂瀾方倒,不能力救耳”)一樣,如上所述的反末流的主張在當時未能産生大的影響,誠如陸世儀論許敬庵之學而云:“一杯水,豈能救一車薪之火哉?”(《思辨録輯要・後集》卷九)。又,萬曆十五年(1587)禮部的上奏中有云:“國初舉業有用六經語者,其後引《左傳》《國語》矣,又引《史記》《漢書》矣。《史記》窮而用六子,六子窮而用百家,甚至佛經、道藏,摘而用之,流弊安窮”(《明史・選舉志一》),很好地説明了應試之文的變遷(萬曆年間的于慎行《筆麈》卷八論當時之士風與上述論調一致)。這與王學末流之泛濫有密切的關係,蓋無疑義。而且,進一步地,如果認爲這種現象意味著當時的知識階級的内部瓦解,那麽,末流的泛濫與陽明之所期待乃背道而馳,就更加清楚了——萬曆以降急劇發展的名教運動,不消説,正是以末流之泛濫爲契機而興起的有志者的自救運動。

這一運動由舊道學派的顧涇陽(1550—1612,憲成)、高景逸(1562—1626,攀龍)等人提倡發起。從陽明當時至顧、高以前的反王學思想,大抵都以學問上的論難相始終,比較而言,顧、高運動的顯著特色是抨擊作爲現實社會問題的末流破壞名教的思想。在此且舉數例。高氏指摘流弊有云:“姚江天挺豪傑,妙悟良知,一破泥文之蔽,其功甚偉,豈可不謂孔子之學? 然而非孔子之教也。今其弊略見矣:始也掃聞見以明心耳,究且任心而廢學,於是乎《詩》《書》禮樂輕,而士鮏實悟;始也掃善惡以空念耳,究且任空而廢行,於是乎名節忠義輕,而士鮏實修。”

(《高子遺書》卷九上《崇文會語序》)又萬曆二十年上《崇正學闢異説疏》(《高子遺書》卷七),力主重新强化程朱學而排佛老及王學末流。顧氏也痛詆末流:“及觀世之號識仁者,往往務爲圓融活潑,以外媚流俗,而内濟其私,甚而蔑棄廉恥,決裂繩墨,閃爍回互,誑己誑人。曾不省義禮智信爲何物,猶偃然自命曰仁也。”(《小心齋劄記》卷一)顧氏認爲其根源不僅是四無説,而且對陽明力主的所謂心得之學的整體皆致不滿,舉出陽明在《答羅整庵少宰書》中關於是非的判定應“求之於心”的論述(既出),指出衹有聖人才能做到心的判定與天下真是真非一致,因此,現在以這樣的理論猝然向與聖人相差天壤的普通學者講述,無疑是頗爲危險的:“而徒以陽明此兩言横於胸中,得則定,不得則非,雖其言之出於孔子與否,亦無問焉。其勢必至自專自用,憑恃聰明,輕侮先聖,注腳六經,高談闊論,無復忌憚,不亦悮乎?”(《涇皋藏稿》卷二《與李見羅先生書》)顧氏門人史玉池(1559—1623,孟麟)也非難末流衹論本體而忘卻工夫(修養),認爲即使人心有現成良知,天下也無有現成之聖人,現在僅依現成良知,不積累任何工夫(修養),即使摸索聖人之境界,那畢竟也衹停留於空虚之思辨,實際上絶成不了聖人,因此,對吾輩而言重要的是工夫(修養)。(《明儒學案》卷六十《東林學案三》)

他們的反動思想在當時獲得了廣泛共鳴,誠如《明史》高攀龍本傳所云:“初,海内學者率宗王守仁,攀龍心非之。與顧憲成同講學東林書院,以静爲主。操履篤實,粹然一出於正,爲一時儒者之宗。海内士大夫識與不識,稱高、顧無異詞。”但是,這些主張最終都没有成功阻止王學末流的泛濫。如,顧氏在給高氏的書簡中提及李卓吾而大爲感歎:“李卓吾大抵是人之非,非人之是,又以成敗爲是非而已。學術到此,真成塗炭,惟有仰屋竊歎而已。如何如何。”(《涇皋藏稿》卷五《柬高景逸》)又,天啓五年(1625)成立的郝京山(1558—1639,敬)《閑邪記》(《山草堂集》第九)乃駁斥卓吾論説之文,其題辭有云:“余友王北谷一日問余曰:李贄何如人? 吾黨小子步趨皆《藏書》也。”而且,據《日知録》(卷十八"李贄"條)的記載,卓吾的著作因有害世風,於天啓五年被禁,儘管如此,當時的士大夫多喜其書,暗自收藏。從以上記載可知,李卓吾的思想在明末士人間廣泛傳播。本來,雖然有李卓吾是否屬於王學派的議論,不過,從他曾經師事王東崖,尊崇陽明、龍谿、近溪,以及其思想多與末流之傾向合轍等方面來看,不妨認爲他的思想之流行正表明王學末流之風行。與此相反,如果確如清初張爾岐(1612—1678)所言"天啓、崇禎之間,鄉塾有讀《集注》者,傳以爲笑。《大全》《性理》諸書,束之高閣,或至不蓄其本"(《蒿庵閒話》卷一),舊道學思想之權威失墜到這種地步,那麼,顧、高等的反動主張的反響就無法過分誇大。畢竟,王學末流已經那樣深刻地浸透入明代末期之社會。

因此,結果打倒末流的不是當時的反動思想家,而終究是因末流所依存的明末社會本身遭到明清鼎革的清算。當然,儘管如此,不可否認的事實是,顧、高以降反王學思想的發展對清初的學術思想産生了巨大作用。關於這一點,擬另稿詳論。另外,清初的王學派大率繼承的是前述江右一派的修正王學,已經毋庸再加論證,且他們中的大多數人都將朱、王兩學的爭論焦點置之不論,而是通過實踐的道德論尋求調停。這是由於明清革命之後不久,收拾時局、知識階級的再强化等問題,成爲各個學派的共同目標,於是纔出現了這樣一種思想界内部抗爭停止的跡象。而且,王學至此,也不斷遭到程朱學復興運動的壓制,最終失去作爲獨立學派的勢力,蓋亦理所當然矣。

【作者附記】在草撰拙文時,深受先師小柳〔司氣太〕先生有關明末三教研究的教益。另外,拙文與標題不副般未對"末流"的學行進行具體敘述,原因之一也是因爲小柳先生已經做了詳盡研究,在此有意避免重複。此外,顧、高等東林諸士在明清思想史上的地位,以及清初朱、王兩學的動向乃至實學思想的發展等,也是與拙文息息相關的課題。同時,在某種意義上也需要以拙文作爲序説,繼而一一進行論述,凡此皆俟諸異日。關於實學思想的一部分,請參考本《學報》第二輯所載拙稿《顔李學考》。

【譯後記】作者山本正一,1912年8月出生於日本東京。1933年就讀於大東文化學院高等科,師從安井小太郎、小柳司氣太,1936年畢業。同年以日本外務省留學生的身份赴北平留學,研究課題是"支那經學發達史"。留學期滿,擔任北京大學工學部講師,主講日語。1940年前後回到日本,歷任大東文化學院助教授,大東文化大學教授,日本書道聯盟書記長、理事等職。主要著作有《王陽明》(東京:中文館書店,1943年)、譯注《傳習録:王陽明語録》(東京:法政大學出版局,1966年)等。譯著有《学制を中心とせる支那教育史》(周予同《中國學校制度》的日譯本,東京:東京開成館,1943年)。此外,还发表了一系列深入探討明清思想史、經學史、學術史的單篇論文,除了本文《王學の末流について》外,主要還有:《清代の漢宋兩學に關する一、二の管見》,《大東文化學報》第1輯,1939年12月,第11—31頁(有拙譯,待刊);《顔李學考》,《大東文化學報》第2輯,1940年7月,第25—55頁;《顔李學瑣考》,《東洋文化》第191號,1940年,第21—33頁;《明代中葉以降の經學について》,《東洋文化》194號,1941年3月,第15—28頁(有拙譯,待刊)等。二〇一九年十二月二十六日譯者謹識。

新輯毛奇齡佚文佚詩考釋*

胡春麗**

毛奇齡(1623—1713),又名甡,字大可,又字齊于,號西河,浙江蕭山人。生平著述浩富。《西河合集》是收録毛奇齡著作最完備的集子,初刻於康熙三十八年(1699),分《經集》《文集》兩部分,"凡經集五函,合51種,共236卷。文集五函,合66種,共257卷",共493卷。除《西河合集》外,另有《四書正事括略》、《四書改錯》、《古今通韻》、《毛西河論定西廂記》諸書單行。

近年來,筆者在整理《毛奇齡全集》及撰寫《毛奇齡年譜》過程中,陸續發現了一些毛奇齡的佚詩佚文,先後撰有《毛奇齡佚文佚詩輯考》(《文津學志》第七輯,2014年8月)、《毛奇齡佚文佚詩續考》(《玉溪師範學院學報》2015年第6期)、《毛奇齡佚文考釋》(《古籍研究》總第68卷,2018年12月)、《新輯毛奇齡佚作考釋》(《薪火學刊》第六輯)。近日,筆者從别集、總集、家譜等各類文獻中,又輯得序4篇、詩5篇,並對詩文中所涉人物、史實加以説明和考釋,以供研究者參考。

---

* 本文是國家社科基金後期資助項目"毛奇齡年譜"的研究成果之一。項目批准號:17FZS035。

** 作者單位:復旦大學出版社。

一、饑鳳集詩稿序

詩者,性情之發也,性情温柔敦厚,詩必纏綿藴藉。爲之者取其宣己之堙,導己之鬱,而聞之者亦足以興感其善心,懲創其逸志。故三百篇之草、蟲、雨、雪,凡出諸勞人、思婦之謳吟者,無不令後世佩誦之,不過欲興、觀、羣、怨之旨由忠孝而歸於爾雅,各得其可以而已也。是則《詩》之爲教也,慨自王室已東,風變爲雅,雅變爲騷,而《詩》遂亡。嗟夫!此非《詩》之亡也,《詩》之爲教先亡也。蓋必上有《關雎》、《麟趾》之篇,下自有《桃夭》、《芣苢》之什。國朝自鼎命以來,定郊廟之樂章,錫臣工之燕享,凡諸篇什,堂皇美備,而海内之沐浴《詩》教者,歷有年矣。

於是有南施、北宋、新城、東塘諸君子起而以應其昌明,猗歟盛哉,何聲教之隆也!余向在史館之暇,得吾友王浴日謂其門下得士,彼時即耳熱蘇倫五之名,而未班荆也。迨後桑榆景迫,乞歸休沐,始與倫五會於西湖之上。急索其詩,僅出數十首。誦之,泠泠然,疑非人世間音韻。是夜,再三誦之,心若自慶其有遭,然至把臂談心,始知倫五雖出南施、北宋之後,曾游王新城之門,與孔東塘之往返。其爲人則恥浮名,務實學,雖受諸君子之賞識,惟是鍵户潛修,故世未獲覩威鳳之一羽、文豹之一斑也。即欲謀梓,倫五曰:"俟删訂成帙,然後請焉。"後遂買舟南歸太末矣!别數年來,良朋契闊,節序遷流,而余一頹老之人,何時再得泛舫於清波之上、分題於紅燭之前哉?噫嘻,憊矣!適太末人來札云:"今刻詩稿《饑鳳集》十六卷,丐序。"予顧曰:凡學者以善而友一鄉、一國以及天下,等而上之,又可接論古人,豈但予與新城、東塘得與交遊,而始爲之廣益耶?吾謂施、宋雖在倫五之前,其得以尚論者,無不共相浸淫乎《詩》教之中,即如春風扇物,茁然以興,孰肯自廢於發育之外者乎？蓋其漸被于王風之澤者深也！

讀是詩者，知其典正精醇，迨右丞也；韶秀疏越，孟襄陽也。悱惻不減於杜陵，豔麗大過於義山。或有時用其平易瑣屑之意，皆有漢魏六朝之致，而非拘守長慶、管見劍南之所可託也。愷摯以貫爲忠孝，博雅以致其温文，和而不私，怨而不怒，得失事物之引證興感，皆於詩乎見之。是則倫五之詩，纏綿藴藉，皆其性情温柔敦厚也，豈非望治者之所願見哉！爲我告採風諸君子，文教且洋溢，天下且太平，兆於是詩矣！

按，此文載蘇春《饑鳳集詩稿》卷首，約作於康熙四十二年(1703)。同治《廣信府志》卷十一之一："《饑鳳集》，上饒蘇春著。"光緒《江西通志》卷一百五十九："蘇春，字倫五，上饒人。其先世閩人。春幼工詩善書，入都，游尚書王士禛之門，所業益進。嘗爲《詠猨》詩，士禛歎爲仙才，諸徵士多與交。所作《饑鳳集詩稿》十六卷，蕭山毛奇齡序之。試京兆，被放，飄然歸，徜徉山水間。"康熙四十年(1701)，蘇春游杭州，旋往寧波，有詩留别毛奇齡，見蘇春《饑鳳集》卷六辛巳稿《將往甬東留别太史毛大可先生》。四十二年，蘇春有詩寄毛奇齡，兼索《唐人試帖》，毛奇齡有答詩。見蘇春《饑鳳集》卷八癸未稿《柬毛太史大可兼索唐人試帖》。蘇春《饑鳳集詩稿》刻於康熙四十二年，毛序約作於本年。書藏國家圖書館。

二、志姜堂贈言册序

予邑饒節婦，而其最著者，一徐司訓妻李氏，一周成吾先生德配徐太君，即今所稱"志姜堂"者。兩家皆前朝著聲相傳，靖、曆間，接踵而起，嵬然若泰華之相對峙，曰徐節婦、周節婦云。北里巷所稱，若記傳，例稱母姓，見予"書辨"卷。予入史館，撰《明史》紀、傳，已于嘉靖十四年傳節婦李氏，因之求徐太君名，自隆慶至萬曆，遍查實録，不可得。

周石公先生者,太君之懸孫也。由學士出轉補太常卿,後進通政司使。予以同館後進,造其第諮之。先生曰:此先節之所以爲不可及也。先節幼知書,能文章,嘗痛先高訣别時,不立影幛,每執筆,仿佛必不得似。忽瞑坐,見先高來,信手圖之,而生平宛然,因題二詩於其端。其詞甚哀,爾乃遠近聞之,爭相傳寫,且有踵其韻以來贈者。先節大悔恨,廢筆墨焉。若夫題旌,則臺史、部使旌門者屢矣,每欲請于廷,而哀辭之。嘗曰:"是吾以身市名也。《詩》云'不諒人',此不諒矣,吾之死矢矣。"以故九旌門而不敢請,然而名者實之賓,實在而名卒歸之,世之投贈者溢方幅焉。

兄子鼎泰字子紘,係文伯先生喆嗣。已彙成一册,藏于家。"他日,先生歸,爲我序諸?"而曰:"然。"今歸來有年,特過子紘,索其册,且拜且讀,曰:於乎,有大節如是而名不彰,非天道矣!天監其實而人予以名,遏之而愈顯,抑之而倍揚,閭里稱之,遠近從而響應之。沃洲冢宰題其堂,嘉禾翰林記其事,臨安觀察銘其墓。凡浙之東西,江之南北,上自相國,下逮韋布,一時能挈筆者,無不會萃於斯册,淵乎盛哉!以視予傳李,寥寥片竹間,相距何等?然則太君超然矣!予嘗較兩節,李苦于奔喪而不苦于侍疾,太君侍瘵已三載,而瘵變爲瘍,首痛刺骨,鼻毒穢臭達外,爾乃以體藉首、以口吸鼻者越一年;李艱于撫孤而不艱于養老,太君撫孤外,日役十指,市肥甘進饍,亦已苦矣,然猶以贅家故,隔巷寒暖,不切數數請迎養,而未之許。太君曰:"得毋翁老髮禿與?"乃薰絲作假髻,覆以爲巾,翁照而忻然就之。讀傳至此,雖進節于孝,而又何媿焉!康熙庚寅嘉平月,邑後學史官毛奇齡秋晴氏拜題并書,時年八十有八。

按,此文載魯燮光編《蕭山叢書》"周節婦志姜詩遺跡序"卷首,作於康熙四十九年庚寅(1710)冬。民國《蕭山縣志稿》卷十九:"魯燮光,字瑶仙,晚號卓叟。原籍山陰,其先世自清初來蕭山,居西河下。燮光以廩貢生選授慈溪訓導，俸滿，保陞知縣，歷署山西和順等縣令，光緒時，晉省荐饑，辦賑頗力，巡撫李秉衡大器之。性好學，手不釋卷，初選輯《永興集》一百數十卷，遭亂殘缺。晚年著《蕭山儒學志》八卷、《湘湖水利志》四卷、《西河志》一卷，均未刻。在山西著有《山右訪碑録》一卷。重游泮水，壽九十餘。"〔1〕魯燮光《蕭山叢書》共收書十一種，除王思任尺牘選本爲明人著作外，其餘十種均爲清人所著，而魯燮光所著達八種。各書著者均爲蕭山人，於研究蕭山文獻，較有助益。書藏國家圖書館。

三、念佛鏡序

智朗師少年跳出火炕，苦行焚修。久之，心境了徹，悟透無上妙果，住持鳳山聖果禪寺，口受千人禮拜。朗師苦之，脱去衣缽，丘静東皋天華院，暮鼓晨鐘，不入世法。偶覽《念佛鏡》一卷，矍然起曰："衆生沉淪孽海久矣，非此，不足普度迷津。"乃急募金重梓，而乞余數言弁首。

余惟阿彌陀佛聲遍十方，蚤夜捧持，尋聲救苦，假而信受奉行，便是當頭棒喝，任他説法開壇，不免野狐夢囈。雖或口稱名號，僅識五種、四種法門，而信心弗退。即不往生極樂國，亦可不墮諸惡趣，而無如世人，皆習焉不覺也。雖然念從心，心即是佛，苟能念念存佛，即能時時見佛。若是佛口蛇心，毋論一日七日，縱千日萬日，舌敝耳聾，口頭禪耳，終無用處。朗師破除色相者，倘首肯余言，余更爲朗師普勸大衆，曰："真實起信，一心念佛。"己未召試博學宏詞纂修明史實録乙丑會試同考官分領十八房考翰林院檢討毛奇齡撰。

〔1〕 魯燮光《蕭山叢書》，民國二十四年刻本。

按,此文載釋道鏡、釋善道輯《念佛鏡》(光緒刻本)卷首。周叔迦《釋家藝文提要》:"《念佛鏡》二卷,唐釋道鏡、善道共集。二人事蹟不詳。卷端有宋楊傑序,末附善道臨終正念文,明釋如賢序及蓮池大師竹窗二筆評語一則。文凡十一門。"[1]康熙間,智朗禪師重刻《念佛鏡》,毛奇齡爲作序。

四、蕭山陳氏宗譜序

余自丁卯歸里後,杜門謝客。内叔大生持家譜問余敘,余曰:"諾。"然家之有譜,猶國之有史。作史易,修史難,作譜易,修譜難,何言之?作史者載一朝人物政事,大書特書,大都得之歷朝實録,而斟酌損益之。獨修史則世遠年湮,事跡隱晦,而稗官野乘,又皆雜出不經,非有高古今之識、擅論斷之才者,不能訂訛正僞,垂爲信史。余向在館,與同列諸君言之詳矣!彼作譜之與修譜,何獨不然?譜之作,由身而上,則爲高、曾、祖、考;身而下,則爲子、孫、曾、玄;由身而左右之,則爲期、功、緦、免。因而纂其世系,遞其行列,詳其生娶卒葬,耳目見聞之際,班班可考。若修譜不時舉,歷數十百年之後,子孫不能道其一二,欲假手於賢豪者紛飾而潤澤之,恐不足以道揚祖德,傳信將來,爲宗黨光,則修與不修等耳。矧陳氏譜之作與修爲俱難者乎?幸克祥公草創於前,濟吾公慎修於後,其苦心無容余贊,細閲之,而知其用意。潁川後綿綿瓜瓞,彪炳史册,不可勝紀。而概從略者,夫亦欲傳信將來,不敢以耳目不逮者憑虚臆斷也。

孔子删《書》,斷自唐、虞,未嘗謂帝王世系自唐、虞始。此陳氏宗譜所以斷自居蕭之福一公始,而不及文範公也。難之,故慎之;

〔1〕周叔迦《釋家藝文提要》,北京:北京古籍出版社,2004年,第594頁。

慎之,故略之也。陳氏子孫由所尊而益敬其所尊,則不特文範公爲居杭之祖。追而遠之,周武王封舜(後)胡公滿於陳,實爲得姓受氏之祖也。木有本而水有源,何獨陳氏爲然哉!則是譜之父子、昭穆、生卒、配偶,井乎其有條,秩乎其不紊,考核精當,世系瞭然,誠信譜也。敢以是爲陳氏重,并爲後之修譜者望云爾。

康熙二十七年冬十月吉旦,賜博學鴻儒科進士授翰林院檢討國史館纂修編撰明史乙丑會試同考官門壻毛奇齡拜撰。

按,此文载《萧山长浜陈氏宗谱》卷首,作於康熙二十七年(1688)初冬。文末署"門壻毛奇齡",據毛黼亭《蕭山毛氏宗譜》卷四《大房世系紀》:"(奇齡)配邑庠生陳于仁女,誥封恭人。"知毛奇龄为陈氏婿。

五、武進惲仲升過話

熟食春前近,扁舟江上來。烏啼木客冢,雨過越王臺。畏路行何處,空樽語易哀。函關天棧杳,使汝戀蒿萊。

按,此詩載阮元《兩浙輶軒録》卷六"毛奇齡"條中。光緒《武進陽湖縣志》卷二十六:"惲日初,字仲升。崇禎癸酉副榜。方正有氣節,與張瑋善。又從劉宗周游,學益粹。上守邊十策,不報。載書三千卷,隱天台山中。遭亂,崎嶇閩越。後歸里,偕同志講學道南書院。尤長於《易》,學者稱遜菴先生。"[1]惲日初游越,過訪毛奇齡,毛奇齡作詩贈之。

六、送姚江黄晦木之三吴

酥雨暗孤城,春山繞落英。涉江懷楚頌,對酒恨秦箏。檇李程難

〔1〕(光緒)《武進陽湖縣志》,清光緒五年刻本。

定,姑蘇草正生。蘆中人不見,瀨上漫經行。

按,此詩載阮元《兩浙輶軒録》卷六"毛奇齡"條中。光緒《餘姚縣志》卷二十三:"黄宗炎,字晦木。尊素仲子。明崇禎中貢生。學術與兄宗羲等,而奡岸幾過之。"〔1〕黄宗炎之江蘇,毛奇齡作詩送之。

七、無題

自别宗藩久,經今歲月賒。聞君新築苑,買地近村家。背郭千門遠,沿城一徑斜。桂山原有樹,蘭阪自生花。客至抽金簡,仙來養玉芽。遥山藍染嶂,□水碧沉紗。几列先王鼎,門停貴主車。曠如容廣莫,澹可洗鉛華。五里收重霧,三年望落霞。梁王歸雪苑,賈誼去長沙。託愛逾前此,相知唤上耶。願隨春色到,馬上寄新茶。

按,此詩載博爾都《素心集》"東皋唱和詩"中,約作於康熙三十五年(1696)。詩係博尔都原倡,毛奇齡和其原韻。趙爾巽《清史稿》卷四八四《文苑》一:"博爾都,字問亭,號東皋漁父。恪僖公拔都海子。藴端從弟。封輔國將軍。有《問亭詩集》。"楊鍾羲《雪橋詩話》卷三:"博問亭,别號東皋漁父,輔國恪僖公拔都海子,襲封輔國將軍。有《問亭詩集》、《白燕棲草》。所居東皋,有楓莊、爽園,剞竹引泉,結亭種樹,與大可、阮亭、鈍翁、愚山、其年、梁汾、耦長攤書繞座,具醴留詩。"毛奇齡官京師期間,與博爾都多有詩歌唱酬。〔2〕康熙十八年(1679),博爾都招毛奇齡等飲爽園,見博爾都《問亭詩集》卷二《雨後招毛大可梅偶(耦)長邵培風集爽園分得時字》。十九年(1680),博爾都與毛奇齡屢有詩往返唱和,見博爾都《問亭詩集》卷二《雨中寄毛十九大可》、毛奇齡《西河合集·七言律詩六·奉和宗藩博爾都雨中見懷原韻》和《七言絶句五·春詞四首和覺羅博公所貽原

〔1〕(光緒)《餘姚縣志》,清光緒二十五年刻本。

〔2〕毛奇齡《西河合集·序三十二·東皋詩集序》:"嘗從施侍讀愚山、汪編修鈍翁、陳檢討其年輩,與東皋主人唱和,每唱輒自愧不及。"

韻》。二十年(1681)春,博爾都送祖母櫬歸遼陽,有詩留别毛奇齡,毛奇齡和韻爲之送行,見毛奇齡《西河合集·七言律詩八·奉送覺羅博問亭歸滿洲和其留别原韻》。二十五年(1686),毛奇齡還里,博爾都作詩送之,見博爾都《問亭詩集》卷三《送毛大可南歸王咸中北遊》。

八、無題

雲母牕高度日遲,相逢剛值攏頭時。梁泥不貼雙飛燕,園樹空栽連理枝。繡被覆床安緑綺,銀缾墜井絓青絲。曉屏殘蠟無多淚,一任東風顛倒次。

但銜梅實嚥芳津,羞向平康取告身。收盡瓌玫仍是夢,畫成蛺蝶豈當真?焚香不記前生事,對鏡難看背面人。莫扯壞簾釘上絮,當年曾把粉來匀。

慢疊江螺綰髻鬟,飲牛河畔隔前灣。來時秖覺日復日,去後劇憐山上山。天外飛鴻容易斷,月中種樹好難攀。仙丸九轉無停待,誰道丹砂可住顔?

西行烏兔又東生,時聽鳴禽有變更。枉結同心垂鳳帶,誰銜雙舌炙鵝笙?巷深衹覺車輪遠,廊響翻疑步屧輕。怪底金梭成懶度,兩頭抛擲總牽情。

深憐才子病中軀,滅燭粧樓影漸無。歌入怨時憑宛轉,志當決處且踟躕。環垂碧玉何人解,梯滑黄金有婢扶。不爲識聲頻唤去,夜深無事慢嗟呼。

金箱不刷暗塵昏,夙昔相期總勿論。年到蘇家方是小,才如主簿詎嫌繁。看銷幾載懷中字,望斷三生石上魂。嫁得相如猶白首,有錢安用買《長門》?

纔見春來又復秋,布帆開去有時收。舞場舊到看垂手,樂府新翻嬾卸頭。仙子洞中皆闐石,美人花下即羅浮。何年重返蓬山去,長貯金銀十二樓。

但向金房戀舊恩,何須倩女又離魂。鴛鴦枕在寧無意,桃李蹊成豈待言? 石住口邊含北闕,花生足下任東昏。菟絲只向長松抱,萬葉千條總一根。

按,此詩載索芬《晴雲書屋唱和詩》“無題”詩後。索芬作《無題》詩,毛奇齡和其原韻。索芬生平不詳,據楊鍾羲《雪橋詩話三集》卷三:“素庵太僕索芬性愛竹,其友黄尊古自江南買竹數千竿,以船載入京師。王石谷爲作《載竹圖》卷。時爲康熙戊寅四月。”知索芬字素庵,官太僕寺卿。毛奇齡不僅與索芬作詩唱和,還爲索芬《晴雲集》作序,毛奇齡《西河合集・序二十六・索太僕晴雲集序》:“猶子季蓮以偕計赴都,與太僕索君飲酒賦詩,把臂金臺間。攜其所著《無題》詩若干篇,歸以示人。……今予僦錢湖,而太僕乃遠貽以詩,緘其所藏稿而屬題其端。”卷中除毛奇齡和詩外,另有吴沐、毛遠公等和詩。

九、答蘇春見寄原韻[1]

解組非不早,落托歸錢湖。歡樂能幾何,歲月忽已徂。懷人在天末,一望空平蕪。

楚國好巴吟,斯世失大雅。何期冰雪交,投來自鄴下。三反三覆間,誰當我知者?

良朋久不見,園樹生棠梨。探懷有遺鯉,欲贈無將離。側身望滄洲,媿此金錯貽。

按,此詩載蘇春《饑鳳集詩稿》卷八癸未稿《柬毛太史大可兼索唐人試帖》詩後,作於康熙四十二年(1703),係毛奇齡答蘇春所寄詩。蘇春生平見前毛奇齡《饑鳳集詩稿序》後按語,兹不贅述。

---

〔1〕 原詩無題,題名係筆者所加。

皮錫瑞駁杜預《集解》之非*

——圍繞五十凡例的理解

黎漢基**

與很多標榜今文門户的學者一樣，皮錫瑞衹相信《公羊》是最能正確解讀《春秋》的惟一作品。這一立場，注定他不喜歡杜預，不可能接受杜預《春秋經傳集解》，因杜書就是以《左傳》解經的典型作品。皮錫瑞《經學通論》收録了許多對杜預的批判意見，從總體而言，有兩個基本方向：一是强調《春秋》是經，《左傳》是史，故不相信《左傳》對正確理解《春秋》有何決定性意義，故反對杜預以《左傳》解讀《春秋》。另一是批判五十凡例，認爲這是抬舉周公，另奪孔子創制之功。前者我已撰文剖析，指出"經史之分"的提出，是偏倚於《公羊》而對杜《注》不盡公平的構想。至於後者，同樣也是現在學術界的一個空白點。近年許多以皮錫瑞爲題的專著和論文，都是揄揚居多，欠缺深度的分析。[1]反倒是杜預研究有長足的進展，方韜《杜預〈春秋經傳集解〉研究》對杜《注》進行全面的研究，説明杜預其人其書雖備受皮錫瑞和其他清儒指責，但許多指責卻

* 本文得到國家社會科學基金重大專案"四書學與中國思想傳統"(15ZDB005)；中山大學"三大建設"專項資助。

** 作者單位：廣州中山大學政治科學系。

〔1〕例如吴仰湘《皮錫瑞的經學成就與經學思想》，長沙：湖南大學出版社，2013年，第202—224頁；潘斌：《皮錫瑞學術研究》，成都：四川大學出版社，2015年，第324—393頁。

是無中生有,不足爲信。[1]儘管此書没有正面提及皮錫瑞,但對《經學通論》的反思卻有足夠的啓發作用。本文不揣淺陋,將立足於方書而更進一步,仔細解讀皮錫瑞對杜預觀點的幾方面批評意見,檢視其中論證是否能夠成立。限於篇幅,本文將會集中五十凡例的問題加以探析。

一、杜序所引起的質疑

杜預《集解序》云:"其發凡以言例,皆經國之常制,周公之垂法,史書之舊章。"《左傳正義》云:"今案《周禮》竟無凡例。"[2]

對此,皮錫瑞《通論》批判説:"是孔穎達已疑其説,特以疏不駁注,不得不强爲傅會耳。"又説:"《周禮》雖有史官,未言史有凡例。"[3]

(1) 引《正義》之文不全

套用"引《孟子》之文不全"的話,皮錫瑞僅録"今案《周禮》竟無凡例"一句,其餘從略,實是"引《正義》之文不全"。《左傳》孔《疏》:"然凡是周公之禮經,今案《周禮》竟無凡例,爲當禮外别自有凡,爲當凡在禮内。今者所據,禮内有凡。知者,案《周禮·大宰職》於'八法'之内有'官成'、'官法',鄭衆注云:'官成者,謂官府之有成事品式。官法者,謂職所主之法度。'然則此凡者,是史官之策書成事法式也。"[4]

通讀以上引文,可以發現皮氏"孔穎達已疑其説"的判斷是相當片面的。孔《疏》之所以説"《周禮》竟無凡例",不是真的要在《周禮》中尋找凡例。所有《左傳》研究者都會知道,五十凡例展卷即見,不煩尋覓,因爲它們皆是《左傳》之文,而五十凡例之説,不過是杜預所引録的五十

〔1〕方韜《杜預〈春秋經傳集解〉研究》,北京:中國社會科學出版社,2017年,第164—165頁。
〔2〕孔穎達《春秋左傳正義》卷一,李學勤主編,北京:北京大學出版社,1999年,第14—15頁。
〔3〕皮錫瑞《經學通論》卷五,吴仰湘點校,北京:中華書局,2017年,第369頁。
〔4〕孔穎達《春秋左傳正義》卷一,第15頁。

則傳文,它們的共同點是以"凡"敘述的某種通則,如《左》莊十九年《傳》"凡物不爲災不書"之類。[1]因爲凡例已載於《左傳》,而《周禮》又是另一本不同性質、不同體例、不同内容的作品,再傻的讀者也不致翻閲《周禮》尋找凡例。因此孔《疏》"竟無凡例"之言,不是真的找不到"凡例"而産生什麽困惑。

杜預説《左傳》言"凡"之例都是"經國之常制,周公之垂法,史書之舊章",故其涵蓋的不可能僅是《春秋》經文,而《周禮》既被視作周公的作品,自然成爲審視杜氏之説的一個依據。在《周禮》中尋找的依據,不是凡例的内容,而是有什麽記載可以印證凡例的存在。按孔《疏》之見,答案顯而易見:"禮外别自有凡"者,是指《左傳》記録的五十凡例;"凡在禮内"者,則是《大宰職》"官成"、"官法"的記載。不難看見,"《周禮》竟無凡例"之説,不過是孔《疏》展開自問自答的序幕。衹要不是心存偏見的話,單就字面意義來看,實在難以找到孔《疏》礙於"疏不駁注"的限制而"不得不强爲傅會"的委屈表現。孔《疏》已能回答自己展開的問題,而皮錫瑞又不能找到其他史料説明孔穎達的心理狀況,卻斷定"已疑其説",實嫌武斷。假若不是單看"今案《周禮》竟無凡例",而是綜合考察孔《疏》整段文字,完全有可能得出更周延的結論。

(2) 從《周禮》印證凡例

杜預説"發凡以言例"是"經國之常制,周公之垂法,史書之舊章",原則上,這不是專指史官之事,如孔《疏》之言,"以諸所發凡皆是國之大典,非獨經文之例"。[2]因此,要在《周禮》中尋找凡例的旁證,重點不僅是看史官有没有凡例。皮錫瑞以"未言史有凡例"駁斥杜預,不得要領。在《周禮》一書中,言"凡"的各種規則,多不勝數。在敘事上,除了孔《疏》所引《大宰職》的"官成"、"官法"外,通常學者還會注意《周禮·

〔1〕孔穎達《春秋左傳正義》卷十,第293頁。
〔2〕孔穎達《春秋左傳正義》卷一,第14頁。

天官・宰夫職》以下的記載:"二曰師,掌官成以治凡。三曰司,掌官法以治目。"〔1〕對此,葉夢得《春秋考》有所申述:"古之爲書者,皆有凡有目。凡者,其略也。目者,其詳也。其設官,則尊者治其略,卑者治其詳。故《周官》有官府之八職,師掌官成以治凡,司掌官法以治目,未有一官而無副貳者也。以大史、小史推之,大史言掌建邦之六典,而小史言掌邦國之志,則大史宜尊而治凡,小史宜卑而治目,二者更相備也。"〔2〕

"凡"與"目"的對舉,顯示了周室有不同程度的敘事方式。不能説它們是古文經學特有的説法,因爲《公羊》也有明文提及。僖五年《經》:"秋,八月,諸侯盟于首戴。"《公羊》云:"諸侯何以不序?一事而再見者,前目而後凡也。"〔3〕在此之前,僖五年亦有"公及齊侯、宋公、陳侯、衛侯、鄭伯、許男、曹伯會王世子于首戴"的經文,其中已列舉八個諸侯是什麽人,故《公羊》認爲經文記載八月之會不必序列細目,衹需總括大旨而言"諸侯"即可。對"凡"與"目"的理解,《公羊》無疑有别於《周禮》,但不管如何,"凡"作爲一種相對於"目"的總括性筆法,大概是周人通用的理念,至少《公羊》也是這樣沿用的。

《周禮》對"凡"的記載,無疑是相當零碎和間接的,但對於印證杜預"發凡以言例"的理念來説,還是有些佐證的作用。需知道,《左傳》言"凡"本已載有"禮經"之説。《左》隱七年《傳》:"七年春,滕侯卒。不書名,未同盟也。凡諸侯同盟,於是稱名,故薨則赴以名,告終嗣也,以繼好息民,謂之禮經。"〔4〕這是《左傳》言"凡"的第一則,其以"禮經"言之,意味著凡例不僅是專就禮經而言,而是承自周禮的規定。在《左傳》中的"禮",如無特别交代,基本上都是周禮。然則,周禮是怎麽來的?《左

〔1〕賈公彦《周禮注疏》卷三,李學勤主編,北京:北京大學出版社,1999年,第65頁。

〔2〕葉夢得《統論》,載《春秋考》卷一,景印文淵閣四庫全書第149册,上海:上海古籍出版社,1987年,第251頁。

〔3〕徐彦《春秋公羊傳注疏》卷十,李學勤主編,北京:北京大學出版社,1999年,第217頁。

〔4〕孔穎達《春秋左傳正義》卷四,第106頁。

傳》明言來自周公。且看以下二例：

[1]《左》文十八年《傳》："先君周公制周禮，曰：'則以觀德，德以處事，事以度功，功以食民。'"

[2]《左》哀十一年《傳》："且子季孫若欲行而法，則周公之典在。若欲苟而行，又何訪焉？"[1]

例[1]是史克代季文子所答之語，而例[2]是孔子私下對冉有所説的話，二者不約而同都提及周公制禮，並有其典供魯國後人閲覽。認爲周公是周禮的創始人，不僅是《左傳》的一家私言，在許多典籍也有旁證：

[3]《尚書大傳》云："六年，制禮作樂。"

[4]《禮記·明堂位》云："六年，朝諸侯于明堂，制禮作樂，頒度量，而天下大服。"

[5]《逸周書·明堂解》云："周公攝政君天下，弭亂六年而天下大治……制禮作樂，頒度量，而天下大服。"[2]

例[3]、[4]、[5]的這些説法，與《左傳》内容相通，同樣記述周公制禮作樂，故周禮源自周公，是絶大多數儒者都不會質疑的事實。杜預也這麽理解，而《左傳》又在凡例之首明言"禮經"，在他看來，這已表明凡例與周公的密切關係，而且《左傳》的凡例紮根於周禮，故《釋例·終篇》云："丘明之傳有稱周禮以正常者，諸稱凡以發例者是也。"[3]既然《左傳》與周禮的關係已經足夠清晰，所以對於那些想繼續申述二者關係的人來説，衹要在《周禮》找到言"凡"之處似乎便足夠了，因爲這已表明凡例不是《左傳》單方面的説法，在《周禮》也有蛛絲馬跡可尋。

必須强調，這些蛛絲馬跡在論證上的作用，充其量衹能顯示《左傳》與《周禮》之間存在相對微弱的邏輯關係，絶非强而有力的推論。即使

---

〔1〕孔穎達《春秋左傳正義》卷二十，第576頁；卷五十八，第1662頁。

〔2〕孔穎達《尚書正義》卷十四，李學勤主編，北京：北京大學出版社，1999年，第358頁。孔穎達《禮記正義》卷三十一，第934頁。黄懷信等《逸周書彙校集注》卷六，上海：上海古籍出版社，2007年，第710、716頁。

〔3〕孔穎達《春秋左傳正義》卷一，第18頁。

《周禮》有"凡"有"目",也衹能説明舊史敘述具有某些固定的成規,但它們究竟與《左傳》的"凡"是什麽關係？後者是什麽人提出來？其實是不容易説清楚的環節。《史記・十二諸侯年表》僅説左丘明"因孔子史記具論其語",[1]此"其"當指孔子,但"其語"是否就是"凡例"之語呢？問題回到原點:孔子在多大程度上沿用舊史的内容？這部分有多少？是否都是"凡"的語句呢？難言其詳。因爲這樣,杜氏"周公之垂法"之論,其立足點是春秋末年所見的周禮(也就是孔丘和左丘明所見的周禮)是源自周公的制禮作樂,但凡例作爲周禮的一部分,究竟有什麽内容是出自周公的認知和制作呢？現存文獻無可稽考。分析到最後,以凡例歸諸周公,與其他周人把制禮作樂的功績歸諸周公,是同一心理結構的反映,反映其人有推尊周公之心,多於各種史實細節的檢驗。

必須强調,認爲周公作凡例,與皮錫瑞"《春秋》爲後王立法"的説法一樣,都是站在讀者的角度上推尊自己心目中的思想偶像。二者的差别在於:杜尊周公,皮尊孔子。就論證的效果而言,其實相差不遠,真正强分高下,恐怕是五十步笑百步:爲杜預辯護的孔《疏》用以佐證周公與《左傳》有關的文本是《周禮》,但記載零碎而且間接,而皮則採用緯書等材料,更是離奇荒誕,不可遵信。皮錫瑞衹怪責杜的不足,卻不反思自身也有欠缺證成己見的證據,這樣衹問立場而不審論證結構的思考方式,放在近代中國的知識界來看,似乎並非罕見的現象。

二、"先儒之説"平議

《左傳正義》云:"先儒之説《春秋》者多矣,皆云丘明以意作傳,説仲尼之經,凡與不凡,無新舊之例。"[2]

---

〔1〕 司馬遷《史記》卷十四,北京:中華書局點校本,2014年,第648頁。

〔2〕 孔穎達《春秋左傳正義》卷一,第14頁。

《通論》云:"據孔説,則杜預以前,如賈逵、服虔諸儒説《左氏》者,亦未嘗以《凡例》爲周公作。蓋謂丘明既作傳,又作《凡例》,本是一人所作,故無新例、舊例之别也。至杜預乃專據韓宣疑似之文,蓋翻前人成案,以《左氏傳》發凡五十,爲周公舊例。周衰史亂,多違周公之舊,仲尼稍加刊正,餘皆仍舊不改。其稱書不書、先書故書、不言不稱書曰之類,乃爲孔子新例。此杜預自謂創獲,苟異先儒,而實大謬不然者也。自孟子至兩漢諸儒,皆云孔子作《春秋》,無攙入周公者。及杜預之説出,乃有周公之《春秋》,有孔子之《春秋》;周公之凡例多,孔子之變例少。若此,則周公之功大,孔子之功小。以故唐時學校,尊周公爲先聖,抑孔子爲先師,以生民未有之聖人,不得專享太牢之祭,上可降居配享之列。《春秋》之旨晦,而孔子之道不尊,正由此等謬説啓之。據《孟子》説,孔子作《春秋》,是一件絶大事業,大有關係文字,若如杜預經承舊史、史承赴告之説,止是鈔録一過,並無褒貶義例,則略識文字之鈔胥,皆能爲之,何必孔子? 即曰據事直書、不虚美、不隱惡,則古來良史如司馬遷、班固等,亦優爲之,何必孔子? 孔子何以有'知我'、'罪我'、'其義竊取'之言? 孟子何以推尊孔子作《春秋》之功,配古帝王,説得如此驚天動地? 與其信杜預之説,奪孔子制作之功,以歸之周公,曷若信孟子之言,尊孔子制作之功,以上繼周公乎?"〔1〕

1. "先儒"≠賈逵、服虔等人

孔《疏》"先儒"究竟指什麽人? 難以確考。從"苟異先儒"一語可知,皮錫瑞大概認爲孔的"先儒"就是"賈逵、服虔諸儒説《左氏》者"。這是可以商榷的。杜預《集解序》雖然稱許劉歆、賈逵父子、許淑諸人爲"先儒之美者",〔2〕但孔《疏》對"先儒"的評述,是就杜預"其發凡以言例"之語而起,其中實未提及"先儒"。因此,孔的"先儒"不必等於杜的

〔1〕 皮錫瑞《經學通論》卷五,第369—370頁。
〔2〕 孔穎達《春秋左傳正義》卷一,第23頁。

“先儒”。觀孔《疏》之語,亦有兩個反證:

(1)“皆云丘明以意作傳”的“意”是指什麼?很不清楚。但按史籍記載,“意”在《左傳》寫作的討論中,似乎不是什麼善意的措辭,《史記·十二諸侯年表》敘述《左傳》寫作的由來:“魯君子左丘明懼弟子人人異端,各安其意,失其真”,[1]此“意”與“真”是對反之語,“意”大概是指妨礙事實真相認識的私意。《漢書·楚元王傳》記載劉歆爭立博士之語:“猶欲保殘守缺,挾恐見破之私意,而無從善服義之公心。”[2]由“私意”與“公心”並舉,足見“意”在經義解釋上不是什麼褒辭。鑒於此,令人不免懷疑孔《疏》的“先儒”未必是像賈逵、服虔那樣支援《左傳》的人。

(2)“凡與不凡,無新舊之例”,上承“皆云”而來,而“説仲尼之經”的主體是指左丘明,故“無新舊之例”也是“皆云”的一部分内容;也就是説,都是“先儒”的批評意見。這顯然是沖著杜預而來。不是别人,正是杜預,最先進行“起新舊”[3]的工作,明確區别周公的舊例和孔子的新例。在杜預以前,因無“新舊之例”,故可以推斷提出“凡與不凡,無新舊之例”這個説法的“先儒”應該是晚於杜預,而又不同意其説的人;因晚於杜預,故“先儒”不可能包括年輩早於杜預的賈逵、服虔二人。是故,“先儒”應該是晚於杜《注》、早於孔《疏》的某些經師。職是之故,閲讀孔《疏》之言,僅説明杜《注》存在反對聲音,批判杜預的解經意見不合左丘明的本意,卻很難據此斷定“杜預以前”的情況。

2.“苟異先儒”的批判

無疑,杜預以前的《左傳》學者“未嘗以《凡例》爲周公作”。皮錫瑞這一認識,其實不煩深求。以周公作凡例,是杜預《集解序》倡導的觀點,且明確表示:“預今所以爲異,專修丘明之傳以釋經。”[4]這已表明

[1] 司馬遷《史記》卷十四,第648頁。
[2] 班固《漢書》卷三十六,北京:中華書局點校本,1962年,第1970頁。
[3] 孔穎達《春秋左傳正義》卷一,第16頁。
[4] 孔穎達《春秋左傳正義》卷一,第22頁。

《集解》所列舉的各種凡例,前人未嘗提及。皮錫瑞的認識是正確的,但他不從《集解序》而從孔《疏》找證據,應是找錯了地方。

皮錫瑞之所以重申杜預以前"未嘗以凡例爲周公作",無非是坐實杜預的個人罪責,認爲這個觀點完全是他自已獨承其咎,故曰"蓋翻前人成案"、"自謂創獲,苟異先儒"。一言以蔽之,"前人"和"先儒"不謬,謬在杜預個人。這一判斷,立足於以下兩點:

(1) 杜預以周公作爲凡例的創始人,没有任何思想上的因襲。

自東漢始,託名周公的著述陡然增多,至魏晉時期,將古書作者歸在周公名下的現象相當普遍。對這個思想現象,方韜已有深刻的剖析:"隨著周公作《周易》的新説出現,五經中祇有《春秋》爲孔子獨創。而魏晉時期將古書附會周公的風氣,又爲杜預發明'周公制凡例'説,提供了現實的土壤。清代以來的學者多批評杜預的附會之説,但不做具體的歷史考察,無疑是有所欠缺的。"[1]顯然,皮錫瑞也是"批評杜預的附會之説"的其中一人。認爲周公制作是流行的時代風氣,可以不贊同杜預迎合的做法,但不能把他與當時風氣分拆看待而怪責他自逞私智。

(2) 前人已有"成案",任何改動都是錯誤的。

在什麼意義上可以説杜預以前已有"成案"呢? 其實,杜預對過去的研究狀況已有概述:"古今言《左氏春秋》者多矣,今其遺文可見者十數家。大體轉相祖述,進不成爲錯綜經文以盡其變,退不守丘明之傳。於丘明之傳,有所不通,皆没而不説,而更膚引《公羊》、《穀梁》,適足自亂。"[2]按照杜預的意見,前人根本成不了"成案",因爲解讀《左傳》的人存在許多問題:

① 没有根據《左傳》通釋經文,不能"錯綜經文以盡其變";

② 立言並非真正恪守《左傳》;

〔1〕 方韜《杜預〈春秋經傳集解〉研究》,第 317 頁。

〔2〕 孔穎達《春秋左傳正義》卷一,第 23 頁。

③ 没有通盤全面解讀《左傳》,遇到解不通的地方,就打馬虎眼避而不談;

④ 有些地方援引《公》、《穀》二傳,自亂《左傳》之義。

當然,杜預列舉這些共同問題,不代表當時《左傳》學者的所有觀點皆是如出一口。杜預已自述《集解》"特舉劉、賈、許、潁之違,以見同異"。[1]此"違"意謂距離,《左》哀二十七年《傳》杜《注》:"違,去也。"[2]這是杜預對"違"的自注,最可信據。以"去"言劉、賈、許、潁四人的解經意見,已足以説明他們各有一些獨特的想法,以致產生若干距離,不是同聲一辭。然而,這些"同異"的存在與杜預對"十數家"的整體批評,是可以相容的。

由於"十數家"没有留下相關的文獻,現已無法一一檢視相關《左傳》學者的詳細主張,但大略而言,杜《注》所言似無反證。漢儒研究《左傳》的成績,尚談不上完美的"成案",後人對之懷有異見,是相當正常的學術發展。别的不説,賈逵《春秋序》便有"立素王之法"之説,[3]《左傳》本無"素王"的概念,以"素王"爲"立法"的主體則是《公羊》學者偏好的主張,可以説,賈逵完全正中杜預的批判,因爲他正在"膚引《公羊》"而又"適足自亂"。因此,關鍵是如何對待"苟異先儒"。如果必以"先儒"的是非爲學術的是非,那麽杜預自己提出了"創獲"而又"苟異先儒",肯定是不能接受的表現。如果學術的是非不是"先儒"所壟斷,那麽"苟異先儒"的"創獲"爲何必然不能被接受?爲什麽《左傳》學者必須沿用像賈逵"立素王之法"這種符合《公羊》多於《左傳》的錯誤説法?分析到最後,皮錫瑞"苟異先儒"的批評,無非是迷信漢學近古而墨守其

〔1〕 孔穎達《春秋左傳正義》卷一,第23頁。

〔2〕 孔穎達《春秋左傳正義》卷六十,第1715頁。竹添光鴻説杜預《集解》"以集諸家説爲義,謂集劉、賈、許、潁之不違者",參閲《左氏會箋》,成都:巴蜀書社,2008年,第8頁。這是以"不違的"解杜的"違",顯然竹添以"違"作違反義,導致難以通讀杜預文意,故以"不違"釋"違",其謬顯明。

〔3〕 孔穎達《春秋左傳正義》卷一,第25頁。

言,因爲賈逵、服虔諸儒是漢儒,故寧願相信他們而不相信偏離他們的觀點。借用王引之對惠棟的批評,這樣“株守漢學而不求是者”,[1]實是放棄具體問題的分析,鼓勵盲從權威。

3. 杜氏釋例的得失

皮錫瑞指責杜《注》“大謬不然”,僅以過往没有人(尤指他所説的“自孟子至兩漢諸儒”)“攙入周公”爲由,實不足夠。客觀地説,要鑒定杜預這個觀點的得失,需要對《集解》作出全方位的深入研究,“應當從注釋文獻及歷代的使用狀況中求之,方能求得真實”,[2]像皮錫瑞那樣訴諸“先儒”或“前人”的權威而逕自否定立異者的新説,不能服人。客觀地説,杜預將凡例歸於周公,夾雜了不少主觀的猜想,能找到證據也不過是少許的蛛絲馬跡,遠非確實無訛的驗證。但也必須合理地承認,凡例作爲一種解讀文獻的原則,至少含有三層慎重的考慮:

(1) 調和經與傳之間的歧異。閱讀《左傳》的讀者,大概會發現一些凡例的提出,可能是記載在没有相應經文之上,如《左》隱十一年《傳》:“凡諸侯有命,告則書,不然則否。師出臧否,亦如之。雖及滅國,滅不告敗,勝不告克,不書於策。”[3]這是解讀“鄭伯以虢師伐宋”一事,而它在《春秋》卻無記載,故《左傳》讀者不能不注意的問題是:不僅是經文有什麽敘事需要解釋,有時候連經文没有什麽敘事也得解釋。因爲這樣,一些凡例不僅是歸納解釋經文的敘事用語,有些也涵蓋至經文以外之事。大略地説,有經無傳、無經有傳、經傳歧異的現象,是解讀《左傳》的人無法回避的。[4]如果堅持《春秋》僅有孔子所載的思想,那麽多於、少

[1] 王引之説:“惠定宇先生考古雖勤,而識不高、心不細,見異於今者則從之,大都不論是非。……株守漢學而不求是者,爽然自失。”《王文簡公文集》卷四《與焦理堂先生書》,續修四庫全書第1490册,上海:上海古籍出版社,1995年,第392頁。

[2] 方韜檢討今人論述南北朝《集解》的接受史,提出了這樣的見解。其實,這個觀點也可以適度地擴大應用的範圍,不僅杜《注》的其他問題,還有其他經學問題,恐怕也該採用相同的做法。參閱方韜《杜預〈春秋經傳集解〉研究》,第2頁。

[3] 孔穎達《春秋左傳正義》卷四,第129頁。

[4] 方韜《杜預〈春秋經傳集解〉研究》,第169—182頁。

於或不對應於經文的傳文該如何處理？假如杜預像他的批評對象一樣,也是"有所不通,皆没而不説",那麽事情便簡單多了,衹要閃躲就是了。像皮錫瑞那樣肆意攻擊杜《注》的人,大概不會(或不願)理解杜預這樣全面發掘和區分各種舊例、新例和非例,其實是直面難關的表現。確切地説,杜預"發傳之體有三"的做法,其實是把一堆不容易歸於孔子的解經原則消化了,因爲"發凡正例"、"新意變例"、"歸趣非例"的三種設定,已意味著孔子自己提出解經意見不是全部,還有兩個部分:一是非例,另一是來自周禮的舊例。先不問杜預列舉各項凡例時的具體見解如何,這個三分法最大的好處是既承認《左傳》有許多内容闡發《春秋》經義,而又承認一些凡例不因經文而發,或來自周禮,或不算傳例。這樣一來,既不用因《左傳》有些内容與經文不相應而否定它是一部解經作品,又不用爲了凸顯《左傳》解經的面貌而故意無視那些不能用來解經的内容。

因此,審視杜預以凡例歸於周公的做法,不該衹看凡例在解釋經文上的局限,還要注意這不失是一個努力調和經傳、化解二者分歧的合理方案。例如皮錫瑞批判的"史承赴告"之説,就是從《左》隱十一年《傳》"告則書,不然則否"之例引申發揮。誠如方韜所言,"當《左傳》有記而《春秋》不書時,杜預可用'不告不書'説作解,從而調和'經無傳有'這對矛盾。'從告'説則是爲解釋經傳記載抵牾這個問題。"[1]皮錫瑞視《左傳》爲史,從根本上否定它的解經意見,自然不可能欣賞杜預這方面的貢獻了。

(2) 發例釋經的通行做法。當杜預嘗試審定《左傳》哪些内容屬於"發凡正例"、哪些内容屬於"新意變例"、哪些内容屬於"歸趣非例"時,背後已有一個重要的預設,就是某些傳文的觀點具有高度的概括性,可能適用於其他没有發傳的經文。因此,當杜預强調凡例是"經國之常

[1] 方韜《杜預〈春秋經傳集解〉研究》,第313頁。

制,周公之垂法,史書之舊章”,已意味著它們適用於各個領域,由國家制度到史書敘述方式,都可能與之相關。按照這一精神,凡例的覓得、歸納、辨析,同時可以説是拷問哪些經文與之匹配。就詮釋經傳的進路而言,這體現了“屬辭比事”[1]的做法,很難説有何失誤。在此附帶一提,這種尋覓《傳》文以求通例的做法,不是杜預或《左傳》獨有,《公》《穀》學者莫不皆然。試看以下二例:

[1]《公羊》隱十一年《傳》:“《春秋》君弑賊不討,不書葬,以爲無臣子也。”何詁:“道《春秋》通例。”

[2]《穀梁》隱元年《傳》:“大夫曰卒,正也;不曰卒,惡也。”鍾文烝《補注》云:“此《傳》發通例也。”[2]

三傳皆無“通例”二字,《公》《穀》亦然,但何休和鍾文烝同樣是以“通例”稱相關傳文,背後的理念是相通的,就是認定相關的《傳》文可以適用於《春秋》其他經義的解釋。杜預的凡例抑或變例,也是相同的做法,差别不過是他爲了化解一些不適用於解經的《傳》文,而將之託於周公。皮錫瑞不斷强調杜預解經的獨特性,卻看不見他與别的經師相似之處,實非通達之解。

(3) 經傳高於注疏的詮釋立場。杜預認爲凡例紹承“周公之志”,這是遵奉《左傳》的策略,而他從未將其他文本(包括《周禮》在内)淩駕在經傳之上。五十凡例無論有什麽爭議性,皆來自《左傳》,對它們的歸納,與變例、非例並言,自始至終是圍繞著經傳而言,絶非拿經傳以外的其他説法來指導對經傳的解讀。這是真正尊重經傳的做法。理由很簡單,要明白一個文本 X 説的是什麽意思,其他文本再權威,哪怕號稱詮釋文本 X 的注疏,它們的權威也不可能高於文本 X 本身。金景芳《經學概論》説得好:“余謂學者須以經爲主;經意不憭,乃求之注疏;得其解

---

[1] 孔穎達《禮記正義》卷五十,第 1368 頁。

[2] 徐彦《春秋公羊傳注疏》卷三,第 65 頁。鍾文烝《春秋穀梁經傳補注》卷一,駢宇騫、郝淑慧點校,北京:中華書局,1996 年,第 17 頁。

後,仍反證之經,無礙乃已。不得執末師之説,便謂經意如是也。”[1]杜預申述“發凡正例”、“新意變例”、“歸趣非例”之説,其所“反證”的是經傳,而非“求之注疏”。相反,像皮錫瑞所頌揚的“爲漢制法”之説,仰賴的不過是緯書或像何休、王充等漢儒的觀點,没能從《春秋》和《公羊》找到直接的證據,這不就是“執末師之説,便謂經意如是”的表現嗎?以此對比恪守經傳的杜《注》,誰高誰低,不是很清楚嗎?

4. 周公與孔子(上)

除了“苟異先儒”的責難外,皮錫瑞還認爲杜預區别新例、舊例(即凡例、變例)等做法,寓有揚周公、抑孔子之意,但認真檢視的話,便會發現他的批判嚴重失實:

(1) 在孔子之《春秋》以外,没有“周公之《春秋》”。

皮錫瑞怪責杜《注》“攙入周公”,導致“有周公之《春秋》,有孔子之《春秋》”。這個問題,要分兩個層面來説:

① 兩本《春秋》的認識,也是二傳的共同認識。《公羊》言“不修春秋”,《穀梁》言“從史文”。杜預“舊史”之説,與之大體相同。

② 杜預祇説“蓋周公之志,仲尼從而明之”,何嘗説過周公有一部《春秋》呢?後世讀者也未嘗因杜《注》而誤會多了一部“周公之《春秋》”,如蕭楚《春秋辨疑》云:“夫未修之《春秋》,可謂周公之法;既修之《春秋》,則仲尼之筆也。”[2]這是檢視杜預《集解序》的觀點,但其中祇言“周公之法”,並未把《春秋》的著作權歸諸周公。無論如何,杜預不曾在“孔子之《春秋》”以外另談“周公之《春秋》”,後世讀者也没有這樣的誤解,皮錫瑞的批評是無的放矢。

(2) 凡例雖多,但不是全部都能用來解經。

再次重申,以凡例歸於周公,主要是爲了解釋一些不能用來解讀經

〔1〕 金景芳《經學概論》,載呂文郁、舒大剛主編《金景芳全集》第6册,上海:上海古籍出版社,2015年,第2795—2796頁。

〔2〕 蕭楚《春秋辨疑》卷一,景印文淵閣四庫全書第148册,第111頁。

文的通則。一些凡例的提出,與經文毫無關係,如《左》莊二十九年《傳》:"凡馬日中而出,日中而入。"又云:"凡土功,龍見而畢務,戒事也。火見而致用,水昏正而栽,日至而畢。"[1]經中無"馬"字,亦未詳載土功的安排,它們都不是用來解經的凡例。杜預據以釋經的,僅是凡例的一部分,而非全部。對此,方韜已有明確的解說:"凡例解經的前提是凡例所述經文的内容接榫。若凡例與經文毫不相涉,則無經可解。"[2]皮錫瑞徒見"周公之凡例多",卻不審一些凡例没能釋經的實況,其爲皮相之見,一目了然。

(3) 變例不少,孔子的貢獻未被抹殺。

在凡例以外,杜預解説的變例甚多,據方韜的歸納,計有:

> [1]《集解序》的變例七種:書例、不書例、先書例、故書例、不言例、不稱例、書曰例。
>
> [2] 歸納新條例十一種:諸侯出奔例、行人例、殺大夫不稱名例、大夫與公侯會盟例、即位例、公不與小斂故不書日例、夫人薨不書葬例、書朔日例、諸侯女適大夫稱字例、獲例、葬小君例。
>
> [3] 雜例二種:追書例、稱例。
>
> [4] 凡例九種、變例之外的諸例:告朔朝正例、附庸稱名例、國討例、天子大夫稱字例、東道國亦與盟例、賜族例、字例、諸侯書葬例、諸侯相朝例。[3]

以上二十九例,都是杜預解讀《左傳》時使用的,故"孔子之變例少"其實衹能理解爲相對於五十凡例爲較少,在實際數字上不能算"少"。方韜已經指出,"與凡例相比,杜氏以爲變例更注重釋經文中的褒貶大義"。[4]衹要不存偏見的話,是很難認爲變例的提出寓有貶抑孔子之意。

---

〔1〕 孔穎達《春秋左傳正義》卷十,第 292—294 頁。

〔2〕 方韜《杜預〈春秋經傳集解〉研究》,第 200 頁。

〔3〕 方韜《杜預〈春秋經傳集解〉研究》,第 201—202 頁。

〔4〕 方韜《杜預〈春秋經傳集解〉研究》,第 202 頁。

(4) 例的多少不決定功的大小。

皮錫瑞認定杜預主張"周公之凡例多,孔子之變例少",由此推斷杜預拿周公貶抑孔子,故曰"周公之功大,孔子之功小"。上述(1)、(2)、(3)已顯示,"周公之《春秋》"既不正確,而杜預也未嘗因"例"之多少而認定周公的"功"比孔子更大。皮錫瑞這一推論衹能反映他對杜預《集解序》心存誤解,整個立論的大前提都不能成立。

5. 周公與孔子(下)

皮錫瑞説"唐時學校,尊周公爲先聖,抑孔子爲先師",這一説法過於簡單。其實,唐初官方對孔子的稱呼出現了三次大變:

> [1] 武德二年(西元 619 年),唐高祖下令在國子學立周公廟和孔子廟,以周公爲"先聖",孔子爲"先師",而以孔子配享周公。
>
> [2] 貞觀六年(西元 632 年),唐太宗廢除周公廟,以孔子爲"先聖",顔淵爲"先師"。
>
> [3] 永徽六年(西元 655 年),唐高宗改從高祖之制,下令以周公爲"先聖",孔子爲"先師"。
>
> [4] 顯慶二年(西元 657 年),長孫無忌等大臣集議,推翻永徽之制,孔子恢復"先聖"的稱號,自此孔子變成唯一的"先聖"。[1]

以上,説明唐代尊周公、抑孔子的時間,不過是高祖至太宗初的十四年和高宗由永徽至顯慶的二年,這十六年對比於唐代享國的二百八十九年,僅是極短的時間。孔子地位爲何有三次變化,需要唐史專家探究,但這已反映對如何定性孔子,三代皇帝當時還在探索階段,如朱維錚所言,"他們儘管在命人統一經義,自己卻對孔子没有統一認識,於是出現了祖孫三人各拿個人主觀的孔子來强迫太學生們崇奉的趣劇"。[2]皮錫瑞以"唐時"泛言"尊周公爲先聖,抑孔子爲先師"之事,既没交代唐初

---

〔1〕 朱維錚《走出中世紀》,上海:上海人民出版社,1987 年,第 224—225 頁。
〔2〕 朱維錚《走出中世紀》,第 225 頁。

政策的變化,又没有指出孔子自顯慶二年後已確立獨尊的地位,一葉障目,闕失良多。

最可注意者,皮錫瑞援引唐時典故,拿來對照的是孟子尊孔子作《春秋》之事,其中提及"配古帝王",隱然怪責唐人受杜預"此等謬説"的影響,不知道孔子應享有像王者一樣的尊位。然而,唐高宗追封孔子爲隆道公,到了開元二十七年,則追謚爲文宣王。這是儒學發展史的重要一頁,朱鴻林解釋説:"這個稱號有很大的意涵。孔子作爲王者之後,他的塑像就不能穿普通人的衣服。它穿戴的是要有冠有冕的王者袍服,十分講究。因爲孔子封王,孔門弟子也被給予封爵。顔回被封爲公,十哲之中九人被封侯,七十二子中六十七人被封伯。他們有了這些封號,衣冠也不一樣了。可以想象,整個孔廟充滿了帝王殿廷的氣派。"[1]由此可見,孔子在唐代不祇"配古帝王",且是實實在在地被封爲王,相信他應該比照帝王來看待。皮錫瑞祇説唐時"抑孔子爲先師"而不知其爲文宣王的風光,亦是以偏概全,窺一斑而未見全豹。

僅以唐高祖和唐高宗兩次奉周公爲"先聖"的短暫做法而論,實在看不出這是受到杜預的影響。反倒是杜《注》被正式列入《五經正義》之時,唐太宗允許孔子獨稱先聖,周公祇配享成王,豈能説杜預之説盛行便造成"孔子之道不尊"? 周孔從並尊到分家,乃至孔門弟子亦得以從祀的歷史,處處見證唐人尊孔的態度。不過,皮錫瑞卻説唐時"孔子之道不尊",並斷言這是杜注導致"《春秋》之旨晦"的結果。什麽才算是"《春秋》之旨晦"?《唐六典》明列"正經有九",其中就有《公羊》、《穀梁》這兩本"小經",[2]當時學習《春秋》的人不獨杜預的"謬説"而已。二傳與《左傳》同樣具有"正經"的地位,爲何三傳並列學官還算是"晦"? 反正"《春秋》之旨"是任隨皮錫瑞界定的東西,祇要看不見他所偏好的《公

〔1〕朱鴻林《儒者從祀孔廟的學術與政治問題》,載《孔廟從祀與鄉約》,北京:三聯書店,2015年,第5頁。

〔2〕李林甫等《唐六典》卷二,北京:中華書局,1962年,第45頁。

羊》何《詁》尚未獨尊,他便可以隨意抒發"晦"的感慨,但對其他不同想法的人而言,似乎也没有繼續討論的必要。

6. 援《孟》評杜之非

皮錫瑞攻擊杜《注》的另一依據,是《孟子》有關孔子作《春秋》的記載。有關他對《孟子》相關文句的誤讀,筆者曾有深入的剖析,[1]在此僅指出兩點,顯示皮錫瑞援《孟》評杜之非:

(1) 杜預也講褒貶,未嘗鼓吹"鈔録一過"。

《孟子·離婁下》"其事"、"其文"、"其義"的"其"皆是指魯之《春秋》,而"其義"則"竊取之",説明孔子自己要從魯《春秋》取得"義"。這裡,顯示孟子認爲孔子在敘事之餘,也講究思想性。皮錫瑞再三以"何必孔子"質問杜預,並以司馬遷、班固等"良史"作對比,就是預設杜預没有看見經文中的思想觀點,僅把《春秋》視作没有思想的史書。

但前已述及,杜預"因魯史策書成文"之説,不等於"鈔録一過"。孔子作《春秋》,有些内容抄録史文,三傳都能找到相關的證據。此外,杜預也講求褒貶,無論是五十凡例,抑或孔子的變例,都是可以寓有褒貶的,故曰"據舊例而發義,指行事以正褒貶"。[2]按照杜預的理解,《春秋》有些内容因襲舊史,也有些内容寓有褒貶,這是兼顧史實性和思想性兩方面的訴求,而從"仲尼從而修之,以成一經之通體"之言,[3]足證杜預視《春秋》爲"經",哪是將之等同於没有思想的史書? 完全没有理由認爲杜預祇知"鈔録"而不知"義"。皮錫瑞以"並無褒貶義例"反詰杜預,無中生有,莫名其妙。因此,問題並非杜預不知"經史之分",而是皮錫瑞透過"經"與"史"的分拆,誤會杜預對《春秋》的理解僅限於"史"而不知"經"。

(2) 杜預未嘗"奪孔子制作之功,以歸之周公"。

《孟子·滕文公下》"知我"、"罪我"之言,説的是孔子預期後人對他

〔1〕有關皮錫瑞對《孟子》的解釋,參閲拙著《孟子已明言"大義"和"微言"嗎? ——皮錫瑞對〈孟子〉的錯誤解讀》,載《哲學動態》2019 年第 7 期,第 77—85 頁。

〔2〕〔3〕孔穎達《春秋左傳正義》卷一,第 15 頁。

的褒貶離不開《春秋》,未嘗自言"制作之功"。杜預以五十凡例歸於周公,而不曾否定孔子的貢獻。不能把杜的"從而修之"的"修"與孟子的"作《春秋》"的"作"視作冰炭不容的對立物。孟子言"作",但也强調《春秋》承襲舊史的淵源;杜預言"修",但也認爲變例是孔子的設定。换言之,孟、杜二人同樣認爲《春秋》既有史實性,又有思想性,杜預不是背棄孟子的叛徒。孟子從未以"制作之功"言《春秋》,而杜預也没有説"制作之功"歸周公獨有。皮錫瑞指責杜預"奪"了孔子的"制作之功",極不妥當。

如上所述,杜預的主要關懷是調和《春秋》和《左傳》,而他强調《春秋》上承周公的進路,不過是爲了消化一些無助於解經的内容。强調《春秋》與舊史的因革關係,就杜預的歷史認識而言,不失爲相對謹慎的做法。對此,蘇洵有相近的説法:"仲尼懼後世以是爲聖人之私言,故因赴告策書以修《春秋》,旌善而懲惡,此經之道也;猶懼後世以爲己之臆斷,故本《周禮》以爲凡,此經之法也。"〔1〕這個説法,多多少少是從杜預《集解序》中轉手而來。無論是赴告策書抑或言凡發例,都是具有歷史淵源的做法,非孔子的個人臆斷。皮錫瑞之所以不能接受杜預之説,在很大程度上緣由於此,因爲他心目中的孔子是孔教的第一位教主,不像杜預那樣注重孔子與以前歷史的傳承關係。

必須指出,杜預與皮錫瑞的分歧,不該理解爲不同信念的選擇。在杜預心目中,周公與孔子是二而爲一的關係,而他所解讀的《左傳》包含一些與經文不直接對應的内容,所以他有必要思考如何化解各種貌似不協調的疑難。合理地説,他的新説是出於理性和證據的考慮,方才出現"回歸先秦《春秋》觀的結果"。〔2〕相反,皮錫瑞講的卻是信念的選取,在"信杜預之説"與"信孟子之言"二者之間,他鼓勵讀者選擇後者而非

〔1〕蘇洵《史論上》,載《嘉祐集》卷九,景印文淵閣四庫全書第1104册,第904頁。對蘇洵文章的批評意見,參閲湯斌《二十一史論》,載《湯子遺書》卷六,景印文淵閣四庫全書第1312册,第546頁。

〔2〕方韜《杜預〈春秋經傳集解〉研究》,第163頁。

前者,理由無非是"尊孔子制作之功,以上繼周公"比"奪孔子制作之功,以歸之周公"更可欲。如果可欲與否純粹是個人的主觀偏好,那麽讀者有什麽選擇也該任隨自選;但如果這樣的選擇是基於不正確的事實認知,則很難讓人信服。

杜預不是奪功者,儘管他不提及"制作之功",但他卻是既"尊孔子"又"上繼周公"的。依皮錫瑞對《孟子》的解讀,孔子作《春秋》本與周公無涉,而他偏又宣言孔子"上繼周公",此"上繼"究竟是指什麽,似乎令人看不懂。在此允許大膽的推測,這大概可能是鑒於周公與孔子在歷史上長期同在聖人之列,真把周公完全撇開是許多儒者難以接受的做法,故皮錫瑞遂以"上繼"這種不具備切實内容的詞語含糊了事。最低限度,皮錫瑞自己不會接受孔子與周公之間有何實質意義的傳承關係,因爲一神宗教的構想,已將孔子構想爲孔教的第一任教主。

三、陸淳與柳宗元對杜預的反對意見

陸淳《春秋纂例》駁杜預之説曰:"杜預云:'凡例皆周公舊典禮經。'按其傳例云:'弒君稱君,君無道也;稱臣,臣之罪也。'然則周公先設弒君之義乎?又云:'大用師曰滅,弗地曰入。'又周公先設相滅之義乎?又云:'諸侯同盟,薨則赴以名。'又是周公令稱先君之名以告鄰國乎?雖夷狄之人,不應至此也。"〔1〕

《通論》云:"陸淳所引後一條,即《左氏》所謂禮經,杜預所謂常例。陸駁詰明快,不知杜預何以解之?袒杜預者又何以解之?柳宗元亦曰:'杜預謂例爲周公之常法,曾不知侵、伐、入、滅之例,周之盛時,不應預

〔1〕陸淳《春秋集傳纂例》卷一,第385頁。最後兩句,《纂例》原作"周以諱事神,不應有此也",但翻查卓爾康《春秋辯義》(卷首三,載景印文淵閣四庫全書第170册,第204頁)作"雖夷狄之人,不應至此也",鑒於文淵閣四庫本常有删略"夷狄"的做法,而《辯義》引録《纂例》之言,似屬原本存真的記載,加上《經學通論》(卷五,第370頁)亦作"雖夷狄之人",故不取"周以諱事神"。

立其法。'與陸氏第二條説同。"[1]

1. 杜預論證的要點

從陸淳兩言"周公先設"、一言"周公令稱"之問,足見他認爲杜預主張周公設計了五十凡例。之所以有這樣的疑問,大概是由於《集解序》云"其發凡以言例,皆經國之常制,周公之垂法,史書之舊章"。這一句話必須謹慎地解讀,在此申述兩個要點:

(1) "垂法"不意味著周公已規定了凡例所有的内容。

"周公之垂法"一語,顯示杜預是以凡例歸於周公。但要注意,"垂法"不是説凡例所有的内容都是出自周公的安排。對"垂法"的涵義,杜預《集解序》有一個不能忽略的内證:"是故因其歷數,附其行事,采周之舊,以會成王義,垂法將來。"孔《疏》:"雖據魯史爲文,足成王者之義也。以其'會成王義',故得'垂法將來',將使天子法而用之,非獨遺將來諸侯也。"[2]此"垂法"與"會成"對舉爲義,"會成"意謂湊足成全,而"垂法"則相當於懸垂榜樣。"王義"和"將來"都不是《春秋》寫作之時已存在的現實,故《春秋》記載的"行事"也僅是存在於諸侯分裂治權的歷史,而"周之舊"相對於"王義"和"將來",不過是過去歷史的存在,難以涵蓋將來龐大帝國的諸多狀況,而孔《疏》顯然意識到《春秋》的"行事"對未來僅有榜樣示範的作用,故以"天子法"與"將來諸侯"對比説明。由此可見,"垂法將來"不是把所有後人要做的事情都預先規定了。以此例彼,"周公之垂法"的"垂法"既不需要理解爲周公在凡例中預先安排了所有内容,也不必認定周公已全然設想好後來會發生什麽事情。簡單地説,就是没有事先嚴格立法的意味。

(2) 重點是凡例屬於周禮的一部分。

"經國之常制,周公之垂法,史書之舊章"三句連言,繫於"皆"後,反

[1] 皮錫瑞《經學通論》卷五,第370頁。

[2] 孔穎達《春秋左傳正義》卷一,第28—29頁。

映這三句話是用來形容“發凡以言例”的性質。“經國之常制”意謂周禮的政治安排,“史書之舊章”意謂周禮規定的述史方式,二者皆是周禮的内容,而“周公之垂法”當然也不是獨立於周禮的存在。如上所述,杜預把凡例追溯到周公,既受到漢晉尊周公的風氣影響,也是因爲第一則凡例稱爲“禮經”。從《左傳》的視角出發,“禮經”必與“周公之典”相關,故“周公之典”與“周公之垂法”其實相差無幾:前者是總而言之,遍及周代禮樂;後者是專而言之,特指《左傳》記載的凡例。二者是整體與部分的關係。因此,不能撇開周禮而孤立地説周公作凡例。杜預認爲凡例出自周公,主要因爲他把凡例視爲周禮的一部分。其中的推論是:

P-M　凡例是周禮的一部分;

M-S　周禮源自周公垂法;

S-P　故凡例源自周公垂法。

在此,“周禮”(M)是整個推論的中介環節,絶不能抽去。“周禮”的先存,導致杜預把凡例與周公(P-M)合起來説。必不可少的是,凡例屬於周禮的一部分。假如不是如此,杜預也不會將之追溯至周公頭上。

認識(1)和(2)兩點,可以排除以下一個舉證責任:不必因爲“周公之垂法”一語而要求杜預陳述周公作凡例的過程細節。周公作爲凡例的創始者,衹是從相對寬鬆的意義上説。其中,周公究竟如何寫凡例?是否全部都經過他親自審理?實非杜預設想之内的事情。這跟後人推尊周公制禮作樂一樣,留傳到後世的周代禮樂是否每一項都經過周公的制作,誰能保證?儒者不因此質疑周禮與周公的關係,豈能算是錯誤?確切地説,把某部著作歸於某個偉大人物,是否都需要找到相關寫作過程的證據方能如此?倒是未必。像《周禮》《儀禮》這些號稱出自周公的作品一樣,其實也不是真正要求周公作爲其書所有内容的設定者。即使書中有些春秋戰國時的東西,也不是什麼可怪的現象,因爲這裡的重點往往在於:其書的主要内容是否記述周代禮樂,而非追問周公如何寫作它們。當論者聲稱某書出自周公之手，實際上是主張其書寓有周公制禮作樂的構想在内。就這一點，過常寶已有中肯的解説："西周的基本禮儀精神出於周公，而《周禮》《儀禮》等書，不過是反映了周禮的精神，並加以發揮、完善的結果。"[1]同樣的道理，凡例是周禮的一部分，反映的是周禮的精神，要否棄凡例與周公的關係，就需要先檢視或修正周公制禮作樂的傳統説法。然而，這是許多儒者也不會觸犯的禁忌。無論如何，杜預因周禮而認爲凡例出自周公，首要的是不要鬆動它與周禮的關係；至於周公寫作過程的舉證，則是次要的。這是仲裁陸淳評杜的重要判準。

2. 陸淳批評杜預的失當

很明顯，陸淳不致看不見周禮的重要性，故他也説杜預云"凡例皆周公舊典禮經"，但杜預衹説"韓子所見，蓋周之舊典禮經也"。此"所見"據《左》昭二年《傳》"韓宣子適魯，見《易象》與《魯春秋》"的記載，[2]是指《易象》與《魯春秋》，而杜預估計這兩本書是"周之舊典禮經"，但也没有把話説死，故以"蓋"言之，足見矜慎。陸淳以"凡例皆周公舊典禮經"指責杜預，易"蓋"爲"皆"，把原來杜預没有説死的話説死了，而且主語由"《易象》與《魯春秋》"變爲"凡例"，豈合杜預的原意？由"周之舊典禮經"轉換爲"周公舊典禮經"，一字之差，卻是不能接受的改動，因《易象》肯定算不到周公頭上。

撇開改易引文的問題，陸淳以"周公舊典禮經"爲言，質疑周公不可能具有凡例所載的各種政治關懷。諸如"先設弑君之義"、"先設相滅之義"、"令稱先君之名以告鄰國"，他都不相信是出自周公之手。無疑，這方面的舉證工作，即使杜預復生，也不可能完滿地做到：誰有充足的材料説明周公生前是否已思考如何稱呼弑君者、該如何敘述諸侯相滅、該

---

〔1〕過常寶《制禮作樂與西周文獻的生成》，北京：中國社會科學出版社，2015年，第43頁。

〔2〕孔穎達《春秋左傳正義》卷四十二，第1172頁。

如何記載同盟時出現諸侯死亡等問題？當然,陸淳提出這樣的懷疑,其實也是臆想居多,無非是立足於周公爲聖人的歷史想象:因爲認定周初必無弑君、相滅等亂事,故斷言周公也不致這麽預想。如果説,杜預被指責没有足夠證據説明周公説過凡例的内容,那麽陸淳的質疑也不是嚴格地以史實爲根據。在周公寫作了什麽的問題上,雙方同樣没有史料確定的、無可動摇的基點。

最可注意者,杜預原來的重點放在周禮之上,因周禮而言周公,但陸淳不關注周禮在論證上的先在性,而是責備杜預没有交代周公如何認知相關凡例的内容。如上所述,杜預對"周公之垂法"的理解本非設想爲嚴格立法的涵義。凡例與周禮一例,除了上溯周公以外,也未必不能相容周人對之作出進一步的補充。因此,弑君、相滅諸事究竟是否全部經過周公首肯,是相對的不重要。更重要的是,規限它們的凡例在孔子以前已經存在,而凡例則是屬於周禮的一部分。杜預對凡例的構想,最不能放棄的核心内容是凡例與周禮的關係。倘説陸淳要求的舉證是超出杜預所能完成的事情(儘管陸淳完滿自己的否證也同樣難以完成),那麽杜預祇要作出策略性讓步,繼續主張凡例作爲周禮的重要内容,不再講究周公作爲凡例的創始人,便能化解陸淳的指責。這樣一來,退一步海闊天空,五十凡例仍能保留,它們作爲周禮的一部分而在《春秋》面世以前已經存在,仍未被推翻。或者最低限度,比起那些依據緯書而申述孔子爲漢制法的神異記載,更可信得多。

由此可見,真要推倒杜預凡例,重中之重,是要否證凡例與周禮的關係。祇是浮泛地懷疑周公不可能有凡例的想法,其實抓不住問題的關鍵。陸淳之駁,固然不能令人滿意,而皮錫瑞誇以"駁詰明快",更是過譽。他特别指出《左傳》第一則凡例中"禮經"之説,卻没能爲陸淳另添旁證,説明他也没能切中肯綮。説實在的,陸淳以"雖夷狄之人,不應至此也"駁杜,本是援引《穀梁》的結果。襄七年經:"鄭伯髡原如會,未見諸侯;丙戌,卒於操。"《穀梁》云:"此其生名,何也？卒之名也。"又云:

“其不言弑,何也?不使夷狄之民加乎中國之君也。”[1]這是解釋經文爲何記載鄭僖公同盟時的姓名,認爲鄭國臣子因爲害怕楚國而弑鄭僖公,故以“夷狄之民”稱之。陸氏“夷狄之人”顯然據《穀梁》立説。而《穀梁》這個觀點在多大程度上可以推翻《左傳》的“禮經”,則需要更深入的剖析。確切地説,即使承認《穀梁》這個説法更合經義,也無法駁倒杜預,因爲《左》隱七年“禮經”之説,是“故薨則赴以名”,《左傳》學者完全可以説,此乃交代赴告的筆法,與經文縱有歧異也無大礙。陸淳駁議本有可酌之處,像皮錫瑞這樣簡單地援陸而毫無申論,豈能折服杜預和“袒杜預者”?

3. 淺論柳宗元對杜預的批評

皮錫瑞所引柳宗元之言,不載於《柳宗元集》。《六經奥論》云:“《春秋》重事而輕人,詳内而略外蓋如此,烏有所謂例耶?善乎柳宗元之言曰:‘杜預謂例爲周公之常法,曾不知侵、伐、入、滅之例,周之盛時,不應預立其法。’真知言乎!”[2]不知皮錫瑞是否據此而録,但可以估計的是,清人對柳氏之説並不陌生。康熙朝大學士陳廷敬《〈春秋〉爲史法説》一文亦採此語,評説:“柳子可謂知言矣,故《春秋》者,由周公以來,未有此體也。聖人爲史法以詔萬世,曰其文則史,而後之人名之曰經。名之經者,其意主於尊聖人,而後世遂專以經尊《春秋》,而不知爲聖人之史,於是聖人之史法遂亡。《春秋》有達例,有特筆。達例者,史官之史也;特筆者,聖人之史也。”[3]

略作比較可知,皮錫瑞的想法有别於上述二者。《六經奥論》之所

〔1〕楊士勳《春秋穀梁傳注疏》卷十五,第249頁。

〔2〕鄭樵《六經奥論》卷四,第86頁。卓爾康《春秋辯義》(卷首一,第165頁)亦摘録其説。要注意的是,以《六經奥論》作爲鄭樵的作品,此説屢被清儒質疑,似難輕信。參閲楊新勳《〈六經奥論〉作者與成書考》,載氏著《經學蠡測》,南京:鳳凰出版社,2012年,第284—297頁。

〔3〕陳廷敬《〈春秋〉爲史法説》,載《午亭文編》卷二十二,景印文淵閣四庫全書第1316册,第335頁。

以引録柳宗元之語,是要徹底否定經文有例,而皮錫瑞相信"《春秋》必有例"。[1]陳廷敬雖許可柳宗元對杜預的反駁,但把孔子的"特筆"理解爲"史法",也不是强調"經史之分"的皮錫瑞所能認可的。大概因爲這樣,皮錫瑞僅引柳氏之言而不及其餘。無論如何,柳宗元不認爲周公時已有侵、伐、入、滅之例,其想法與陸淳如出一轍,同屬中唐儒學革新揚棄舊説的表現。[2]就觀點而言,柳宗元没有什麽新意,其對杜預的質疑也像陸淳那樣,衹申張周公"預立其法"的不可能性,而没有否定周禮與凡例的關係。皮錫瑞抄録其説,也没有更深入的探究。説實在的,柳宗元在《春秋》研究上最重要的成果是對《國語》的質疑,其對杜預的經學見解也不見得持全盤否棄的態度,[3]僅憑片言隻字難以繼續有進一步的討論。

四、小結

至此,可以得出一個初步的總結:皮錫瑞對五十凡例的指控,在很大程度上是失實的。杜預將凡例歸於周公,重在周公與周禮的關係,而杜《注》調和經傳歧異的努力,其中自有内在的學術理性考慮,可惜得不到皮錫瑞認真重視。五十凡例的提出,不等於孔子的貢獻遭到抹殺。皮錫瑞硬把奪創制之功的罪名冠在杜預頭上,衹能反映他厭惡《公羊》立場得不到推尊的憤慨,不能説明什麽。至於援引陸淳、柳宗元的反對意見,除了多添罵聲以,其實也無裨於提高《經學通論》的論證。

---

〔1〕皮錫瑞《經學通論》卷五,第437頁。

〔2〕有關中唐儒學革新的情形,參閲陳弱水《柳宗元與中唐儒家復興》,載氏著《唐代文士與中國思想的轉型》,桂林:廣西師範大學出版社,2009年,第246—289頁。

〔3〕柳宗元《送韓豐羣公詩後序》云:"余謂《春秋》之道,或始事,或終義。"這是襲用杜預"或先經以始事,或後經以終義"之説。參閲《柳宗元集》卷二十五,北京:中華書局,1979年,第654頁;孔穎達《春秋左傳正義》卷一,第12頁。杜氏這兩句話是概述《左傳》釋經之旨,足見柳宗元對杜預的解經意見也有接納和支持的一面。

“章句之儒”的“至情至性”

——説黄侃，兼及“章黄之學”的另一向度

秦燕春*

緣起

一代“選學”、“龍學”的開山巨匠黄侃(1886—1935，字季剛)，學術辭章之美而外，同時留在人間的惡評實在很多。他的好色、好酒、好罵似乎不全是坊間無稽的傳説。乃至其師章太炎(1869—1936)夫人湯國梨(1883—1980)對此章門首座弟子都持論甚刻。振復師母威儀的原因固然多端，[1]相當重要的成分應該基於她和黄紹蘭(1892—1947)關係

* 作者單位：中國藝術研究院中國文化研究所。

〔1〕馬敘倫《石屋余瀋》曾記湯國梨認爲“北京某報之誣余，即出自季剛。季剛好造生是非，其言實不可聽。此人爲文人無行中甚者”並且對馬“歷舉其事”(第51—52頁)。而在劉太希《氣象庵雜記》(收入《章太炎傳記資料》九，臺北：天一出版社，出版時間不詳)中，則黄侃似乎還頗説過湯國梨的好話，所謂“湯夫人國學很有根柢，但和章先生婚後，從來不在文字方面表現，衹有章先生被袁世凱囚禁北京，她寫了一封信與袁氏，請求釋放章先生，那封信情文並茂，當時傳頌南北”。至於説章太炎“不修邊幅，經常不洗浴”以至“有潔癖”，湯國梨一度深以爲苦，倘若當真湯國梨曾以此語告黄侃，倒證明他們的初交應該不算疏遠——此後的印象惡劣説不定真與黄紹蘭之事有關。兩文轉引自司馬朝軍、王文暉《黄侃年譜》，武漢：湖北人民出版社，2005年，第276—277頁。

的友善、基於黄紹蘭與黄侃之間一段孽緣而代報以憤懣不平。[1]但亦並非祇有師母嫉惡如仇。黄侃一生最善之友劉成禺(1876—1952)著《世載堂雜憶》,其中《紀黄季剛趣事》亦嘗直言不諱:

季剛少溺女色,晚更沈湎於酒,垂危嘔血盈盆,仍舉酒不已。醉中狂罵,人不能堪。予常規之曰:"學者變化氣質,何子學問愈精,脾氣愈壞,不必學汪容甫也。"季剛曰:"予乃章句之儒。"……能使早年絶嗜欲,平意氣,其所得必有大過人者。[2]

儘管此處黄侃自稱"章句之儒"並非全爲自我否定,多少還有負氣的意味。[3]然毋庸諱言,"嗜欲"與"意氣",尤其前者,構成了黄侃短暫的悲劇一生的主因,此見諸黄氏本人日記者便在在多有,他的英年早逝而著述無成,便可大半歸之於酗酒戕生。[4]即使最難以落實與定性的"好色"問題,縱然"一生九娶"這種流言未必可靠,但原配王夫人去世之後彭清緗(1883—?)、黄菊英(1903—1984)兩段婚姻自是板上釘釘的事實,原配尚在之時即與黄紹蘭同居生女也算一樁鐵案。[5]據《錢玄同日記》所收錢氏致汪東(1890—1963)函,稱"(黄侃)身遭母喪,亡命異域,猶

---

〔1〕《影觀詩稿》中保留了不少湯國梨與黄紹蘭的唱和之作。就《影觀詩稿》的整體風格論,湯國梨筆下本自帶有幾分任俠之氣。有趣的是,正是章太炎《與黄季剛書》中,他特别讚美了"大抵詩人須兼獷氣,劉越石、李太白,皆勁俠之流,謝公雖世爲將相,觀其平生行事,自謂江海人,亦固不謬",《章太炎全集·書信集》(上),上海:上海人民出版社,2017年,第282頁。

〔2〕轉引自《黄侃年譜》,第429頁。

〔3〕黄侃生平治學對黄以周(1828—1899)"凡學問文章皆宜以章句爲始基"的意見甚爲推重,故有此自擬。參見《倉石武四郎中國留學記》,第195頁,轉引自《黄侃年譜》,第313頁。

〔4〕就面世日記看,黄侃醉酒的記載可謂不勝枚舉。黄氏中年似曾一度戒酒,不知爲何1928年11月4日又"始開酒戒",偏偏第二天(11月5日)女兒念惠即死,得年僅十四月。念惠之死與誤服黄侃與之藥物有關,他痛悔異常,之後一段時間幾乎天天"大醉",自然也是借酒消愁。而他也在破酒戒之後不久即開始咳血(1929年1月2日日記)。此後曾幾次因咳血而"止酒",但都是短暫的,大抵是於酒事愈演愈烈,終究還是因酒戕生。即使他甚至意識到了自己的"不知節"(1934年10月20日)。參見《黄侃日記》,北京:中華書局,2006年,(上),第3頁;(中),第390、408頁;(下),第1030頁。

〔5〕黄日記中提到黄紹蘭之處,例如1913年10月7日、21日、22日、23日,辭氣之間可見他們當時關係的稔熟。分見《黄侃日記》(上),第15、17頁。

且不耐寂寞,遊於女閭。此則稍有知識者尚不爲,而學佛者爲之乎"。[1]縱然錢氏與黄侃關係不算和睦,[2]但同爲章門弟子,誣則不必。況且黄侃之好狹邪遊,他自己並不否認。但明目張胆記入面世日記的也不多。[3]至於被《黄侃評傳》作者誤認的"自言嫖妓之明證"則其實是椿冤案,出自《量守廬遺墨》"己巳年(1929)作"的《無題》詩,"病骨難堪玉帶圍,鈍根仍落箭鋒機。祇因乞食歌姬院,故與雲山舊衲衣",乃是黄侃抄寫蘇東坡《以玉带施元长老,元以衲裙相報次韻》二首之一,並非夫子自道語,[4]故與其本人行徑關係不大。

平情而論,黄侃好風月是很廣義的,他喜好遊歷、觀劇,有時辛苦行

〔1〕《錢玄同日記》,第 816 頁,轉引自《黄侃年譜》,第 48 頁注釋 1。

〔2〕参見黄氏 1928 年 6 月 7 日、1932 年 3 月 12 日等日記,《黄侃日記》(中),第 303 頁;(下),第 783 頁。

〔3〕目前面世日記是經過淨化的。此在日記整理者有所説明。《黄侃評傳》的作者也經由稿本提供了一些另外的信息,參見該書第 177 頁注釋 2、3。1929 年 5 月 4 日黄侃曾和中央大學幾位教授朋友胡小石(1888—1962)、吴梅(1884—1939)、汪辟疆(國垣,1887—1966)等過蘇州,在閶門飲於九華樓,"諸人皆召妓","尋遷坐於林媛媛家(同春坊)",之後衆人鬥牌至子夜方歸,毋寧是這羣有著共同舊文人習氣的大學教授震於蘇州妓女威名而行好奇無聊之舉。此事甚至在黄侃去世之後於吴梅挽聯中再次出現,所謂"吴下探芳,猶記畫船載酒",吴自跋語云"十八年與先生鄧尉探梅,極文酒之樂",可見其自鳴此舉於得意。參見《黄侃日記》(中),第 546 頁;《黄侃年譜》,第 425 頁。單借此事而言,則早在 1912 年 12 月 2 日錢玄同就認爲黄侃、汪東等人"固好學之徒,而今日席中言不及義,所言不出戲劇,詢之則以原圖糊口,不暇爲學爲辭,喧熱中者日競逐於議員、官吏之場,其名爲自好者,又皆以醇酒、婦人消損其精神,民國蓋真無人矣"的説法或者又非冤枉。"新文化運動"的發動原本也是當時所謂"國故"的不爭氣逼將出來(參見《錢玄同日記》,第 1177 頁,轉引自《黄侃年譜》,第 66 頁)? 值得注意的是,這次冶遊之後,次日(5 日)黄侃回到南京,"是夕與亦陶(即其繼妻黄菊英)燕語游事,甚歡昵",這是黄氏日記中唯一一次描述夫婦關係的親密用語,很可想見黄侃針對狹邪的態度。包括 1929 年陰曆九月初三他能將"北京教痞謗予與陳伯弢爭傳弱妹事""歸與亦陶述之,以爲歡笑爾",可見他們夫婦在此類事上還頗有信任(《黄侃日記》中,第 546、580 頁)。但關於黄侃生命狀態的描述似乎例來都是兩極分化。例如此際其情狀的另一版本則是:"治學有定程,未嘗以人事、疾病改恒度。民國初元,旅食滬瀆,窮困特甚,舉家賃居閣樓,幾無容席地,除夕爆竹聲喧哄達旦,一燈熒然,研核鈎稽,所定古聲韵分部即成於此時者也"(潘重規《季剛公傳》,轉引自《黄侃年譜》,第 11 頁)——根據黄侃的學術理想以及類似汪中那樣"才學識兼得"的性情論之,這兩種描述都有一定道理,也都有部分的如實。此下文再議。

〔4〕參见《黄侃年譜》,第 299 頁及注释 2。

旅之後當日還要再觀劇,[1]黄侃如此熱衷聲腔應跟敏於音韻有關。[2]他對美色與美食亦敏感挑剔,前者例如他對梅蘭芳等藝人的態度,[3]後者甚至某處飲食拙劣他也要一一記録在册,這的確基於他於此品味講究。[4]他對好物也能欣賞。[5]尤其醉心良辰美景山水清況,黄侃嘗言詩不能寫景則不能成家,[6]其傳世文字最精美者亦往往皆爲寫景文字。例如寫照荷花蕩中如何"羣芩競豔,萬葉爭高。掠菱洲而過,鷺鶿三兩,驚起花間;遊儵羣鼙,噞喁波面。移舟入大漾,舟行花葉上。昔人云花爲四壁,今直以花爲平地。想七寶池中,風景亦不過如是爾";再如描摹"湖遊正值雨後,遊氛盡蠲,斜景在樓櫓間,雲物盡成金色,澄瀾緑淨,涼不待風,荷花千萬,布列平陂,落日映之,降豔難名,似更勝初日時也。後洲望鍾山,正見其背,草樹阡眠,遂成嵐氣,殘虹可二長所,適在山斷處,回顧西顥,則光采晃耀,正似以文綾繁錦糊天"。[7]造

〔1〕 例如 1913 年 7 月 12 日,《黄侃日記》(上),第 4 頁。

〔2〕 堵述初《黄季剛先生教學軼事》甚至認爲,"(黄侃)是用京劇皮黄腔來朗誦詞的,抑揚頓挫,别具一番風味",載張暉編《量守廬學記續編》,北京:三聯書店,2006 年,第 36 頁。亦可參考《黄侃評傳》,第 387 頁。據此我們可以理解之同情黄侃因何一生熱衷聽戲觀劇——這多少基於他强大的感性的藝術氣質。

〔3〕 例如 1913 年 7 月 15 日,"始見梅蘭芳,色藝與賈璧雲相等";1913 年 11 月 19 日,"……看王鳳卿,殊不佳。近看梅郎亦不佳……大失所望,從前皆浮看耳"——這點耿耿於懷甚至將近二十年後他還要有所評騭(1932 年 4 月 8 日)。分見《黄侃日記》(上),第 5、21 頁;(下),第 791 頁。

〔4〕 例如 1913 年 7 月 25 日、8 月 9 日、8 月 18 日等處的記載,分見《黄侃日記》(上),第 6、8、9 頁。其弟子以"身本貴家公子"、"馬融授徒,不廢聲伎"、"果是才人,必經滄海"的理由爲尊者諱的意見亦可參考,參見《原刻量守廬詞鈔曾緘序》,《黄季剛詩文集》,北京:中華書局,2016 年,第 338 頁。

〔5〕 美景最易見於他從容安雅的健筆,其日記中多有。而"買鏡兩面,分置書案、榻前,頗精緻"(1935 年 9 月 6 日)這種情調應該絶無可能出現在章太炎筆下。《黄侃日記》(下),第 1103 頁。

〔6〕 1928 年 7 月 6 日,《黄侃日記》(中),第 330 頁。

〔7〕 分見 1928 年 7 月 2 日、7 月 6 日。另如 1929 年 5 月 31 日寫"夜靜山空,清景難記。寢至三時,起看殘月,梵唄大作,鍾磬泠然,此時之樂,真難語江甯城中人也";7 月 13 日(疑爲陰曆)寫"柳蔭中時露蜃牆,皓如鮮縞,橋下草深荷小,時有流螢。蟲聲已淒,遠笛忽起,相與無以言,賞之",皆能類六朝名筆。《黄侃日記》(中),第 326—327、330、552、566 頁。

語尖新可謂不可一世。但其同時又常言“人之生世,實爲勤苦而生,不爲逸樂而生”,[1]對弟子也能勉之以“刻苦爲人,殷勤傳學”。[2]凡此種種,皆令黄侃的情性狀態顯得撲朔迷離。

然縱然世人皆欲殺,章太炎對黄侃確是一生回護、有始有終。

1909年蘇曼殊(1884—1918)爲黄侃作《夢謁母墳圖》,[3]章太炎爲之書後:

蘄州黄侃,少承父學,讀書多神悟,尤喜音韻,文辭淡雅,上法晉宋,雖以師禮事余,轉相啓發者多矣。頗好大乘,而性少繩檢,故尤樂道莊周。昔阮籍不循禮教,而居喪有至性,一慟失血數升。侃之念母,若與阮公同符焉。録是以見士行不齊,取其近真者是。若其清通練要之學,窈眇安雅之辭,並世故難其比。方恐世人忘其閎美,而以繩墨之論格之,則斯人或無以自解也。老子云:“常善救人,故無棄人。”余每以是風侃,亦願世之君子共諭此旨。[4]

其中特特深望世人能對黄侃“性少繩檢”不循禮法的行徑網開一面的理由,除了學問與才華,更關乎“情性”之要:章太炎無疑認定黄侃是具有“至性”而“近真”之人。

黄侃壯年物故之後,章太炎爲其遺作作序,又言:

季剛自幼能辨音韻,壯則治《説文》、《爾雅》,往往卓傑出人慮外;及按之故籍,成證確然,未嘗從意以爲奇巧,此學者所周知也。[5]

此序作後未及兩月,太炎亦與世長辭。

---

〔1〕 參見黄焯《季剛先生生平及其著述》,轉引自《黄侃年譜》,第6頁。

〔2〕《與陸宗達書》,轉引自《黄侃年譜》,第365頁。

〔3〕 黄氏生母周氏已於1908年7月8日去世,參見《黄侃年譜》,第44頁。

〔4〕 轉引自《黄侃年譜》,第49—50頁。

〔5〕 1936年4月,《黄侃論學雜著》章太炎序,臺北:文史哲出版社,2014年,第1頁。此即1936年《中央大學文藝叢刊黄季剛先生遺著專號》章序。

章太炎一生論學對華才文士向來苛嚴,[1]返觀其一生對黄侃的竭力愛護更顯得極不尋常。此固然有惺惺相惜的師徒緣分,[2]但學力所在,故爲偏私亦爲大師所不屑。章、黄師徒個性都屬於主觀很强,能持續一世彼此激賞,學、才相侔之外,大抵也基於對人之"情性"狀態——或曰"人性論"的認識傾向有一致之處。抑或因此,青史定評,以"至情至性"來解釋黄侃短暫一生種種荒誕不經行爲也便成爲美化他的品性的最好理由。[3]

但黄侃自己於此又是如何自處的呢?與黄侃關係不算融洽的吴梅,1935年10月9日記載黄侃臨終遺言子侄"冤枉過一世,脾氣太壞,汝曹萬勿學我"。[4]斯言沈痛之極。這種繳繞於心的痛悔之情其實構

〔1〕著名者如其在《説林下》中論龔自珍:"自珍承其外祖之學,又多交經術士,其識源流,通條理,非源之儕。然大抵剽竊成説,無自得者。其以六經爲史,本之《文史通義》,而加華辭。觀其華,誠不如觀其質者。若其文辭側媚,自以取法晚周諸子,然佻達無骨體,視晚唐皮、陸且弗逮,以校近世,猶不如唐甄《潛書》近實。後生信其詿燿,以爲鉅子,誠以舒縱易效,又多淫麗之辭,中其所嗜,故少年靡然鄉風。自自珍之文貴,則文學塗地垂盡,將漢種滅亡之妖耶?"《章太炎全集》(四),上海:上海人民出版社,1985年,第121頁。

〔2〕衆所周知,以黄侃之心性高狂,他對章太炎也算一生護持甚力。敬慕之情日記中也是所在多有,兹不贅述。

〔3〕諸如李婧《黄侃文學研究》、司馬朝軍《黄侃評傳》等皆以此爲黄侃定性。

〔4〕轉引自《黄侃評傳》,第238頁。蘄春話"冤枉過一世"大抵等於"此生白活了"。關於黄侃身後,胡小石、吴梅一派如何將"黄門侍郎"掃地出門,學界也有記載。據早期資料來看,黄侃與之交惡也是漸次發生的。例如1931年2月胡小石甚至認爲黄侃並非外界認爲的"狷介褊狹",而黄侃則認爲吴梅是個"正直的讀書人"(參見吉川幸次郎《我的留學記》)。而1933年1月4日吴梅日記中和胡小石談論黄侃時已經極不客氣,直稱"有學無行,竟至如是"(《吴梅全集・日記卷》,石家莊:河北教育出版社,2002年,第256—257頁)。但此處所言各種軼聞,尤其黄侃所謂因"色"與"撫之成立"的"老姊"斷絶往來事,恐是訛傳。按諸黄侃生平,其少年喪父之時親母、慈母皆在世,前者1908年7月去世、後者遲至1922年6月方去世,均不存在姊撫的可能。而黄侃對諸姊之孝,則無論日記還是家人的回憶,均可作證(參見1930年10月28日,《黄侃日記》[下],第678頁;《黄侃評傳》,第181頁注釋1)。至於黄侃行事疏漏不拘小節,乃至利益問題上不甚清爽,甚至"本貴公子"的習氣驅令他人"灑掃奔走",則恐怕難免(參見《黄侃年譜》第44、183、379頁)。就此而言,1933年6月3日吴梅、黄侃坐中"武鬥"似乎又非吴梅沈醉"酒德不佳"所能含混(《吴梅全集・日記卷》,第302、303頁)。黄侃敏感到對方"挾有成見,與予尋釁"恐怕也有幾分道理(《黄侃日記》[下],第903頁)。乃至本年11月2日、4日吴、黄二人再次甫經和好而再度衝突。《黄侃年譜》中認爲這一衝突事關古文、今文之爭(胡小石屬湘學系,主今文經學),(轉下頁)

成了黄侃傳世日記的主調。

本文的基本資料基於黄侃的日記與詩詞。旨趣即在於發掘黄侃的詩詞創作與自我“情性”之間的斷裂與糾結，並試圖爲黄侃“五十之前不著書”的學術遺憾以及“章黄之學”異同給出一些更爲穩妥的解讀：“章句之儒”如何未能因循情性之教而劍走偏鋒、功虧一簣，不僅爲中國經學、更爲末世儒教留下了暗淡的一筆。

黄侃一生創作了1 500餘首詩、400餘首詞，[1]多數生前未及整理，據他的本願亦屬不願出版之列，[2]卻因其寫作的隨意性，[3]在文學價值頗爲可觀的同時亦提供了奇異的史料價值。關於日記，黄侃生前明確意識到自己的日記會廣爲流傳，很早就抄有副本，乙丑(1925年)日記抄件上有寄勤閒室編書紙帖條，黄侃自書其上：“乙丑日記中天地頭上所記多瑣事無關學術，是否宜删去。”[4]這確實跟他在日記中有論學習慣有關，[5]同時也爲自負絶學在身而自我預期了生前身後不會寂寞。因此公衆讀物的前提預設，他在日記當中無法完全排除具有一些自美洗白成分，況兼目前面世日記也經過了一定程度的淨化。但饒是如此，依然可觀。本文進行資料具體解讀時會對此輔以相當注意，爭取斷制穩妥。

(接上頁)同時亦關係到門第觀念(第409頁)。《黄侃日記》確也有視胡“有土氣”的記載，吴梅的劇作也被他視爲“乏趣”(分見1931年7月10日、1933年5月20日，第721、899頁)。因黄侃日常行事過於隨性，乃至在大學講課亦常“授徒失期”或者課上“臧否人物，謾罵諸生”(《吴梅全集・日記卷》，第574頁)，對於個性截然相反而同樣有文人氣習者相處自難和諧。但即使如此，黄侃身後，時人認爲“中大(筆者按：即中央大學)文學院所以能崇舊學者，以有季剛耳。此後恐新派人物，將趁機而起矣”，吴梅同樣“頗韙是言”(1935年10月11日《吴梅日記》[下]，第626頁)。

[1] 參見李婧《黄侃文學研究》，北京：中國社會科學出版社，2016年，第1頁。

[2] 參見《原刻量守廬詞鈔曾緘序》，《黄季剛詩文集》，第338頁。

[3] 參見汪辟疆《悼黄季剛先生》：“平生雜文詩詞，恒載之日記，亦有隨手命筆，散置未及收録者”(張暉《量守廬學記續編》，第88頁)；“(詩詞)多隨興而作，順手散失，更難見完整的原稿”(《黄季剛詩文鈔》，武漢：湖北人民出版社，1985年，第2頁)。

[4] 參見《黄侃日記》(上)，第275頁。

[5] 猶如他生前閱讀王闓運、李慈銘等前人日記時會詫異其“關於學術者少，並怪説妄論亦無之，不知緣何印行於世”，1928年8月31日，《黄侃日記》(中)，第364頁。

一、“冤枉過一世”:“聖童”之痛

因父親黄雲鵠(1819—1898,字翔雲、祥人)亦算名宦(官至四川鹽茶道)且政聲頗佳,黄侃人生的起點不算低。所謂“聖童”之號,乃謂其幼年極早慧:

> 穎悟絶人,讀經日逾千言,人呼“聖童”。翔雲公曾以書諭之,曰:“爾負聖童之譽,須時時策勵自己,古人愛惜分陰,勿謂年少,轉瞬即壯老矣。讀經之外,或借詩文以活天趣,亦不可忽。”[1]

黄侃年壽雖未及中,然一時“世之言國學者必曰章黄”,[2]余杭章氏、儀徵劉氏、蘄春黄氏可稱三足,名滿天下。耐人尋味的是黄侃對自己操行的不滿意卻在在見於每日之記。昔年“聖童”持續一生的痛悔之情幾乎成了黄侃日記的主調:對於世人當時與日後指摘他的種種情性缺憾,在世的黄侃無不心知肚明。就此而言,及門弟子稱“其性雖不樂檢束,然治學極謹,立教極嚴,凡禀其浮競循習淺下者,裁抑之不少貸”,[3]應該不是虚飾之辭。那麽“聖童”具體在痛悔何事?我們逐條梳理日記,可有如下發現。

其一,最終以“嗜欲重”而中年殞身的黄侃在主觀意識上是嚮往寧静專注的書齋生活的。早在1913年他就體察、也能享受“連日讀《漢書》,不暇治他事。静中有至樂,不誣也”的安適,[4]讀書之樂是可以“假使盡斷還往,不窺園葵,此中之樂,亦何減世上閒遊之子”的。[5]尤其晚歲,每當人際瑣事攪擾其無法觀書,他就要表示“甚煩”。[6]

---

〔1〕 參見《黄侃年譜》,第30頁。

〔2〕 居正《菿漢大師頌》,載《制言》第25期,轉引自《黄侃年譜》,第425頁。

〔3〕 劉賾《師門憶語》,轉引自《黄侃年譜》,第125頁。

〔4〕 1913年11月12日,《黄侃日記》(上),第19—20頁。

〔5〕 1922年1月28日,《黄侃日記》(上),第60頁。

〔6〕 1935年6月13日等處,《黄侃日記》(下),第1081頁。

其二,他深諳自己好酒的劣習,幾次發誓"大醉而妄語出,當力戒之",[1]甚至還一度決定戒酒:1933年1月31日"止酒,月費不訾,徒以廢時益病,可恨也";但至本年11月3日就又喝多了,"歸飲,至於醉甚,昏卧至夜半乃寤。中酒心情,今知之矣"。且之後醉酒記録也不算少。然後因爲咳血再次止酒。1934年6月26日遷入量守廬新居後也能兩月未飲,至1934年8月30日方始"體覺寒,始飲酒",並注明"初飲"。甚至他也不滿朋友的過醉狼狽,以爲"似此縱酒,宜諷諫者也"(1934年9月23日)。問學有得時也直稱"竟日讀書,有味,何須飲酒始爲樂哉"(1934年5月27日)。但他到底没有徹底、真正斷酒,屢戒屢破,後來甚至開始"在書室獨酌"(1934年10月5日),乃至"臨臺顧影獨酌,遂至酩酊,夜過分乃眠"(1935年8月14日),一個人也能喝成大醉。[2]

其三,他自己好罵,卻同樣不滿"輕忽凌傲,無日不罵人,無人不被罵"[3]的李慈銘(1830—1894)式的做法。聽到"人品清而接物和"的朋友憶及自己父親生前如何"温藹誠懇",又言"經師易得,人師難求。讀書不根諸身心,則學問直是身外事"諸語,不僅深感"敬悚",更"自傷不肖,無以承先德",[4]類似的愧悔幾乎每逢亡父祭日都會發生。[5]1928年又念及已去世三十年的叔兄臨終遺戒"用心讀書",想到那時自己年方十四而兄年四十三,正與自己當下同庚,不僅感歎"學問行業,愧負先生甚大,縱其偷居幸生斯世,而遺戒所云未能奉以周旋也。悲夫!悲夫"。[6]對於師恩未報他也經常心存懺悔,例如念及已亡故的劉師培而深感自己"學業不進,展卷愧悚"。[7]

---

〔1〕1926年10月26日,《黄侃日記》(上),第281頁。

〔2〕分見《黄侃日記》(下),第865、936、1015、1024、990、1026、1097頁。

〔3〕1928年6月22日,《黄侃日記》(中),第317頁。

〔4〕1928年7月4日,《黄侃日記》(中),第328頁。

〔5〕例如1928年10月2日自傷"治學無成,立身多咎",《黄侃日記》(中),第376頁。

〔6〕1928年7月14日,《黄侃日記》(中),第335頁。

〔7〕1929年陰曆七月廿三,《黄侃日記》(中),第569頁。

尤其對於"嗜欲"問題。黄侃自省的警惕在在多有。閲讀宋人書特意摘録"清心、寡欲、崇儉,皆爲致壽之原"[1]的訓誡。觀看電影見及"議員以色與賄敗"即念晦翁(朱熹)詩云"世上無如人欲險,幾人到此誤生平",認爲此語"誠堪警惕"。[2]這些徑直反應無疑都是深富自我針對性的。包括"晚廬于南京九華村,取陶靖節'量力守故宅,豈不寒與饑'詩義,榜其門曰'量守'",[3]毋寧都是渴望自我節制與提升的精神訴求。遷入新居不久黄侃再次"枕上思養生八字,曰:閑(不可生事)、静(力避喧擾)、和(心無忿怒)、適(衣食調節)、整(室器有秩)、潔(按時掃灑)、謹(言行無患)",並且提醒自己要"持之以恒"。[4]甚至這個最後因爲飲食失節、嘔血去世的悲劇人物居然也曾嚮往乃至嘗試過"卯初起,行庭院,呼吸沆瀣,湌朝霞,養生之要也"[5]的古典生涯,還寫過《思佳客・誦丹經作》,[6]可見其關注過丹道修證——但他的終於横死無疑衹能證明其發心一次次淪爲空言。猶如他在一次次經歷了"羣飲最宜戒,飲食必有訟",卻每每還要自責"不能堅守聖言,可謂饕餮無恥之人,真可悔痛也"[7]——此言出時,距離他依然因爲濫飲引發的突然病亡已經不足一年。

因爲有此相當明敏的自慚與自懺,於是對於兒女教養他同樣以"德"期之,1929年4月7日新添一女,即因爲"九姊字静儀,行爲女師,冀此女能效法,爰名之曰念儀"。[8]

至於章太炎謂其"頗好大乘"而錢玄同譏其"學佛者游於女閭"的佛學立場,壯歲黄侃業已自陳"余於佛法崇信已深,而問學太淺"。[9]日記

[1] 1933年11月25日,《黄侃日記》(下),第942頁。
[2] 1934年4月7日,《黄侃日記》(下),第977頁。
[3] 《原刻量守廬詞鈔曾緘序》。《黄侃詩文集》,第337頁。
[4] 1934年7月30日,《黄侃日記》(下),第1006頁。
[5] 1928年5月24日,《黄侃日記》(中),第293頁。
[6] 收入《黄季剛詩文集》,第458頁。
[7] 1934年11月5日,《黄侃日記》(下),第1033頁。
[8] 《黄侃日記》(中),第539頁。
[9] 1922年4月29日,《黄侃日記》(上),第157頁。

中段頗多研讀佛經的記載,[1]甚至還有"歡喜踴躍,生深信心,遂克終卷"以及如下看起來很不"黄侃"的表達:

> 惟以多生障翳,煩惱盛多,冀薄伽梵及我慈尊,加被恩慈,令末世凡夫,拔離惑苦,得受善戒,得習正定,得修正慧;用消無始無明所造諸業、異熟惡果;用儲最勝福德智慧資糧,終得不退轉于阿耨多羅三藐三菩提。[2]

雖然偶爾也會直言讀經"無所得",但慈母去世前後他認真按照佛教要求奉送如儀,包括慈母病篤之時自己如何"跪稱佛號"。[3]早在1913年12月14日他曾在日記中記下:"母親爲治野鴨,羊肉,食之覺罪過。"[4]何出此語呢? 筆者揣摩再三覺得當跟佛教蔬食的要求有關。汪東(1890—1963,旭初)《寄庵隨筆》中嘗云:"季剛性不能蔬食,嘗從(太虛)師遊廬山,他日亦語人曰:'陪太虛食,何必思肉?'"[5]祇是這樣的"罪過"之心對於黄侃實在太過稀薄。生命多數時刻他都在抽煙喝酒大快朵頤,甚至跑到寺廟當中還要吃葷酒、嫌棄和尚干涉爲聒噪。[6]面對"大抵講道學者出於佛而諱言佛"的行徑他認爲近乎"升廮捐階"[7]而示不滿,但出此言後僅兩天他"枕上凝思,忽悟屈子《天問》之意,信哲人也",即馬上更新了自己師承的譜系:"屈子、莊生、陶徵士,

---

〔1〕1921年11月30日、12月5日—13日他一直在讀《瑜伽師地論》,12月17、18日則讀了《解深密經》。應該説此與他這一階段的婚姻生活不如意有關。1923年與黄菊英結婚後他讀佛經的記録就很少見了。直到1929年1月27日方始出現了一次"夜讀《楞嚴》";再一次出現類似書目就是1930年4月13日"買《釋迦應化事蹟》一部"、1931年5月16日買《續高僧傳》、《宋高僧傳》、《明高僧傳》了——但很可能現在他祇是作爲文獻來閲讀。分見《黄侃日記》(上),第35、36—39頁;(中),第615頁;(下),第697、706頁。

〔2〕1922年1月9日,《黄侃日記》(上),第46—47頁。

〔3〕參見《黄侃日記》(上),第164—165頁等多處記載。黄母去世時間爲1922年6月3日,日記爲百日之後補記。

〔4〕《黄侃日記》(上),第23頁。

〔5〕轉引自《黄侃年譜》,第201頁。

〔6〕參見1929年4月14日、1934年4月5日,《黄侃日記》(中),第542頁;(下),第977頁。

〔7〕1931年12月19日。但如果儒者議論佛教言之成理,他也願意支持,例如"(黄)梨洲於天臺之譏辭,亦公論也"(1931年12月27日),參見《黄侃日記》(下),第760、763頁。

吾之師也。"[1]也就難怪他和歐陽漸(1871—1943,竟無)雖然有過一面之緣、卻近乎不歡而散。[2]熊十力(1885—1968)也曾寄《新唯識論》給他,他在日記中顯得很無感,據説曾以"宋明儒陽儒陰釋,公乃陽釋陰儒"面語之,熊的反應則是"大笑而不答"。[3]

黄侃如此清醒地意識到自己的情性缺憾,也曾屢有試圖對治的努力發心:

> 今午祭先父時,以十二字自矢,曰:"報親恩,惜身命,爲兒女,作所依。"蓋余煩惱衆多,猝語清虚,反增妄念,不如心有繫屬,徐徐調服,庶惡日減而善日增,漸達於"不依無明起新業"之一境耳。靈爽不遠,必鑒是心也。[4]

既言"隨緣二字可以療褊急忿鬱之疾。佛説有八苦,皆宜以斯對治之矣",[5]看起來他不僅對自己的積習業力有充分認識,而且還爲之制定了具體可行的步驟——祗是他堅持的時間和程度依然相當可疑。

無論坊間傳聞如何描摹黄侃"嗜利"忘義甚至不惜損師傷友(包括他最尊敬的章太炎),[6]黄侃日記中還是留下了"(弟子某某等)送年禮

---

〔1〕 1931年12月21日,《黄侃日記》(下),第761頁。

〔2〕 參見1929年陰曆十月三十。1931年7月15日又有極不客氣的批評。參見《黄侃日記》(中),第600頁;(下),第723頁。汪東《寄庵隨筆》(第69頁)中亦對此事有記,大抵當歸因於論學不合(歐陽"極詆訓詁考據,謂非根本之學")而二人未免都有些"性偏善怒",轉引自《黄侃年譜》,第295頁。

〔3〕 1933年3月21日,《黄侃日記》(下),第881頁;燕大明《熊十力大師傳》,收入石峻等編《中國佛教思想資料選編》第3卷第4册,第541頁,轉引自《黄侃年譜》,第378頁。

〔4〕 1922年12月29日,《黄侃日記》(上),第41頁。

〔5〕 1922年2月8日,《黄侃日記》(上),第102頁。

〔6〕 參見楊樹達《積微居日記》第46册1949年8月12日。此處所言章太炎"以此書疏斷絶者數年",似乎黄侃有另外的理解,乃是"師恒數月不予余一函,殆意興蕭槭之由耳"(1922年1月21日)。參見《黄侃年譜》,第295頁;《黄侃日記》(上),第57頁。筆者以爲,1932年3月《國學叢刊》第五册尚且刊出《黄季剛鬻文》,章太炎不僅依舊稱揚其"經訓文字之學,能得乾嘉諸老正傳,而文章又自有師法",文則"簡雅有法,質樸條達",並爲之"代訂潤例"(轉引自《黄侃年譜》,第354頁),我們並不能看出章於黄有任何反感。尤其1934年爲黄侃作《量守廬記》,其中以"非不能也,實不爲也"稱道"吾季剛"的"有守",章太炎的鍾愛之情可謂溢於言表,而黄侃於此的反應則是"歡喜激發,殆不自勝"(1934年(轉下頁)

來,堅令持還。此輩數月不一至,忽有饋贈,不當受"[1]這樣面對物質饋贈很有節度的記載,而且不止一度。例如1922年2月20日再次記載有人送白木耳一盒,他以爲不當受而"無詞以卻之",即送對方舊藏石印《唐本廟堂》以爲可"略取相當";同年4月11日鷹若(即孫世揚)送五十元銀票,他雖感到"屢勞贈遺,受之增慚",卻又辯解説"今天下能周余而余肯受者,自旭初與鷹若外,殆不易得第三人也"。1933年1月8日再度因爲"時事如此,無心論學"而歸還弟子們饋贈的束脩。[2]當然我們也可以設想在被預料將要傳世的日記當中這類記載有無刻意表白的成分。然而他甚至能在自己"苦歲事拮据"的情況下分惠於更艱難於自己的友朋而且認爲"予此舉於心最安"[3]——他到底還在努力成爲一個"更好的自己"。

最爲不可思議的,和乃師太炎一樣被世人視爲"瘋子"[4]的黃侃,居然在心裡爲"聖人"預留了最崇高的位置:

> 不慕往,不閔來,虛心以求是,强力以持久,誨人無倦心,用世無矜心,見非無悶,俟聖不惑。吾師乎!吾師乎!古之人哉!(1922年1月19日)[5]
>
> 恭讀先公《易解》豫上六爻辭"冥豫成,有渝無咎"之誼,爲之悚然。聖人與顯考於我同有罔極之恩已。(1929年1月11日)[6]

(接上頁)9月7日致章太炎函,參見《黃侃年譜》第403頁)——章、黃關係似乎一直呈現爲一溺愛而一依戀的奇情,抑或,某種程度,個性儘管奇崛卻篤實厚重的章太炎彌補了少年"孤露"的黃侃對父親的某種感情?1929年9月14日年過不惑的黃侃尚在日記中記下一夢:"晨,夢先父如昔年童稚時。公在江漢書院,三年未歸,思慕即切,不知何緣得見。既而的覩顏色,則衰老已甚,悲驚之極,乃忽然而寤。起坐沈思,不僅淒哽,傷哉!孤露已還,三十二年矣。"他還因此特別"與婦説之"並"成一詩示婦"(《黃侃日記》中,第573頁;《黃侃評傳》,第25頁)。黃侃情感世界中特顯孤清脆弱的一面毋寧很值得讀者注意。

〔1〕1922年1月28日,《黃侃日記》(上),第61頁。

〔2〕分見《黃侃日記》(上),第112、144頁;(下),第860頁。

〔3〕1932年1月27日,《黃侃日記》(下),第769頁。

〔4〕參見陶菊隱《六君子傳》,北京:羣言出版社,2015年,第174頁。

〔5〕《黃侃日記》(上),第56頁。

〔6〕《黃侃日記》(中),第412頁。

是爲先聖第二千四百八十一生辰,適讀緯書,彌殷仰慕。(1929 年陰曆九月廿七)[1]

實際上,從 1929 年開始的存世日記,每到孔子誕辰黄侃都會鄭重記入,有時還要"陳經肅拜"。[2]乃至 1932 年日寇入侵逃難途中路過曲阜他也要表示"車中望尼山,不勝欽聖愁慕之情"。[3]終其一生對章太炎的特别禮敬似乎也涵蓋了崇聖(儒)的意思在内:"天長喪亂,聖人不能爲時,伏願珍重玉躬,永爲諸夏儀表。"[4]

被舉世認爲使酒罵座至人所不堪的黄侃居然會在日記中責備時風不古、人心不美:

余於人之求表其親者,無論壽頌、碑誌,莫不盡心。雖所施或非其人,然今世之人以能賤其親爲新學,尚有不能忘其親者,宜奬藉之也。文以頌名,不妨溢美。……且以經義論之,采毫毛之善,貶纖芥之惡,不亦聖人之旨乎?[5]

黄侃甚至特别記載下了當時流風敗壞如何污蔑孝子的一段親身經歷:

昔有孝子殉其親於長春觀,余時亦寓斯觀,親見此事,感動欽仰,至今不忘。既已特荷旌表矣。而海上有作小説之儇子,以孝子之死,非殉親也,居喪溺妓,以瘵亡耳。夫使此事非余親見,亦安能不因彼説而生疑。世之人存心谿刻,對於死者猶無恕辭,甚者反善爲惡,則名教激揚之用,將何寄乎?焉能不爲世道憂而思有以矯之也。[6]

---

[1] 《黄侃日記》(中),第 578 頁。

[2] 1934 年 10 月 5 日,即陰曆九月廿七,《黄侃日記》(下),第 1025 頁。

[3] 1932 年 2 月 3 日,《黄侃日記》(下),第 772—773 頁。

[4] 1928 年 7 月 30 日致章太炎函,轉引自《黄侃年譜》,第 262 頁。可惜的是,生命晚期,他同時也會寫下"焉用聖人,我將飲酒;既無知己,誰爲鼓琴"這樣輕薄的語詞,1931 年 5 月 10 日,《黄侃日記》(下),第 704 頁。

[5] 1922 年 4 月 27 日,《黄侃日記》(上),第 155 頁。

[6] 1922 年 4 月 27 日,《黄侃日記》(上),第 156 頁。

如此扶持名教的文意安雅,足以完全顛覆我們在流行風評中所見之黄侃。甚至讓我們懸揣,這個被惡語中傷的"孝子"是否即是黄侃本人的縮影呢?既然在當時關於黄侃的各種傳説中,甚至包括"白日宣淫"而爲警局擒拿至於被迫離職北大這樣的狗血版本。[1]

這是對書法追求中正之道、拒絶習氣的黄侃:

> (余雖略語書法,而無常功。)又舉世習怪奇,余獨慕歐、趙,故不肯爲人作書。每見促迫,爲作壽聯、堂障,心甚厭之,今作此印用之,亦聊以解嘲,非罵世也。[2]

也是對詩詞追求大雅之音、温柔敦厚的黄侃:

> 退之(韓愈)一味排奡,剛險太過,非中聲也。李、杜之風,於焉不嗣,宋以後大家皆趣此道,望若實難,實捷徑也。[3]
>
> 荆公(王安石)差勝子瞻,然剽急峭勁,翻空易奇,非詩家中道也。[4]

這一追求"唯務折中"的中和思想自然跟他長年治理《文心雕龍》有關:"大抵舍人論文,皆以循實反本、酌中合古爲貴",[5]"如舍人者,可

〔1〕參見喻血輪《綺情樓雜記》,北京:中國長安出版社,2011年,第97頁。關於彼時的文壇蕪穢、正議銷亡、僞造事實、號稱輿論,時人記載多有佐證(參見《黄侃年譜》,第214頁),以至事關黄侃的不少傳言可能都有重新釐定的空間。例如傳言他匿藏劉師培遺著不肯公之於衆,楊樹達《積微居日記》第46册1949年8月12日云"季剛雖能讀書,其人行徑終不脱漢口流氓氣,如秘藏劉申叔(師培)遺著不肯示人";南桂馨《青溪舊屋儀徵劉氏五世小記序》針對此事給出的理由是"余刊遺書時,季剛教授南京。余託溥泉(張繼)婉索。季剛謂彼擬自印單行,竟不出稿",至於"季剛故後,當已散亡。至今耿耿,殊成憾事";汪辟疆則言黄侃打牌大勝後因縱談興奮,曾"出床下鐵篋,皆申叔稿,以竹紙訂小本,如《吕覽鴻烈斠注補》、《古曆》一卷……"分見《黄侃年譜》,第295、405、406頁。而據黄侃日記1928年6月16日言"先師劉君《古曆管窺》寫定本昔存侃處,置一篋中,今經喪亂遷徙,竟不知置於何所。侃之咎大矣,悵恨久之"(《黄侃日記》中,第310頁),以黄侃"散散漫漫"的個性(俞平伯《讀詞偶得·清真詞釋》,第69頁;《黄侃年譜》,第111頁),而且幾度南北搬遷,這一説法應該也是真的。

〔2〕1921年1月29日,《黄侃日記》(上),第68頁。

〔3〕1928年6月8日,黄侃對當時"宋詩派"(同光體)的厭惡時時見諸日記。例如1928年6月9日等。

〔4〕1928年7月3日,《黄侃日記》(中),第327頁。

〔5〕《風骨論》,黄侃《文心雕龍劄記》,上海:上海古籍出版社,2000年,第102頁。

謂得尚于中行者矣"。[1]此"尚中行"理念的明朗化被當代"龍學"界認爲乃是黄侃著其先鞭。[2]

讀書至《管子・内業》篇,黄侃直斷"此真古道家言也。《參同》、《黄庭》,皆於是乎出",其中特别摘抄了"定心在中,耳目聰明,四枝堅固,可以爲精舍"、"止怒莫若詩,去憂莫若樂,節樂莫若禮,守禮莫若敬,守敬莫若静。内静外敬,能反其性,性將大定"、"心能執静,道將自定。節欲之道,萬物不害"等語,直呼:

> 誦讀此等文籍,實足以安身成德,豈不勝於方士隱語,繆其辭意,使人誤解以滋欲者乎![3]

對於"成德"之教他同樣敏感——令章太炎擊節三歎的"讀書有神悟"似乎是空穴來風。

至於黄侃身後章太炎爲書墓誌銘,以爲"(始與象山陳漢章同充教授,言小學不相中,至欲以刀杖相決,後又善遇焉。)世多怪季剛矜克,其能下人又如是",這"能下人"顯然已經是"德行"之美了。儘管陳漢章與其"刀杖相決"被陳本人證明爲訛傳。[4]但師事僅比其年長三歲的劉師培畢竟一時洵爲美談。關於黄侃如何"被酒議論風生,評騭天下士,無稱意者,人以是目君狂"然"故聞一善,則拳拳服膺"的性格,[5]師友也是多有追憶。

黄侃精通音韻才情富贍,使酒罵座令人反感之外,他自有他的强大魅力,例如他的"楚聲清切"、吟諷篇章皆能"其讀悉準《廣韻》"的"黄腔""黄調",在時人追憶中美不勝收。[6]甲骨學家胡厚宣(1911—1995)回

---

〔1〕《徵聖篇》,黄侃《文心雕龍劄記》,第 4 頁。

〔2〕張少康等《文心雕龍研究史》,北京:北京大學出版社,2001 年,第 154 頁。

〔3〕1922 年 4 月 1 日,《黄侃日記》(上),第 126—127 頁。

〔4〕參見《黄侃評傳》,第 232 頁。

〔5〕汪東《蘄春黄君墓表》。黄門弟子陸宗達、張汝舟也有類似回憶。參見《黄侃年譜》,第 21、232、242 頁。

〔6〕參見《黄侃日記》(上),1922 年 4 月 10 日,第 143 頁;馮友蘭《三松堂自序》(第 38 頁言及當時北大中國文學系聽黄侃課人最多,"在當時宿舍中,到晚上各處都可以聽到黄調");劉賾《師門憶語》。後兩處引文分見《黄侃年譜》,第 107、125 頁。

憶1932年章太炎、黄侃等人皆避兵亂來京,3月28日在中國大學演講時極爲動人的一幕,其中特意强調了黄侃絢麗清揚的語言能力:

> 我見吴承仕、錢玄同和黄侃三位國學大師,照顧著他們的老師太炎先生,吴爲先生寫黑板,錢爲先生倒香茶,黄爲先生翻譯。學術空氣之濃,師生情誼之篤,令人甚爲感動!太炎先生一口餘杭話,北方學人聽不懂,所以需要翻譯。季剛先生翻譯,並不是一句一句的翻譯,也不是一段一段的翻,而是等太炎先生通篇講完之後,他再用普通話重新論述一徧,聲音洪亮,口齒清晰,條理清楚,要言不煩,横溢的才華,真使我佩服的五體投地。〔1〕

同樣處在弟子輩的謝國楨(1901—1982)甚至認爲"黄君喜罵人,而獨提攜青年,鄙視權貴"。〔2〕論人衡文頗有老吏斷獄之穩健的錢基博(1887—1957)既能看到在諸多政治判斷上"世莫知炳麟(章太炎)",〔3〕更進一步認爲黄侃"徒以生性狷潔,恒與人忤",〔4〕出自錢口,實爲高度評價,看來黄侃自謂"學已乖時,性復絶俗"〔5〕亦非一味自美之詞——但倘如吉川幸次郎之見,以爲"許多學者對他的反感,原因與其説是在他身上,不如説那些學者更有責任",亦未免過於高看黄侃,亦見得他對黄何其傾倒,以爲"我在中國留學三年,似乎第一次遇到了像學者樣的學者"。〔6〕

本文認爲,錢基博等人還是未免高估了黄侃。

---

〔1〕氏著《黄季剛先生與甲骨文字》,收入《1993中國海峽兩岸黄侃學術研討會論文集》(2),武漢:華中師範大學出版社,1994年。轉引自《黄侃年譜》,第353頁。

〔2〕氏著《瓜蒂庵文集》,第394頁,轉引自《黄侃年譜》,第393頁。

〔3〕氏著《現代中國文學史》,《中國現代學術經典·錢基博卷》,石家莊:河北教育出版社,1996年,第94頁。

〔4〕氏著《現代中國文學史》,《中國現代學術經典·錢基博卷》,第114頁。就黄侃自己斷制,例如他在長女念容身上看到"性氣剛急則類余。宅心端正,無纖芥塵埃,則類其母","此兒志趣頗高潔"(1922年2月20日,第112頁)云云,平情而論,衹有自身"狷潔"者,往往才會敏感於類似的品行。

〔5〕1922年9月25日,《黄侃日記》(上),第197頁。

〔6〕氏著《我的留學記》(北京:光明日報出版社,1999年),轉引自《黄侃年譜》,第320—323頁。

"生性狷潔"衹是一種情性起點,如何抵達中道,路程尚有萬水千山。一生滿紙懺悔録的黄侃似乎成爲了"常立志者無志"的負面表率。直到1931年4月28日還在自誓"(妄人託拉斯遽以醉語相加,不得不嚴詞訶止之。)總緣博戲有此患也,自此戒博矣"的黄侃生命衹還剩有五年有奇,無常迅速,他此生已經没有多少時間可以徒徒後悔。何況更接下來的5月1日、2日兩天他繼續在朋友家打牌至半夜,而且輸牌,而且又自惱"疲精耗財,五日中妄用九十五元,可恨"。〔1〕再如早在1929年就意識到"痰甚多,當戒蟹"〔2〕的黄侃卻到底死於口腹之欲,臨死前二日還"强起持螯,飲葡萄汁",至於次日晨即"吐瀉皆作黑色涎塊"。〔3〕他的自我克制力之差,不僅可見一斑,而且死而後已。

如果這樣的"情性"狀態可以被視爲"至性真情"而就此將問題輕輕滑過,傳統中國尤其儒門風教數千年流傳有敍的"詩教"傳統當復無地自容。我們有必要繼續深入黄侃的"情性"世界的深淵底層。

二、"無題"之詩與"室家"之道

黄侃天性多情善感是不爭的事實。關於他容易"泫然"下淚、"雨聲淒然,輾轉至曙"、"夜半後雨,聞之淒惻"、"悲涕自零"的記載日記中在在多有。〔4〕他的常患肺疾容易"寒泄下利"多少也是情性與體質彼此呼應與作用。〔5〕傳世文字的調性與風格甚至頗爲清麗柔脆,這也真實反映了黄侃生理生命的基要狀態,纖細,孱弱,敏感。他善驚、怕蛇、怕狗,

〔1〕分見《黄侃日記》(下),第701、702頁。

〔2〕陰曆九月廿一日,《黄侃日記》(中),第588頁。

〔3〕1935年10月7日,《黄侃日記》(下),第1111頁。按:日記誤此年爲民國十八年。

〔4〕1928年8月1日、1929年5月2日、1929年9月22日(此處疑爲陰曆)、1931年9月14日、1931年10月19日等,《黄侃日記》(中),第349、545、577頁;(下),第739、747頁等。

〔5〕此類記載黄侃日記中甚多。1913年10月18日就出現了"咯血數口"的記載;他甚至自知"予之病乃憂懣所致,無憂則亦無病矣",《黄侃日記》上,第16頁;中,第650頁。亦見《致陳鍾凡書》,收入陳著《清暉山館友聲集》,第221—226頁。

對雷聲的恐懼徧見日記甚至成了學界笑談;[1]容易夢魘經常需要妻子兒女給他解圍。[2]而被外界傳爲慣會使酒罵座的黄侃日常生活又頻頻露出温柔細膩的一面。日記當中他不僅是細緻入微的負責父親,親自提抱孩童、經常攜其入睡,更有如下至爲温存的悲及衆生的一幕出現:

> 晚歸,有丐婦乳於牆外,見之惻然。急檢小兒舊褓予之,并令傭婦飲以赤沙糖湯,暮爲警卒驅去,思此見今世貧弱流離,已無復相生相養之人道已。[3]

此舉固然與其妻生産不久的同病相憐之情有關,也正見得黄侃"易感"。與之類似的還有女兒念惠去世之後他"暮見窮人賣子,其子甫數日,凍甚,以念惠遺衣施之,爲之悲戚"。[4]對於苦難而瑣碎的人生他至少不是麻木不仁的,時而也會很有温度的介入。

黄侃生平最令人棘手的話題應該還在其如何處兩性之"情"。

黄侃明確知道自己"忘情實難"[5]的情性狀態。1922年2月10日憶及白居易《不能忘情吟序》中所言"予非聖達,不能忘情,又不至於不及情者,事來攪情,情動不可柅",當即自認:

> 香山達人也,尚有此言,況乎性多攣著,容髮未衰如蒙者乎。省識鶼籠之屢幻,愁聞駱馬之一鳴。追憶前塵,能無愴怳。[6]

白居易之詩是寫給侍兒樊素的。而此時令黄侃追憶愴怳的前塵,想來應該包含他當時至少兩次的婚姻,包括和黄紹蘭的斬不斷理還亂,也包括種種狹邪遊歷。早歲題詩中自歎"戎幕棲遲杜牧之,愁來長詠杜秋詩。美人紅淚才人筆,漂泊情懷世豈知"的黄侃常被時人拿來與寫下名文《吊馬湘蘭》的清中才子汪中(1745—1794)比擬,他也有願"文才遠

---

[1] 參見劉成禺《世載堂雜憶·紀黄季剛趣事》,轉引自《黄侃年譜》,第428—429頁。
[2] 例如1928年6月14日,《黄侃日記》(中),第309頁。
[3] 1934年2月19日,《黄侃日記》(下),第1055頁。
[4] 1928年12月25日,《黄侃日記》(中),第405頁。
[5] 《記夢》,1922年2月7日,《黄侃日記》(上),第101頁。
[6] 《黄侃日記》(上),第104—105頁。

愧汪容甫,也擬擒詞吊守真"。[1]這當然見及了黄侃對於理想學術的態度,可以"兼具才學識三長",[2]也未嘗不特别包含了對於"情"尤其兩性之情的態度。

在和彭清湘分居而與老母及三幼兒女自居武漢時,似乎主觀上黄侃尚未打算和彭氏離異,1922年3月18日他"致彭氏書,詢其意向,或須余往迓,或竟不欲歸,望明白答覆"。[3]這段時間看起來是他心情極爲低迷的一個時期。他時而"心緒惡劣,無以復加,百事不爲,疲於奔走。梅僧至夜來坐。去後伏案大哭";第二天又是"頭疼,心煩,苦悶已臻極矣。人何爲定有憂患耶? 悲來無力,何以遣此日月也?"[4]再一天就是他三十七歲生日了。去年(1921年)生日他還在努力勉勵自己"老母康强兒慧黠,閒愁縱有也宜删"。[5]當然可以責備他學佛無所得,[6]但毋寧此時這個頗爲内外交困的黄侃也是令人同情的:他很是孝敬八十老母,也頗爲疼愛失母兒女,甚至迎養寡居孤貧的異母之姊共居,[7]他卻祗能獨自背負生命的困苦(内助無人),他的孤獨甚至是柔弱的。例如"伏案大哭"後尚有一注:"寄滬上一書非快事"[8]——據此後4月5日所記那組極爲意思顯豁的《寄上海》而言,"滬上一書"恐怕是寄給恰好"傷離十載間"的黄紹蘭的。

黄侃善寫也愛寫《無題》詩,此内涵下文再議。這組《寄上海》卻是

---

[1] 《無題》,《黄季剛詩文集》,第27頁。

[2] 汪中之學世推"朴學名家,拙於文采,才華之士,每患空疏;識解高明者,難期於沈潛研素之業,學有專詣者,恒苦乏閎通淹貫之思。故詩人與學者,通識與專家,相反相成,兼具匪易",繆鉞《汪容甫誕生二百周年紀念》,《詩詞散論》第93頁,轉引自《黄侃年譜》,第3頁。

[3] 《黄侃日記》(上),第54頁。

[4] 1922年3月27日、28日,《黄侃日記》(上),第124—125頁。

[5] 《辛酉生日述懷》,《黄季剛詩文集》,第188頁。

[6] 例如這年的2月6日他還"卧讀《攝大乘》訖",《黄侃日記》(上),第101頁。

[7] 此居垂二十年,歿後又爲其治喪歸葬。參見黄焯《季剛先生生平及其著述》,轉引自《黄侃年譜》,第6頁。黄侃日記中也有爲姊事與婦大吵的記載,如1930年10月28日,《黄侃日記》(下),第678頁。

[8] 《黄侃日記》(上),第125頁。

黄侃情詩中少有不那麽"無題"的。題旨鮮明,軟語温存:

舉世誰親我,吾心最説君。每懷聽雨夜,不比賦朝雲。江上春還到,花間日易曛。此時能執手,欣快更何云!

家計甘恬淡,年芳惜等閒。青蕪思遠道,明鏡换衰顔。結愛千生上,傷離十載間。此愁無處説,瞑色滿江山。

寄蹤猶無定,懷人不可禁。落花依樹意,旅燕彌巢心。皓月宵宵缺,長江日日深。懸知同此恨,感激付微吟。[1]

甚至他還想到了他們的女兒,所謂"嬌女真堪詠,吾能擬左思。將雛無限樂,正好及春時"。

但他一年半之後卻將再次締結婚姻,飛快選擇了子弟輩的女學生黄菊英,且新婚再賦《無題》,其詩嫵媚倜儻,"一様梧桐枝上雨,聽來渾不似前宵"、"已識華年付逝波,春蠶絲向老時多"、"易卦偏從未濟終,晚花遲卉態尤工"[2]云云,哪一點又比寫給黄紹蘭的更不如意、更不得意。當然黄侃此次結婚很可能也爲女方熱情勇敢更兼青春貌美所動,所謂"縱教愛我心如石,爭奈逢君鬢已絲",[3]這好理解;讀者難理解的是他爲何到底不和黄紹蘭復合。在原配去世之後與彭氏離異之後,黄侃有至少兩次個人生活的"空窗"期,他都没有選擇黄紹蘭。就在他給黄紹蘭寫纏綿情詞的同時,1922 年 4 月 18 日,黄侃讀到戴復古《石屏詞》,言及《輟耕録》中載戴氏隱瞞婚史以至後妻"赴水死",他直評爲"此自輕薄之行,宜爲楊用修所譏",其下又説"其以詩承先志,是式之(即戴)固有孝行者。陶九成(即《輟耕録》作者)之言或傳之非其真也"——

[1] 1922 年 4 月 5 日,《黄侃日記》(上),第 139 頁。

[2] 《無題》,1923 年(癸亥)10 月,《黄季剛詩文集》,第 75 頁。

[3] 《無題》(1923),《黄季剛詩文集》,第 75 頁。令人堪發一噱的是,據説黄侃謾罵白話文不遺餘力(周作人《知堂回憶録》、楊亮功《早期三十年的教學生活》皆有追憶,參見《黄侃年譜》,第 119 頁),他的如上"情詞"卻寫得很打油,這也見證了他創作與性格中隨意的一面。甚至在《中國文學概談》(發表於《晨報·副刊》)這類高頭講章中都出現了"總有幾分差異"這種白話表達(轉引自《黄侃年譜》,第 303 頁),可見時風移人之甚。

我們很容易讀出這段話與黄侃現實經歷與心態的接近之處,對於理解他的言行分裂或一致都可資參考。[1]也許當事人當真别有苦衷。

與黄侃的多感多情相映照的文學狀態就是他的偏愛詩寫"無題"、[2]詞多"豔科"。黄侃才氣飛揚而情緒激烈,卻又經常缺乏與世共感的足夠的耐心與隱忍,温文爾雅而滿地雞毛的日記之外,從他的詩與詞,讀者能解出另外一番情性天地。[3]

"無題"詩其實多是一種"春情"詩,關於中國文人何以特長鋪寫"春情",牟宗三(1909—1995)《五十自述》中有一番精絶的解釋,[4]以爲"春情"的根本性質即正是"無著處":

> 這"無著處"正是春情。愛情是春情之亨而利,有著處;結婚是利而貞,有止處。春情則是生命之洄漩,欲歧而不歧,欲著而無著,是内在其自己的"亨",是個混沌洄漩的"元",中國的才子文學家最敏感於這混沌洄漩的元,向這最原初處表示這傷感的美。
>
> 這裡的傷感是無端的,愁緒滿懷而不知傷在何處。無任何指向,這傷感不是悲哀的。春情之傷卻祇是混沌無著處之寂寞,是生命内在於自己之洋溢洄漩而不得通。千頭萬緒放射不出,即不成其爲直線條,每一頭緒躦出來而又躦不出,乃蜷伏回去而成一圓圈的曲線,重重疊疊,無窮的圓曲,盤錯在一起,乃形成生命内在於其自己之洋溢與洄漩,這混沌的洄漩。[5]

---

〔1〕文見《黄侃日記》(上),第149頁。估計作于原配王夫人逝後的1916年6月—1917年10月的《戲爲求婚零丁》,據其詞義,甚至頗爲輕薄。文見《黄季剛詩文集》,第310頁。參見《黄侃年譜》,第109頁。

〔2〕據統計以《無題》爲題者約24首,取首二字爲題亦有22首,參見李婧《黄侃文學研究》,第51頁。

〔3〕至於詩詞的具體成就,汪辟疆《光宣詩壇點將録》稱"季剛詩初效選體,律詩有玉溪意格","至近體則出入杜公、玉溪、臨川、遺山、蒙叟之間,不名一家。蓋以好之不專,又務求勝於人故也";錢仲聯《近百年詩壇點將録》認爲"詩故淵雅,然亦贗體八代,無真面目",收入《三百年來詩壇人物評點小傳匯録》,鄭州:中州古籍出版社,1986年,第97、163頁。

〔4〕亦可參考拙作《春·苦·悲·覺:牟宗三"情問"三昧》,《讀書》2017年5月。

〔5〕氏著《五十自述》,臺北:鵝湖出版社,1990年第三版,第10、11頁。

這神似黄侃身上的"聖童"氣質。黄侃生性於春花秋月皆甚敏感，常常"醉卧，醒念春去，惘然"。[1]當然他的喜愛詩寫"無題"，情性富有"春情"之外，另有兩個文學方面的具體影響需要注意。其一，基於黄侃詩學創作受到李商隱的影響匪淺，所謂"辛亥後與旭初同居上海二年有餘，當時所談，非玉溪詩即片玉詞"，[2]他本人就直稱"剬詩誰及玉溪生，獨運深思寫至情"。[3]衹是黄侃的《無題》詩讀者更能讀出清晰的兩性之情，意藴單薄，玉溪生美人香草的寄託遥深他其實没有多少。例如下詩：

露瓦燈簾望未明，回闌倚徧恨難平。原知楚佩非真意，空遣秦簫作怨聲。小閣烏龍偏有福，神山青雀竟無情！可憐漏斷香殘後，繡被歸眠夢不成。[4]

也因此，要準確理解黄侃的詩寫"無題"，另外一個少有人注意到的線索則是清儒戴望(1937—1873，子高)的一段生平軼事。黄侃嘗專門著有《題戴子高詩後》，極盡讚美之詞説的卻是一個格外别致的話題——"經學"與"殉情"這貌似兩截的詭異相遇：

長康之癡長卿慢，古蓋有之今不見。廿五騷經思美人，續以歡聞子夜變。孤燈熒熒雪拂幾，讀君此詩淚滲紙！男兒無成頭皓白，何似琅琊爲情死？遺事傳聞感慟深，把君詩卷一沈吟。九原倘許爲知己，一曲居然見古心。我聞鄭康成，死入輔嗣室。彼以後生詆前賢，我情私淑非真匹。虚幌摇摇夜氣淒，譎麟靈鬼疑相即。[5]

這段本事的具體首尾乃是 1917 年 11 月 14 日黄侃從劉師培(1883—1919)處聽來的兩則學林軼聞。相傳戴子高"未婚於淩氏時，與

[1] 1935 年 5 月 5 日，《黄侃日記》(下)，第 1071 頁。

[2] 1922 年 3 月 12 日，《黄侃日記》(上)，第 143 頁。

[3] 黄侃《李義山》，第 183 頁；關於黄侃受李商隱的影響，乃至撰寫《李義山詩偶評》，參見李婧《黄侃文學研究》，第 51、65—66 頁。

[4] 《黄季剛詩文集》，第 18 頁。

[5] 《黄季剛詩文集》，第 302 頁。

其表妹相戀慕,既以人事牽纏,不償如願。子高婚後即客游於外,未嘗還家。或傳與湊氏離婚,非其實也”。據説戴氏集中“無題諸作,皆爲若人而發,如‘王母翩翩下翠旄’數首,則不啻顯言也”。[1]特别值得注意的是黄侃對此事的態度:

> 子高歿時才三十六,以彼之材,足以上嗣寧人,下儕先戴,而所懷不遂,殉情以終。夫孰謂精研性道者必斷絶恩好乎?人能弘道,無如命何,此古人之所以發憤隕生遺棄一切也。[2]

“精研性道”與沈湎恩好似乎也因此成了黄侃一生的“魚與熊掌”。

至於黄侃從劉師培處聽來的第二樁軼聞則是劉之家事,卻也與此題緊密相關。劉氏祖伯山先生(即劉毓松,1818—1869)繼妻乃是其母黄氏女侄,少伯山二十餘歲,卻大概在未婚前二人已經“始相孌悦”:

> 其後嫡配王夫人没,伯山先生年四十八九矣,請於其母,欲續娶黄氏,其母以伯山年已老,子婦滿前,力阻之,曰:“此事豈治經術者所爲耶?”伯山不聽,卒娶之。娶五年而伯山没。黄太夫人至宣統二年乃終。[3]

故此又是一樁欲“精研性道”與沈湎恩好得兼的鐵案。黄侃下文又引證劉師培説法,其祖(即伯山)嘗因此事“爲絶句百首,自加注釋,作詩時黄太夫人尚未來賓也”,而劉氏“家刻伯山詩文獨此未入録”,可見其家普徧對此事有負面看法。但伯山這位經師本人卻不以爲然,甚至動用了幾世傳經的功力論證“中表母族可以通昏,援據甚博,足以破俗説”。[4]

劉毓松在近人王森然(1895—1984)筆下品行極高,不僅“弱不好弄,長益博通,能盡讀父書”,以“淹通經史”而“有聲江淮間。諸司鑒者皆願得爲舉首”,時兩淮雲司郭沛霖(1809—1859)延其課子之餘“知賞極深,至以家寄託”、連曾國藩(1811—1872)都要“殊禮異之”:

---

[1][2][3][4] 黄侃《筆記》(一),稿本,藏武漢大學。轉引自司馬朝軍《黄侃年譜》,第116頁。

爲人質直之氣,溢於眉宇,無貴賤老幼,一接以誠。平生無妄語,無惰容,爲人謀必忠,臨財弗苟得。〔1〕

黄侃這段絶非無意的記録不僅頗能新異我們對“治經術者”的刻板的傳統印象,尤其可能對我們理解黄侃乃至劉師培本人“處情”的傾向有所深入——後者與其婦何震之間的關係本有撲朔迷離之處,本文暫不贅述。黄侃此處刻意强調的“孰謂精研性道者必斷絶恩好”毋寧正是他一生刻苦問學而不廢聲色的一種取態。儘管“章句之儒”與“精研性道”原非同調,黄侃其實説的還是外行話。但精研《文選》尤能特重“意窘詞枝,總由無情”,〔2〕毋寧由“情”上見還是最能見黄侃之性,以及他和他的老師章太炎一樣,對清代經學的某種特别的反動之思。此題文末再議。

黄侃作詞顯得比作詩隨意很多,也因此他的詞較之詩個人風格更不鮮明。論者以爲其詩詞“熟詞過多,個人造語較少,難以形成獨特的個性風格”,〔3〕大抵是平情之斷——但這也多少要考慮到黄侃本身學術風格重“發明”不重“發現”的潛在精神影響。此題亦下文再議,這裡還是繼續黄侃“寫情”和“處情”的話題:黄侃詩詞當中直接言“情”的密度很高,確是儒者或經生中罕見的,但多爲感性的即興的兩性之情鋪寫,像《醉太平》:

無情有情,親卿怨卿,樓頭對數飄零!有簫聲笛聲。　　燈青鬢青,愁醒夢醒。深宵倦倚雲屏,聽長更短更。〔4〕

像《浣溪沙·江干卻寄四首》之一:

〔1〕氏著《近代名家評傳·劉師培先生評傳》,北京:三聯出版社,1998年,第316頁。

〔2〕評顔延之《宋文皇帝元皇后哀策文》,黄侃《文選平點》,北京:中華書局,2006年,第631頁。

〔3〕司馬朝軍《黄侃評傳》,第389頁。按:此部分由李婧撰寫,此斷亦見於李著《黄侃文學研究》。對於同時同樣傾情魏晉的湖湘派,黄侃對王闓運的經學和文學卻深致不滿,以爲其“所作文詞,皆摹虚調,非無古色,真宰不存”(經學則是“肊造禮制,妄釋名物,宋學亦無如是姿雄也”,分見日記1928年6月28日、7月6日,《黄侃日記》中,第321、329頁),可見“見得到”與“行得到”之間的落差,在創作與學術,也是可能發生的。

〔4〕《黄季剛詩文集》,第345頁。

欲藉柔情度此生,錦長書重語丁寧。祇憐幽意總難明。

莫遣秋風悲畫扇,空教深夜掩雲屏,望賒翻覺是無情。[1]

無論"卻爲傷春憐杜牧,人間誰識此情深",[2]還是"會因難得兼甘苦,情到能深雜愛憎",[3]大抵這類模糊了明確書寫對象更像一種内心喁喁獨白的書寫是黄侃詩詞中最精彩的部分,正符合"春情"的本來面目。黄侃之詞"絶少豪放之作,專事婉約之體",根源顯然並非他"對詞體功能的認識",而是情性所近——猶如他的"表情達意過於直露淺白",[4]同樣是情性所致。

黄侃的才情翩翩不僅令章太炎格外護持,劉師培同樣高看,"重其文采,以爲雖賈生俊發,無疑過之",[5]晚清詞人況周頤(1859—1926)亦對其稱美有加,認爲黄詞婉約豪放得兼,"周情柳思更無倫,偶然疏處見蘇辛",歎惋他足以媲美納蘭性德,"劇憐飲水不同時""彩筆能扶大雅輪",如今詞壇更是"青眼高歌望吾子",期待黄侃"人天慧業好同參"。[6]但猶如其充滿懺悔自責情緒的日記,對於詩詞創作的態度黄侃也是類似的遊移糾結,據其弟子常任俠(1904—1996)回憶:

當二年級我住高師宿舍時,黄師曾將《擷英集》詩集交我附録,後來他又叫潘重規同學向我索回,説是詩多豔體,老師後悔,不要傳出。我亦未嘗一詢,此謎終亦莫解。[7]

按覆目前問世的《黄季剛詩文集》並無《擷英集》此卷出現,我們無從判斷其"豔"到了何種程度。

---

[1] 《黄季剛詩文集》,第348頁。

[2] 《夜坐》,作於1912年,《黄季剛詩文集》,第18頁。

[3] 《無題》,《黄季剛詩文集》,第43頁。

[4] 李婧《黄侃文學研究》,第79、83頁。

[5] 潘重規《季剛公傳》,轉引自《黄侃年譜》,第14頁。

[6] 《原刻纗華詞況周儀題詞》《減字浣溪沙》,詞中還歎"玉簫聲裡識君遲""桃花潭水此情深",見《黄季剛詩文集》,第342頁。

[7] 此處指1928年10月常任俠經黄侃同意以特别生資格進入大學讀書(中央大學,時應爲東南大學改組的第四中山大學)。參見常著《憶黄侃師》,《常任俠文集》卷六,第25—26頁,亦見《黄侃年譜》,第271頁。

抑或因此特重"恩好之情",世人印象中性行乖張散漫[1]的黃侃,其對待女性,特別是家人,從母親到妻子、女兒,卻居然看上去没有多少可議之處,甚至——1928 年 2 月 8 日他致金毓黻函中自言"緣第五兒斷乳以後,竟夕啼呼,閨人提攜三幼,性不能堪煩辱,我若出遊自寫,適以召其責言,與君深交,故以實告"[2]——這哪裡是世人口說白日必花天酒地乃至尋花問柳的黃侃?他的如上言行實是在對妻子的"懼內"與"體貼"的兩可之間。

簡直要被同時人視爲"漢口流氓"[3]的黃侃流露在日記與日常中尤其是其家庭生活,居然經常令人感受到傳統、温厚的一面。

例如他孝順慈母,不惜因此失業[4]:

> 老親喘氣殊劇,耄年衰軀,予本不應違之遠出,蓋亦不得已。今後苟得饘粥不絶,亦真不忍佗行矣。[5]

他追念亡父、自責不能挺立:

> 侃孤露時已十三,而無所知識,故於我先君之學術、行誼、文章、書法,皆不能深知。既而叔兄亦亡。刊以孤子當室,從師受學,帖括是求,於楹書絶不能讀;長,略知學而苦貧奔走,又通輕俠,不能折節;洊遭喪亂,糊口四方,提攜老幼,遠别丘壟。今則年向四十,而先人著述未獲重刊流布,墓碑、祠主尚俱未立。此罪責真擢髮難數矣。[6]

---

〔1〕諸如他 1927 年如何與吴承仕決裂後離開北京師範大學,坊間流傳就有他言辭隨便令女生反感乃至當堂便溺等不經之説。參見《黄侃年譜》,第 227 頁。

〔2〕金毓黻《靜晤室日記》,第 2027 頁,轉引自《黄侃年譜》,第 238 頁。

〔3〕楊樹達《積微居日記》第 46 册 1949 年 8 月 12 日,轉引自《黄侃年譜》,第 295 頁。

〔4〕指養育母田氏,黄侃據《儀禮・喪服》所規"慈母如母"稱之。參見《黄侃評傳》,第 27 頁。

〔5〕1921 年 11 月 12 日,《黄侃日記》(上),第 30 頁。同年 12 月 19 日再次説到"家慈耄年,多氣上疾,然往歲殊不如今之衰,萬不能稍離左右,今歲内絶不它行","若因此而致失館地,亦無悔也",《黄侃日記》(上),第 39 頁。

〔6〕1922 年 2 月 1 日,《黄侃日記》(上),第 76 頁。再婚之後特別將新生之子分别命名爲"念祥(其父名祥人)""念慈",無疑皆是出於對父母的紀念。

他會因兒女不能上進而責罰他們:

撻念華等,以其荒嬉也,不好紙筆,唯覓栗棗。宗武之名,徒稱驥子;兖師之美,虚號鳳雛。念堂搆之維艱,閔門户之遂圮,隱幾而坐,攬鏡而顴,雖有醇醪,獨能痛飲耳。[1]

也會認真和長大的女兒"談家事及誨以保身成人之道"。[2]

他甚至也會經常關懷民生,以爲"安寧活民,吾輩所求止此耳",寫詩也會在"微軀自欲忘甘苦,老母誰教問燠寒"之外"猶爲蒼生冀暫安"(《聞近事感賦長句》)。[3]當然可以認作這是傳統儒生的陳詞濫調,但至少他頭腦中還有這根筋。至於1922年新年伊始根據《周禮》太祝將自己的齋號改成"六祝齋",並且發願"非唯善其一身,亦欲民命皆活"[4]:

順祝,順豐年;年祝,求永貞;吉祝,祈福祥;化祝,弭災兵;瑞祝,逆時雨、寧風旱;筴祝,遠罪疾。[5]

他會認真考慮安排家務並且進行具體的自我誡勉:

年已三十有七,身弱家貧,仰惟門户之計,下顧兒女之愛,不得不攝生自保,積精養神;先集未刊行,微學未成立,不得不努力篇籍,發憤求明。至於無益之文詞,過多之嗜好,宜一切屏之也。[6]

他也會對照佛學標準、不滿自己雜亂失序的日常生活:

日事蒱而廢誦讀;遲眠晏作;面垢頭蓬;書史錯陳於幾案而無斢次;窗紙敝漏來風,無瑕潰治,信來盈軼,不能及時作答;病雖向愈,不復攝養;出行之計,尚未專定何方。此則掉舉惛沈、懈怠妄念,以度斯昕夕,良可惜也。[7]

而這種雜亂失序應該跟黄侃那段時期基本處於獨居(彭氏婦久留

[1] 1922年2月5日,《黄侃日記》(上),第85頁。
[2] 1922年2月19日,《黄侃日記》(上),第110頁。
[3] 1921年11月12日,《黄侃日記》(上),第30、48頁。
[4][5] 1922年1月1日,《黄侃日記》(上),第42頁。
[6] 1922年1月1日,《黄侃日記》(上),第42—43頁。
[7] 1922年1月18日,《黄侃日記》(上),第53頁。

北地)、身邊衹有老母兒女相伴有關。饒是如此他還是腳踏實地開始對治這種日常的疏懶。不久之後的 2 月 10 日洗腳時發現自己“蹢躅厚數分,爪長至包指,乃一滌除”,感歎“自非久病,何至若是”,“年方强壯之間,何爲頹廢乃爾”!他認爲自己“性與玄風違遠,亦不需土木形骸,徒令人疑爲作僞也”,既而決定:

> 自今日始,三日一澣,剪爪鑷顩。晨八時興,非類面治鬢,不觀書見客。[1]

就此後的日記看來這幾條他堅持得都不錯。但很快他就有了新的放縱自我的方式:簙戲(賭博)。而且振振有詞、有名儒前輩可以效仿:

> 余半月不出矣,出亦無他事,唯簙戲耳。馬融大儒,尚云:“道德既備,長好摴蒱。”況我輩乎?[2]

同年 4 月 4 日他跟朋友“手談達曉”,認爲“後當戒之”,但第二天就又重複了這一行爲,儘管事後即覺得“殊無謂也”。[3]

他真是很容易給自己找到臺階下。不僅在日常瑣事上,也在兩性關係上。諸事受制於同一種“情性”狀態。

黄侃一生數易妻,室家之樂不甚平坦,過多的生兒育女令他生活負擔加重,經常覺得讀書生涯受到干擾。[4]他詩詞寫作中頗多懷念的原配夫人早早即爲其背叛——狹邪風月按下不表。他和黄紹蘭的相遇對於後者堪稱災難。即使據説他詩詞中大量寫“梅”寫“蘭”的纏綿悱惻之作都是寫給黄紹蘭的,諸如“玉瑠緘劄恨茫茫”、“劇憐幽獨待誰看”、“淒

---

〔1〕《黄侃日記》(上),第 103 頁。

〔2〕1922 年 2 月 11 日,《黄侃日記》(上),第 119 頁。

〔3〕《黄侃日記》(上),第 137、139 頁。

〔4〕不包括黄紹蘭所生之女,黄侃與原配及黄菊英至少育有十個以上兒女(存者八人)。雖時有夭亡,然次子婚後又很快添丁進口。終黄侃一生均靠其一人授學上庠乃至鬻文潤筆養家糊口,他自己未嘗不歎“安得身如董仲舒,不關家事但窺書。二毛已見猶漂泊,轉學治生計恐疏”(《戲題計簿上》,1931 年 9 月 1 日,《黄侃日記》下,第 735 頁)。他觀原配之弟納妾評價其“貌則尋常,或宜家道”(1922 年 1 月 2 日,第 43 頁),也許即與他尚未結束和彭氏女顯然很不愉快的婚姻關係而讓他對自己往往“好色”而不得齊家的個性有所覺察和反省。

涼分定更無言”(《浣溪沙・贊梅》)云云;[1]甚至還有直接緬懷“癡梅”的所謂“忽憶六年前此際,正偕癡梅寄跡滬濱夷落中”[2]——民初上海那段生活簡直呼之欲出了;朋友囑託他賦寫“盆蘭秋晚,一花幽異”,他也魂不守舍般念叨“容自往在燕臺,眷吴妓陳蘭香,自經喪亂,久無消息。因憐芳草,復憶嘉名。悱惻之懷,庶斯能喻”;[3]諸如此類不一而足。但這般胡思亂想無以彌補對方生命的實際悲劇意味。黄侃和許多文章之士類似,他們樂於也擅長在文字當中抒發各種情思愛意,卻裹足不前於對他者與倫理的嚴肅踏實不憚瑣碎的介入與承荷,[4]往事餘哀對他們的意義經常僅僅停留在“歲月遷流,悲歡變幻;獨行荒徑,追感華年;衰柳寒蟬,似並助余淒抑也”。[5]何況“短緣偏令我魂消”,“温柔又惜是他鄉”,[6]“作無益之事,自遣勞生;續已斷之緣,猶期來世”,[7]黄侃對於眼前的短暫誘惑恐怕從來没有打算拒絶過。

平情而論,在黄侃最後一段婚姻中,儘管頗有“詬誶”不已的爭吵記録,[8]也頻頻抱怨孩子吵鬧有擾治學,卻也不似《黄侃評傳》中分析得那樣不堪。[9]以黄侃的氣性暴躁[10]以及日常生活常態,夫妻間時有爭

[1]《黄季剛詩文集》,第347頁。黄紹蘭“原名學梅,字梅生”,參見《黄侃年譜》,第171頁注釋一。

[2]《風入松》小序,《黄季剛詩文集》,第402頁。

[3]《木蘭花慢》小序。另外一次“觸憶嘉名”則還是跟“梅”有關,詞中“暖寒唯自覺,朱粉倩誰分”、“但使瓊枝在,寧嫌芳夢疏”(《觸憶》)的表達,確實也頗令人聯想到黄紹蘭。見《黄季剛詩文集》,第373、51頁。

[4]這一點,並不長於文辭卻極爲擅長“對他者與倫理的細緻踏實的介入”的熊希齡處理婚姻與家庭的方式毋寧就是最好的對照。拙作《實幹家的抒情詩:熊希齡的堅守》(待刊)中有所分梳。

[5]《風入松》小序,《黄季剛詩文集》,第402頁。

[6]《寱語》,《黄季剛詩文集》,第271頁。

[7]壬子(1912)六月《纗華詞》編成自記,《黄季剛詩文集》,第372頁。

[8]1928年8月11日等處,《黄侃日記》(中),第353頁。

[9]參見該著第179—183頁。所謂“附骨疽”(1928年8月11日)的説法以及妻子何以“前日相撲傷臂”(1928年8月16日),據8月14日“詬誶叫呼,令人不勝其忿,至午少衰,猶無飯吃,攜兩兒食於快活嶺”之後即遣去“傭媪吴”,並認爲“此人善挑撥,使室家不寧”的記載,顯然此前局面乃是黄妻與傭人之間發生的衝突,而非他們夫婦間大打出手。

[10]其知友汪東所謂“遇小事,弁急不能忍晷刻”,見《蘄春黄君墓表》,轉引自《黄侃年譜》,第21頁。

吵實屬正常,況且他們之間"款語"[1]的出現頻率並不比"詬誶"更少。他不僅頗有"齊家"的努力,例如"與陶論家道";[2]更在在可見生命最後十二年他日常生活頗稱穩定,在"妻帑同勝賞,不負水雲鄉"[3]的安適中享受天倫之樂;偶爾離家外出,更是思兒念女甚是情長,還要寄情詩給妻子;[4]類似《浣溪沙・春晚寄内》"臨砌愛看花結子,捲簾喜迓燕將雛,始知春晚勝春初"[5]之類表達,雖然無法確認他的誠懇度(猶如他寫給黄紹蘭那些詩),但至少在字面上他很是討好自己的小妻以及滿意自己兒女繞膝的中年——當然你不能深究他"不能解脱合纏綿"的立場是否吻合佛教教旨,既然早歲他的佛教體驗可能也不過就是"儂願爲歡死,憔悴更不辭。俱生世尊前,纏綿無盡時"。[6]妻子生日每次他都會特意記下歲月:"生二十七年矣"、"年廿八矣"、"廿九歲",[7]結婚紀念日也會特别注明"亦陶來予家八整年矣"[8]……這毋寧是一位年長夫君的低調的温存,面對年方雙十就嫁給他的小妻。与他和彭氏糾紛的那些年情緒波動涕淚漣漣相比,無論主觀還是客觀上,黄侃對生活的滿意度和平靜感都明顯好轉,安穩了不少。即使遭逢戰亂流離的逃難之苦,他依然覺得"惟幸妻帑差解事,晨征夕宿總相依"。[9]但伴隨著歲月磨損與業力勾牽,黄侃生命最後三年對家庭生活的不滿的確相對增

[1] 1928年8月29日等有多處記載。

[2] 其妻黄菊英字"亦陶",1928年6月4日,《黄侃日記》(中),第301頁。

[3] 《五月廿日與妻子泛舟北湖》,1928年7月7日,《黄侃日記》(中),第331頁。

[4] 參見1928年7月17日—28日遊廬山期間日記,《黄侃日記》(中),第337—338頁。他寫下"日日書帷對嵐色,爭如天際認煙鬟"這樣嫵媚的詩句,還要賣關子"此詩别有興寓,不可語人",卻直接將詩寄給了妻子(第338頁);得到妻子的回信他會"甚樂"(第344頁);甚至擔心妻子"夜涼甚,不知爲兒女加衣被否"(第337頁);回到家中看到兒女並佳他也心感"甚慰"(第348頁)——此類近乎婆婆媽媽的兒女情長在在多有。

[5] 1929年4月28日,《黄侃日記》(中),第544頁。

[6] 分見《無題》(1923—1924年)、《華山畿》(1912年),《黄季剛詩文集》,第11頁。

[7] 1929年陰曆九月二日、1930年10月23日、1931年10月12日,《黄侃日記》(中),第580頁;(下),第677、745頁。

[8] 1932年2月3日,《黄侃日記》(下),第765頁。

[9] 《辛未除夕和蘇子瞻除夕野宿常州城外詩二首》,《黄侃日記》(下),第774頁。

多起來。例如1933年7月25日"家事益見紛紜,令人無言";同年8月27日"七夕佳節,瓜果闕然,獨坐悵惘而已";同年10月23日"三界無安是真語,實語,不諂曲語";1934年8月25日"爲家用不節,甚煩";同年9月6日"兒輩無人照管,爲之不怡至夕";1935年8月8日"兒女無人照管加衣,爲之心煩",等等。日記中頻頻出現的"梟鳴"確實暗指了家人的吵鬧。但他仍然會關照爲妻子辦理買衣櫥置其榻前(1934年9月24日)等瑣事。[1]

在黄侃的主觀認知中,尤其是對兒女的婚姻大事上,我們依然經常會看到一個相當傳統、理性的儒者形象:

> 爲兒女求婚姻,皆宜審慎,若子娶不肖之婦,固爲家道之憂;而女適非人,乃無異沈淪狴犴。爾時欲干與則已遲,不干與則不忍。進退維谷,不亦傷乎![2]

雖然自慚且自居於"章句之儒",他一定還是以某種"儒"來自我定位的,例如《感事》詩中他會自稱"長貧良不愧儒生",[3]他甚至會一本正經表彰他那些節孝旌表的嫂氏如何"身執勤苦,小小恭敬",並且希望"舉一門爲例,而天下可知也"。[4]

也正因此,黄侃之詞的確衹能算作"情詞",並不淫豔——例如和他萬萬看不上的易順鼎(1858—1920)相較。但,像如下《浣溪沙·蕭寺秋夜》之類,"頂禮空王一瓣香,死生流轉費推詳。愛河覺路兩茫茫。但得團圓甘墮落,爲他懺悔更思量。殘燈清磬易回腸",雖然没有易順鼎式的"禮罷空王禮花王"潑辣露骨,精神基調卻是一致的。基於眼光與心性的某種聰明,黄侃對於不夠雅馴的文學表達格外敏感而反對,例如指責楊無咎《逃禪詞》"諸詞直是淫哇","雖莊士閲之,亦未免蕩心";[5]對

〔1〕分見《黄侃日記》(下),第914、920、933、932、1014、1095頁。

〔2〕1922年2月20日,《黄侃日記》(上),第112頁。

〔3〕1922年3月17日,《黄侃日記》(上),第121頁。

〔4〕1932年10月21日,《黄侃日記》(下),第843頁。

〔5〕1922年4月17日,《黄侃日記》(上),第148頁。

於"豔詩連篇"的寫作他明確表示"可厭"。[1]他喜歡的詞學風格,如果説周邦彦更多基於音韻,納蘭性德和晏幾道毋寧更接近他的情感需要和審美品味:[2]柔麗,清秀,薄脆。他的愛擬六朝民歌,尤其慣摹歡場女子聲口,也是不必諱言的。

三、"發明"、"發現"與"黄絹"無著

"韋編三絶今知命,黄絹初裁好著書",黄侃五十之年"遽中酒死"對暮年章太炎是個不小的打擊,章門另一高足汪東則將黄侃之死的性質説得更爲嚴重:

> 餘杭章先生聞君之殁,以爲"喪予",絶學弗紹,有等孔顔,六藝之衰,過於周季。[3]

但這毋寧也是汪東在爲好友貼金。雖然一時流風並稱"章黄之學",無論學術性格還是人格質地,章太炎和黄侃的差異怕是不能以道里計。

被世人期許甚高的"章黄之學"於1935—1936年先後落幕,更大的遺憾當然屬於英年早逝的黄侃——章太炎畢竟年將古稀且著作等身。黄侃身後,同樣已將不久人世的章太炎依然記得弟子著述無成的遺憾:

> 季剛不輕著書,余趣之曰:"然輕著書,妄也;子重著書,吝也。妄,不智;吝,不仁。"[4]

黄侃遺著爲其弟子輩整理出版,章太炎的序言更爲正面地給出了黄侃"不輕著書"的理由:

> 説經獨本漢唐傳、注、正義,讀之數周;然不欲輕著書,以爲敦

〔1〕1931年3月17日,《黄侃日記》(下),第690頁。

〔2〕"晚歸誦納蘭詞"、"閱小山詞竟",1913年10月12日、1922年3月29日,《黄侃日記》(上),第16、126頁。

〔3〕汪東《蘄春黄君墓表》,轉引自《黄侃年譜》,第22頁。

〔4〕章太炎作黄季剛墓誌銘,轉引自《黄季剛詩文鈔》"校訂説明",第1頁。

古不暇,無勞於自造。[1]

章太炎此言應該是有本的。證據之一,是黄侃生前嘗叮囑子弟,異日著作付梓時其詩詞不必附載,理由則以牌語相擬,"天九已爲古人攫去,吾獲地八耳"。[2]早在 1930 年 7 月他即嘗對日人倉石武四郎言及"讀書不必自出新義,能解古人之意,于余足矣"。[3]1933 年 4 月 6 日也在日記中直言:"吾輩今日倉皇著書,朝成暮刊,爲悔多矣。"但當年 10 月 12 日他又自擬聯語"俗壞空思醫國手,體羸猶起著書心",[4]去世前不足一月甚至有了頗爲具體的撰述計劃,"思輯論古來傳注疏得失,爲傳注通詮",[5]於此也算念兹在兹。

筆者以爲,黄侃年未及中壽固然是其著述無多的重要原因之一,但"五十之前不著書"的發願則不僅跟黄侃一度重"發明"而輕"發現"的治學理路内在相關,[6]亦跟其中歲開始折中漢宋的學術立場有關,更跟其情性狀態以及現代"述學"文體的轉型有關。

黄侃生命後期已經不再如早年的一味輕視"羅(振玉)王(國維)"之學,[7]對於其他學脈也不再一味尖刻攻擊,[8]甚至對於時文與桐城都

---

〔1〕 1936 年 4 月,《黄侃論學雜著》章太炎序,臺北:文史哲出版社,2014 年,第 1 頁。

〔2〕 《原刻量守廬詞鈔曾緘序》,《黄季剛詩文集》,第 338 頁。

〔3〕 《倉石武四郎中國留學記》,第 195 頁,轉引自《黄侃年譜》,第 313 頁。

〔4〕 分見《黄侃日記》(下),第 886、929 頁。

〔5〕 1935 年 9 月 9 日,《黄侃日記》(下),第 1103 頁。

〔6〕 吉川幸次郎《我的留學記》中將"發明"之學大體概括爲"發掘文獻記憶體的證據"、"重新獲得理解、見解",並在和黄侃的對比中將"當時在日本作爲權威看待的羅振玉、王國維兩人的學問,從哪個方面看看都是發現,换句話説是傾向資料主義的"(轉引自《黄侃年譜》,第 325 頁)——這顯然並不公平。晚近針對王國維學術的"發明"之功學界多有發見,兹不贅述。

〔7〕 儘管 1928 年 6 月 15 日"繙流沙墜簡、漢晉書影甚有味",6 月 18 日卻又激烈攻擊此"要之經史正文忽略不講,而希冀發見新知亦掩前古儒先"的"今日風氣所趨",分見《黄侃日記》(中),第 309、313 頁。而章太炎 1924 年致吴承仕函中所言"今之治烏龜殼、舊檔案者,學雖膚受,然亦尚是舊學一流",即是針對黄侃反對時學的激烈態度發言,並且自知"勸之必不聽"。《章太炎全集・書信集》(上),第 445 頁。

〔8〕 所謂"南皮、吴縣之徒,則以目録金石眩人;李慈銘、王闓運之黨,則以大言浮詞惑世;至端方輩,則清客而居大位者也;康有爲輩,則奸民而饕盛譽者也。不獨紀、阮之淹博,惠、戴之精純,去人已遠,即姚、曾輩,亦何可幾及哉",1928 年 6 月 28 日,《黄侃日記》(中),第 321 頁。

不再一味排斥,[1]對於他護持甚力的駢體文也察覺到其"通病"所在,[2]並開始反思"棗木傳刻,蓋已失真。是用勤探金石之書,冀獲壤流之助。近世洹上發得古龜,斷缺之餘,亦有瓌寶"的可能性。[3]在事關黄侃的判斷上,基於他的情性,任何"堅決"乃至"剛正耿直、精勤刻苦"[4]之類説法可能都是可疑的表達。他在日記中留下了不少關注新興"發現"之學的證據,例如在金陵大學借"龜書三種",託人代購《殷墟卜辭》,求《藏龜之餘》、《書契精華》,求羅振玉《殷墟書契菁華》、《秦漢瓦當文字》、《古鏡圖録》、《雪堂所藏吉金文字》,求董作賓《新獲卜辭寫本》等。[5]他開始承認僅好許書(《説文解字》)而"於數百年所出之古文字,所見未宏"畢竟遺憾,山川鼎彝足以羽翼《説文》,不可"徒執木版傳刻之篆書"。[6]但就後來的事實看他似乎並没能夠得其三昧。辛未(1933年)正月初一理書:"以敦煌出書及龜殼文字置之屋中架上,近世之所謂古學也;無暇觀之,姑以自娱,亦猶鄉人偶入城市,歸詫家人以未嘗到者而已。"此言毋寧語帶譏諷。那天他的日課還是"誦《周禮·正義·天官》"。[7]

但這依然不能單純歸因於黄侃的保守舊疆拒絶新知。1935年7月7日,其時距離黄之突然去世僅剩四月,讀《清史》列傳之餘,黄侃特意抄録一則:

> 戴敦元金溪(開化人,刑部尚書,謚簡恪),幼有異禀,十歲舉神童,博聞强識,目近視,觀書與面相摩,過輒不忘。至老或問僻事,指某書某卷,百不爽一。嘗曰:"書籍浩如煙海,人生豈能盡讀?天

[1] 1933年3月8日,"時文豈可盡非乎",《黄侃日記》(下),第678頁。

[2] 1929年2月12日,"(《史通》)《敘事篇》:'應以一言蔽之者,輒足爲二言;應以三句成文者,必分爲四句。'此駢文之通病,非獨史也",《黄侃日記》(中),第492頁。

[3] 《與徐行可書》,約於1929年9月中旬,轉引自《黄侃年譜》,第289頁。

[4] 李婧《黄侃文學研究》,第1、8頁。

[5] 1929年10月23日、28日、31日,12月15日、19日等處記載,《黄侃日記》(中),第590、591、596、597、598頁等處。

[6] 1929年11月1日《與徐行可書》,轉引自《黄侃年譜》,第293頁。

[7] 1933年2月17日,《黄侃日記》(下),第683頁。

> 下惟此義理,古今人所談,往往類同。當世以爲獨得者,大抵昔人唾餘。”罕自爲文,僅傳詩數卷。喜天文曆算,討論有年,亦未自立一説。

他並且説明,“此傳讀之,深契予意”。[1]

黄侃喜歡高標自賞,他的表達一般都應作兩解。如上舉證,一方面説明他對學問的義理大體確實有所會得:“發明”與“發現”作爲他學術視域的核心議題依然成立。而他善於批評的天性也決定了他的對反意見同樣會針對自己,所謂“偶思營禄慚妻子,每欲刊文畏友朋”,[2]這種尖鋭極端的個性對於必須有所“結構”的“立言”並不利。但另一方面,此語也是爲自己寬解,所謂“書籍浩如煙海,人生豈能盡讀”。黄侃讀書用功固是事實之一面,另一面卻也是日日嘻遊,他花在酒宴、牌局(後期稍好)、遊山玩水上的時間實在很多,日記中經常看到他大醉歸家繼續點校書籍的記録——我們是有理由懷疑如此讀書的精誠與效果的。最明顯的證據無過1935年中秋節前他“且因節近,令償諸債。酒債六十二元,書債僅二十五元耳”——他自己都覺得“可笑”。[3]此際距離他的去世已經僅剩一月時間。何況長期不檢點的生活習慣以及歲月漸增,已經讓他感到了“竟日昏睡,精力衰矣”、體力下降的現實壓力。[4]無論衆人追憶還是日記自陳,雖然中歲之後黄侃的確“努力篇籍,發憤求明”,學問上有相當勤奮一面,絶非自暴自棄之人;[5]但在摒棄“過多之

〔1〕《黄侃日記》(下),第1087—1088頁。

〔2〕1931年7月1日,《黄侃日記》(下),第718頁。

〔3〕1935年9月6日,《黄侃日記》(下),第1103頁。

〔4〕1935年7月29日。觸目皆是的“午後醉眠,至暮乃起”以及相應的熬夜、“醉甚”乃至“夜赴打牌……至一時半乃歸”。而1935年8月22日他開始購花鏡,《黄侃日記》(下),第1092、1013頁。

〔5〕“學術衆多,人皆努力”,“人之生,又安可以自棄乎哉”,1922年1月19日,《黄侃日記》(上),第54頁;又如“以後以鈔、校、點、撰爲每日之程課”,1928年6月4日,《黄侃日記》(中),第301頁;一旦“連日無故缺課”之後他就“意殊恨之”,1928年9月7日,《黄侃日記》(中),第367頁。

嗜好"方面他顯然並不成功。他太容易分散精力,煩惱障很深,[1]比照他在中央大學講堂中告諸生"心者,虚壹而静"[2]的微言大義,讀者未免會有很夢幻的感覺。而"其學或不專"的問題[3]章太炎似乎早就有所認識。

這客觀與主觀原因甚至黄侃自己亦皆有所見,1926 年 2 月 20 日《致徐行可書》有謂:

……兄積書連屋,尠繁尋之功;弟妄念紛紜,無貫徹之望,此宜互相督過也。常人每自尊大,至於吾輩,見事略多,輒自謂比於古人,曾無其足垢之一屑。前路遥遠,我勞如何乎?[4]

這一點毋寧也是黄侃與其師章太炎最明確的分野:和多嗜欲的黄侃相校,章太炎近乎是"無嗜欲"的另外一個極端例子。此題筆者另文詳述,[5]此處從簡,僅聚焦"章黄之學"的異同而略作闡發。

章太炎雖常被視爲"古文最後的壓陣大將"(胡適語),其一生奔走於政治與學術之間才是不爭的事實,黄錦樹(1967—)昔年稚嫩鋭利卻頗見才氣的論文相當好地展現了章太炎的生命風姿:

---

[1] 去世前兩天,日記中依然有"益懊惱"、"更煩人心"的記載,雖然這的確跟他當時的病苦有關,1935 年 10 月 6 日、7 日,《黄侃日記》(下),第 1111 頁。

[2] 1935 年 5 月 9 日,《黄侃日記》(下),第 703 頁。

[3] 橋川時雄《章太炎先生謁見記語》,載《制言》第 34 期,該謁見發生在 1931 年 8 月 3 日,參見《黄侃年譜》,第 339—340 頁。

[4] 文見《黄季剛詩文集》,第 506 頁。

[5] 章太炎一生於物質受用自待之薄見諸其早年居日之時如何"寓廬至數日不舉火,日以百錢市麥餅以自度,衣被三年不浣。困厄如此,而德操彌厲",讓人莞爾的是,這段追憶居然就是"好嗜欲"的黄侃留下的(《太炎先生行事記》,姚奠中、董國炎《章太炎學術年譜》,太原:山西古籍出版社,1996 年,第 132 頁)。實際上,章太炎這一"薄嗜欲"的品行既是先世遺教,其曾祖父章均被認爲"治家儉素,教子弟通經,戒華衣酒食及諸嗜好,而身爲德鄉里"(章著《先曾祖訓導君先祖國子君先考知縣君事略》,《章太炎全集》(五),上海:上海人民出版社,1985 年,第 194 頁);也是現世師教,其本師俞樾(1821—1907)不僅"雅性不好聲色,即喪母、妻,終身不肴食,衣不過大布,進机不過茗荼",而且晚歲"茹素念佛"、被章太炎之父章濬認爲"賢士晚節,往往如此"。(分見章太炎《俞先生傳》,《章太炎全集》(四),上海:上海人民出版社,1985 年,第 211 頁;湯志鈞《章太炎先生年譜長編》,北京:中華書局,1979 年,第 4 頁)。

章太炎一生思想數變,生活也可以説波折很多,可是他的立足點始終没有放棄(即使是短暫的、策略的——這是他和其他革命、維新及後來的新青年的根本不同),也可以説是他一直並没有辜負俞樾給予的八年詁經精舍的傳統文化教養,他把中國文化的命運當做是自己的責任承擔了下來,把個體生命和文化角色(的功能)連結起來,對於傳統文化的批判、拆散也並非把批判、拆散當做目的,而是爲了重構——把個人的經驗結構和時代感受植入,是以解碼是爲了重新符碼化……"余學雖有師友講習,然得於憂患者多。"(《自定年譜》,317)理解和書寫的歷史性,已盡在此言中。[1]

與同錢基博以爲"(章太炎)自詡前識,其言往往而中。然世儒之於炳麟,徒贊其經子詁訓之劬,而罕會體國經遠之言;知賞窈眇密栗之文,未有能體傷心刻骨之意"類似,[2]黄侃所撰《太炎先生行述記》中也明確道出老師的心曲:"其授人國學也,以謂國不幸衰亡,學術不絶,民猶有所觀感,庶幾收碩果之效,有復陽之望。"[3]可以説這也是被時人認爲黄同樣"主張以經治國,故極力專研小學"[4]的原因所在。和神迷"共管"的鄭孝胥(1860—1938)不同,[5]黄侃甫一聽聞"三民主義將化爲三共主義"即斷其爲"不祥之言",[6]這毋寧是經由文化自信挺立的國族敏感。

但和乃師相比,黄侃"嗜欲重"的表層反應就是他没有章太炎的堅韌、執著。"七被追捕,三入牢獄,而革命之志不輟",章太炎將中國文化的命運與自己的命運一體而共的性格與毅力因此帶上了一種相當奇異的宗教色彩。黄侃卻充滿了輕飄飄的文人氣。

---

〔1〕 黄錦樹《章太炎語言文字之學的知識(精神)系譜》,新北:花木蘭出版社,2012 年,第 63 頁。
〔2〕 氏著《現代中國文學史》,《中國現代學術經典·錢基博卷》,第 94 頁。
〔3〕 轉引自黄錦樹《章太炎語言文字之學的知識(精神)系譜》,第 65 頁。
〔4〕 1935 年 10 月 26 日《王子壯日記》,轉引自《黄侃年譜》,第 427 頁。
〔5〕 參見拙作《情性與政治:再論鄭孝胥的"深心"與作爲》,《關東學刊》2018 年第 1 期。
〔6〕 1931 年 12 月 27 日,《黄侃日記》(下),第 762 頁。

章太炎昂揚頑强的"大體"與"主體"生命的挺立,[1]飽經"憂患"之外亦緣於他思想資源的豐富而駁雜。[2]從《齊物論釋》(1910 年初本,1911 年之後定本)的以佛證莊,到《菿漢微言》(1914—1916 年間與吴承仕論學筆録,1916 年北京鉛印本,1918 年收入《章氏叢書》)的會通儒佛,再至《菿漢昌言》的見微顯用、核學敦仁(重點以唯識學解讀宋明理學諸家),章太炎"自揣平生學術,始則轉俗成真,終乃回真向俗",[3]"居賢善俗,仍以儒術爲佳"[4]則是其"回真向俗"的具體皈依。並且章太炎對佛學的認肯並没有停止在學術層面,他更看重其拯世救民特别是唤醒人心的强大力量,如何能够"坐言起行",其對宋明理學的吸收亦昭彰可見。黄侃一度對宋明理學的接受似乎同樣出於生命的自覺,1931 年 11 月 6 日他開始閲讀《宋元學案》[5]——同年 6 月 30 日還曾在日記中録下黄宗羲(1610—1695)詩"至文不過家書寫,藝苑還從理學求",並言"此語余甚愛之"。[6]11 月 13 日寫信給弟子也是日後的女婿潘重規(1907—2003)即稱:

---

[1] 在此問題上,黄錦樹關於龔自珍的一段論證頗説出一段理趣:"(龔自珍)的意義在於,他在某種意義上解放了困鎖的認知——實踐主體,而著眼於當世之務,布衣論政,既上乾嘉樸學衰敗,又是'常州精神之所寄'。……龔自珍的意義在於他初度嘗試讓失落的'主體'和'大體'復歸。就這一點而言,他不愧是晚清思想解放的先驅,也無怪乎維新知識分子會把他追認爲精神上的父親。"見氏著《章太炎語言文字之學的知識(精神)系譜》,第 47 頁。

[2] 王汎森嘗以此作爲太炎身後章門弟子頗陷困頓之一解——因爲他們均没有乃師這種遊走駁雜之間而不爲其困的能力,亦可參考。見氏著《傳統的非傳統性:章太炎思想中的幾個面相》,《章太炎的思想——兼論其對儒學傳統的衝擊》,上海:上海人民出版社,2018 年,第 12 頁。

[3] 《菿漢微言》,《菿漢三言》,瀋陽:遼寧教育出版社,2000 年,第 61 頁。亦見《章太炎佛學文集》,北京:商務印書館,2018 年,第 6 頁。

[4] 1918 年 12 月 6 日致吴承仕,《章太炎全集・書信集》(上),第 416 頁。

[5] 《黄侃日記》(下),第 749 頁。之前他已經有接觸《濂洛風雅》(元金履祥)。不過根據作於 1929 年的《文學紀微・標觀篇》(發表於《晨報・副刊》)判斷,當時他對理學風味的文學觀念如《文章正宗》(宋真德秀)和《濂洛風雅》爲"文彩不彰",是比較負面的判斷。轉引自《黄侃年譜》,第 300 頁。

[6] 《黄侃日記》(下),第 717 頁。

若夫養心制行,非問道宋、明先儒不可。近日日讀宋元、明《學案》一卷,對於生平行事,悔吝多矣。何術以晚蓋? 尚不能知也。[1]

他簡直都要在學術立場上再次改换門庭了。此後不久,該年 12 月 5 日章太炎寫下《與黄季剛論理學書》,其中提及“理學需取其少支離者”、“王門高材,多在江西”、“然因是謂理學可廢,佛法可專尊,則又不然。人世紀綱,佛書言之甚略。五戒、十善,不如儒書詳備多矣”[2]等觀點。12 月 10 日黄侃特意摘録“晦翁(朱熹)讀書法六條”:“循序漸進。熟讀精思。虚心涵泳。切己體察。著緊用力。居敬持志。”[3]12 月 17 日續讀《明儒學案》,19 日甚至“枕上習静,頗有所得”——開始了工夫實踐,然後爲自己提出了“主養和”的修身要求,其中包括“終日無疾顔遽色。樂道而忘人之執。無情之物不足以煩惱;無情之人[4]不足以煩惱;無可奈何之事不足以煩惱,不能思之理不足以煩惱。人有不及,可以饒恕;非意相干,可以理遣。往事不可悔,徒悔無益;修來,則改之、補之矣”[5]等細緻條目。衹是從他生命最後幾年的實際情況看,他是看得到卻未必行得到、尤其是難以堅持。至於所言“看《學案》至泰州頗有省”、“看《泰州學案》,王一齋似有可取”,[6]既能看出黄侃“重情”的傾向依然故我,[7]同時也不能太把他此言當真——例如之前他曾將“泰州教”和“義和團”相提並論。[8]也就難怪《漢唐玄學論》中他詆毁宋人

〔1〕 轉引自《黄侃評傳》,第 323 頁。

〔2〕 載《制言》第 16 期,轉引自《黄侃評傳》,第 324 頁。1932 年避寇北上期間,章、黄師徒之間亦曾針對明儒之學有所評騭,見日記 3 月 1 日、4 日。《黄侃日記》(下),第 756—757、780—781 頁。

〔3〕 《黄侃日記》(下),第 759 頁。

〔4〕 耐人尋味的是,此語之後黄侃自注,“自婦子傭人以至所接者大抵屬焉”,何以他認爲自己身邊皆是“無情之人”? 此亦是進入黄侃“情性”世界的要點:與他詩詞世界的“無題”的“獨語”類似,他和他人的情感溝通顯然並不順暢。

〔5〕 《黄侃日記》(下),第 760 頁。

〔6〕 1931 年 12 月 25、26 日,《黄侃日記》(下),第 762 頁。

〔7〕 關於晚明泰州學派,可參見黄文樹《泰州學派的教育思想及其影響》(《漢學研究》第十六卷第一期,2000 年)等。

〔8〕 1922 年 1 月 18 日,《黄侃日記》(下),第 55 頁。

"(朱子)不悟其思慮之紛紜,議論之支離";[1]日記中也有針對《論語》中"子罕言利,與命與仁"、"性與天道,不得而聞"等觀點,認爲"宋明儒者,常言之矣。學其學者,備聞之矣"爲"可怪"。[2]黄侃的精神主調確實衹能算作文士——或如其言,"章句之儒"精思博辯所得甚淺,遑論真修實證。雖然他自己同樣不滿"文士可貴不當爲,文章畢竟是何物"(《題〈歸潛志〉》)。[3]這一點也是章太炎早看得透徹,以爲"佛法義解非難,要有親證,如足下則近之(筆者按,指吴承仕),季剛恐如謝康樂耳"。[4]同時章太炎對黄侃的"性情乖戾"也甚爲瞭解,"去歲曾以'忠信篤敬'勉之,彼甚不服",並且預感到"季剛性行,恐難免於亂世,是則深可憂耳"。[5]實事求是講來,無論存世書信的數量與品質,明顯是吴承仕(1884—1939)與章太炎的關係更爲親密,甚至也更深刻。1935 年 9 月 16 日《制言》第一期出版,一份公開的弟子名録裡,的確吴承仕名列第一,而黄侃名列第三。[6]衹是吴承仕低調持重的個性不如"章黄"盡顯生命的風姿而博人注意罷了。

黄侃對理學的接觸和接受與佛教類似,不久便擱置一邊,繼續其"書淫"[7]生涯。他爲自己 1932 年 2 月 19 日新生之子命名"念寧",祝

---

〔1〕 文載《制言》第 16 期,轉引自《黄侃年譜》,第 365 頁。

〔2〕 1931 年 12 月 28 日,《黄侃日記》(下),第 763 頁。

〔3〕 1933 年 11 月 9 日,《黄侃日記》(下),第 937 頁。

〔4〕 1918 年 11 月 13 日章太炎與吴承仕書,同函當中太炎還道及"往者季剛輩與桐城諸子爭辯駢散,僕甚謂不宜。老成攘臂未終,而浮薄子又從旁出,無異元祐黨人之召章、蔡也",《章太炎全集·書信集》(上),第 414—415 頁。所謂"浮薄子"即指彼時正在北大發動新舊文學之爭之人。1917 年 5 月 23 日另外一封致吴承仕函中,章太炎又言及"每見歐陽竟無排斥理學,吾甚不以爲是,此與告季剛勿排桐城派類似。蓋今日貴在引人入勝,無取過峻之論也"(同書,第 412 頁)。《黄侃日記》(上)也保留了吴承仕於佛學甚精進的記録:"(《瑜伽師地論》)每卷之末,皆有簡齋題閲書月日,歸敬本尊"(第 46 頁)。

〔5〕 1927 年 12 月 6 日《與吴承仕書》,《章太炎全集·書信集》(上),第 463 頁,轉引自《黄侃年譜》第 231 頁,關於該書信時間,後者有所辯證。

〔6〕 名列第二的是汪東。黄紹蘭名列第十六。轉引自陳學然《再造中華:章太炎與"五四"一代》,上海:上海人民出版社,2019 年。

〔7〕 此胡小石語,類淯,參見日記 1930 年 10 月 7 日,黄侃則自解爲"視頃身障簏,求田問舍者猶爲愈也",《黄侃日記》(中),第 673 頁。

願天下安寧、牽掛遼寧戰事、以其生於江寧之外,第一理由就是希望兒子"他日師寧人(筆者按,即顧炎武)之淑身淑世",其小字也定爲"師絳",〔1〕可見他的師從體系又已經跑到顧亭林一邊了。〔2〕而衆所周知,能説出"經學即理學"這句名言的顧炎武其學傳承宗趣並非純粹性理一脈。即使顧炎武身處宋明理學之後(明朝結束所象徵的)宋明理學遺緒中一個"救弊"的位置上,他有願力必須把六經所指涉的客體(典章制度)重新召喚回來,以限制晚明過度膨脹的實踐主體;同時卻不能讓主體的動力因而萎縮。〔3〕顯然黄侃絶没悟到這一層。

就此而言,黄侃身後,楊樹達(1885—1956)對他的微詞固然不免同行相輕,但也並非事出無因。楊氏不僅認爲黄侃"於《説文》爛熟,然其所推論之孳乳多出於懸揣,不足爲據。大抵此君讀書多而識解不足,强於記憶而弱於通悟",更從學術源流的角度對"章、黄"之學畢竟不同給出了深刻評價:

> 清儒學問本分兩派:皖派江、戴,主實事求是;吴派惠氏,言信而好古。皖派有解放精神,故能發展;吴派主墨守,則反之。戴弟子有王、段、孔三家,各有創見。惠弟子爲江聲、余蕭客輩,抱殘守缺而已。俞蔭甫私淑高郵,太炎師蔭甫,實承皖派之流而宜光大之。季剛受學太炎,應主實事求是;乃其治學力主保守,逆轉爲東吴惠氏之信而好古。讀《詩》必守毛、鄭,治《左氏春秋》必守杜征南,治小學必守許氏。於高郵之經學,不論今古文家法惟是之從者,則力詆之,此俗謂開倒車。

楊樹達並直言"世人皆以季剛不壽未及著書爲惜,余謂季剛宗旨既

---

〔1〕 顧炎武本名絳。《黄侃日記》(下),第 872 頁。

〔2〕 他的下一次閲讀張載語録與龜山語録,已經是 1934 年 4 月的事了,雖然覺得前者"有味",但也就是一過而已。參見《黄侃日記》(下),第 975、976 頁。

〔3〕 "顧炎武發展出來的一條回到古代(先秦)的路,便是他開創的一套特殊的方法論;那目的地上,經學和理學尚未分家("古之所謂理學,經學也")、主客體尚未分離",參閲黄錦樹《章太炎語言文字之學的知識(精神)系譜》,第 20 頁。

差,雖享伏生之年,於學術恐無多增益也",與本文之前的分析正可相輔相成、相反相成。[1]甚至一生溺愛黄侃的章太炎在其身後都以"閉拒太嚴"而解釋其"著述無傳",[2]毋寧也是異曲同工。但楊樹達能將侄兒楊伯峻(1909—1992)親送入黄侃門下求學,自然更是相重之意。對黄能欣賞其治理《漢書》也是視爲"真實之業自有真賞音"、"益喜吾道不孤"。[3]楊伯峻《黄季剛先生雜憶》一文中更生動記載了黄侃講學之用力用心、對文章詩詞的由衷喜愛以及即席吟詠的傑出才華,[4]此與質樸無華以"積微"見强的楊樹達自有材性上的具體差異,故論學也容易見仁見智。

歷代知識人特别是以儒者自居者都難免要關心政治。早年黄侃曾因《大亂者救中國之妙藥也》這篇名文稱行一時並曾酒後罵座(立憲派),[5]但追求"沖決網羅"[6]與"羣龍無首"[7]無非時代的一時共業,這些都不能當真。即使黄侃本人也未必當真。很快他就意識到自己真正的强項與使命就是治學,所謂"欲報父母深恩,祇有績學著書之一路而已",勸誡好友亦以爲當"勿預人事,揖志爲學"。[8]但"謀國、安人、立身"這套話語依然會連袂出現於他的視域與議論,[9]這是約定俗成,也是習慣自然,也未嘗不是他希望成爲的那個"更好的自己"。儘管恣肆放逸缺乏檢束,黄侃短暫的一生的確並未放棄希望成爲一個"更好的自己",猶如他會因爲"看雜書亦不能畢一卷"的心思散漫的精神狀態直以"可恥"自責。[10]

---

〔1〕氏著《積微翁回憶録》,第105—106頁,轉引自《黄侃年譜》,第418頁。

〔2〕1935年10月9日致吴承仕,《章太炎書信集》,第374頁,轉引自《黄侃年譜》,第425頁。

〔3〕氏著《積微翁回憶録》,第64頁,轉引自《黄侃年譜》,第361頁。

〔4〕參見《黄侃年譜》,第357—360頁。

〔5〕參見《黄侃年譜》1911年7月25日條,第57頁。

〔6〕《仁學》,《譚嗣同全集》,北京:中華書局,1981年,第4、33頁。

〔7〕"羣龍無首他無事,好與驅除萬惡門",轉引自楊天石《南社》,北京:中華書局,1980年,第37頁。

〔8〕1922年9月25日、1928年6月16日,《黄侃日記》(上),第197頁;(中),第311頁。

〔9〕例如1931年12月28日對友人言,《黄侃日記》(下),第763頁。

〔10〕1933年10月2日,《黄侃日記》(下),第927頁。

遺憾的是,儘管並不能單純以"章句之儒"定位黄侃,但"以經治國"的確不是"章句之儒"能夠承荷的。面對"學弊政乖人紀壞,不知青史對誰苛"[1]的此世此界,黄侃亦頗想有所作爲,但和彎下身子背負苦難的熊希齡(1870—1937)或對文化志業生死以之的章太炎不同,[2]黄侃這類情性狀態面對"吾民之殘忍侵陵,略爲教化,雖至危亡,亦自取之"[3]的現實處境,其實很難拿出具體有效的應對策略,況兼少有餘緒他未免又去尋歡覓醉。黄侃一生的軟肋確在嗜欲重卻又没有痛下苦功自我收拾,儘管他對此有明確的理性認知,這就是充斥其日記的痛悔之情。儘管一度涉獵宋明理學,但"惟務養情性"、"與天地同其大"(程伊川語)的儒者細密的踐行與見性工夫顯然從未深入過黄侃的思考領域;"情歸於性,是爲至情"(王畿《答王敬所》)的理學至言亦從未進入黄侃的關注視野;"致知者,惟歸寂以通感,執體以應用"[4],視性情之間是"未發""已發"的體用關係,"良知"(人的道德情感)衹有通過已發的情來把握,"致良知"就是在情的發用上用功夫、使之合於正——這類陽明學最爲經典的理念更是從未介入過黄侃的修學實踐。

雖然天賦情性感性而自恣,黄侃到底因爲"一生劬學"、"臨終手不釋卷"[5]的精神使其基本底色畢竟有别於"儇薄"的登徒子,[6]他的人格與人生依然是傾向結構的,但薄弱的自控能力使得他任情縱性、師心使氣的行徑被放大,不僅成爲其悲劇之生的基本原因,某種程度也爲"世之言國學者必稱章黄"[7]留下了黯淡不華的心理陰影。所謂"獨不

〔1〕《辛未除夕和蘇子瞻除夕野宿常州城外詩二首》,《黄侃日記》(下),第774頁。

〔2〕拙作《詩教與情教:百年思潮别論》(待梓)中有專章論述,兹不贅述。

〔3〕1932年2月4日,《黄侃日記》(下),第773頁。

〔4〕聶豹:《贈王學正雲野之宿遷序》,《雙江聶先生文集》卷四,《聶豹集》,第95頁,南京:鳳凰出版社,2007年。

〔5〕1935年10月26日《王子壯日記》,轉引自《黄侃年譜》,第427頁。

〔6〕參見《原刻量守廬詞鈔曾緘序》,《黄季剛詩文集》,第338頁。

〔7〕居正《蔪漢大師頌》,轉引自《黄侃年譜》,第425頁。

能吞羅什之針者，必敗阿難之道。故曰：學我者死”。[1]無論願望與語言上如何“惟期養性深山裡，坐看秋林葉返根”(《從陳敦復》)，黄侃的材性終究停留在了“夜挈子聽金少山唱大面，洵稱妙聲”[2]；“臨樓玩夕照，旋步庭中，賞垂柳，向暝持螯，今日秋光差不負也”[3]——他敏於聲色，長於聲色，也至死没有超越聲色。士之立身不可不謹，正此之謂。

---

〔1〕 參見《原刻量守廬詞鈔曾緘序》，《黄季剛詩文集》，第338頁。
〔2〕 1933年9月20日，《黄侃日記》(下)，第926頁。
〔3〕 1934年9月28日，《黄侃日記》(下)，第1109頁。

古本《老子》校讀釋·《道經》一

——四十五至五十一章*

劉志榮**

四十五

道可道也,非恒道也;名可名也,非恒名也。无名,萬物之始也;有名,萬物之母也。【故】恒无欲也,以觀其眇(妙);恒有欲也,

* 本文爲作者《古本〈老子〉校讀釋》的部分内容。校讀以目前所見最早之五千言本帛甲本原整理本釋文爲底本,部分通假字和標點符號有調整;新整理本成果可採納者在原文後的"讀釋"部分説明。底本之外,覆以郭店楚簡本、帛乙本、北大漢簡本,並比照存世之唐前古本如嚴遵本、河上公本、王弼本、傅奕本,逐字逐句逐章校而讀之、釋之。帛書本原分章不清,兹依帛書本原序,據漢簡本分章,期能看到今本定型之前部分古本原貌。校讀原則,對於文本力求於"古"有據,至於解釋則部分吸收後世哲理,而不避其合於"今"也。蓋古學不離身心,且"善言古者,必有合於今"也(《黄帝内經·素問》)。《道經》之部,嚴遵本不存,則校讀比對世存本僅涉及河、王、傅三家。校讀所用符號,【】内爲底本闕文據他本補入的内容,[]内爲底本抄漏應補入的部分,{}内爲衍文,〈〉内爲底本抄誤是正的字詞,()内爲通假、異體所用的正字。補文通假異體字徑改。涉及各本文字異同則於原文後討論。校讀首先力求於古本有據,次方及於傳本;原文可讀通部分則盡量據原字釋義,其次方按通假異體處理;凡校讀釋引用部分均在内文説明。本文爲國家社科後期資助項目"《古本〈老子〉校讀釋》"(19FZXB052)及中山大學重大和前沿資助計劃項目"中國古典學研究的理論和實踐"(20wkjc01)階段性成果。

** 作者單位:中山大學博雅學院。

以觀其所噭(徼)。兩者同出,異名同胃(謂)。玄之有(又)玄,衆眇(妙)之【門】。

是章甲本殘損二字,乙本殘損較多,互校可補足。楚簡本未見。漢簡本存,完整。

按:河本、王本以下,今所見傳世本系統皆《道經》在前,《德經》在後,此章當全書第一章。出土古本如帛書二本、北大漢簡本,及《道藏》所收嚴遵《指歸》本,則皆《德經》在前,《道經》在後,此章僅爲《道經》之首。傳世本分爲八十一章,當爲劉向校中秘書所分,此當九九之數,九者陽極也。古本分章則不一:帛書本有分章墨釘,然頗不成統緒;嚴遵本分爲七十二章;北大漢簡本則分爲七十七章,其中《德經》四十四,《道經》三十三,《德經》多於《道經》一分。聞師言,其《道》先《德》後者,可當由修道而修德;其《德》先《道》後者,可當由修德而修道。以今所見材料,出土古本如簡帛本、存世古本如嚴遵本,皆《德》先《道》後之次,此或可見古本皆崇尚先修德而後修道也。其《德經》多於《道經》一分者,當有其深意。此與西方古典政治哲學或有相通之處,於彼而言,猶倫理教育當在哲學教育之前,亦即"哲學教育必須施加在健全的倫理人格之上"。本章居《道經》之首,譬猶修德圓滿,漸次入道。帛書本《德經》以"天道無親,恒與善人"做結,猶漸次修德所獲確定不易之見地,德行建基於此,方爲"修之於身,其德乃真",故亦爲入道之基也。本章爲《道經》之首,而以"道可道也,非恒道也"開端,則漸涉精微玄妙,修道者當重此形名之變,重其實而不略忽其名,則漸行漸遠也。

"道可道也,非恒道也;名可名也,非恒名也。"此從甲本,乙本闕九字。漢簡本作"道可道,非恒道殹;名可命,非恒名也"。"殹"爲"也"之假,"命"爲"名"之假。嚴本《道經》之部,原文已不存。王、河、傅本"恒"皆作"常",爲避漢文帝劉恒之諱所改,句作"道可道,非常道;名可名,非常名",爲世傳《道德經》中最流行的句子。

夫道體精微,玄妙莫測,故可道之道,非恒道也;名因事而涉,事因時而變,故可名之名,亦非恒名也。此涉及語言文字之局限,乃所以明"有言"、"無言"之邊界也,大哲人皆知此,而《老子》"道經"之部乃以此開篇。然雖未可言説,以覺他故,亦不得不多方言説,故"道"雖非"名"可舉,然亦借"名"而顯,猶後世禪家"指月"之旨。故"可道之道"、"可名之名",亦不可忽,唯不可執之爲"恒道"、"恒名",學者須明言外之旨,不可死於句下也。於近世西哲維特根斯坦言,所謂"可説不可説之邊界",或可通於其早期著作《邏輯哲學論》之結論:"可以説的,就把它説清楚;不可以説的,就保持沉默";所謂"雖未可言説,仍不得不多方言説",則或可通於其晚期作品《哲學研究》所論之"語言遊戲",此貴情境中之"顯現",而不拘泥於語言文字也。凡此皆名言施設,隨説隨掃,猶因指而見月,或亦可即物而明道。

"无名,萬物之始也;有名,萬物之母也。"帛書甲乙本、漢簡本同,王、河、傅本皆作"無名,天地之始;有名,萬物之母",無二"也"字。"名"以言其分判也,有分判,則有定質,故可得而"名"。無名者,先天也;有名者,後天也。萬物皆如此,天地特其中之大者而已。由有名復返無名,此貴其質樸精微,而不貴形質既具、名言安立所致之冗雜文飾、愈轉愈繁者也。高明《帛書老子校注》引馬敘倫、蔣錫昌言,謂據《史記·日者列傳》所引、王弼注原文及《道藏》所收成玄英疏,則其所見皆爲"無名,萬物之始",作"天地之始"者,或爲後世所改。又古書"天地"、"萬物"常通言,"天地"或言其總,"萬物"或言其分,然傳本所見多爲"天地"者,較偏於玄思,古本則較爲質樸也。

"【故】恒无欲也,以觀其眇(妙);恒有欲也,以觀其所噭(徼)。"甲本闕句首之"故"字,乙本闕句中之"以觀其眇(妙)"四字,互校可補足。乙本"其"作"亓","有"作"又",皆通假。漢簡本無句中兩"也"字,"噭"作"僥",皆可通"徼"。王、河、傅本"眇"作"妙";"以觀其所噭"作"以觀其徼"。按:此句宋人有以"常有"、"常無"斷句者,較有思辨性,今觀帛書本,非如此也。

“眇”,今本皆作“妙”,古“眇”、“妙”字通,“妙”亦作“玅”,精微也。《説文》段注:“按眇訓小目,引伸爲凡小之稱,又引伸爲微妙之義。《説文》無‘妙’字,‘眇’即‘妙’也。”“無欲觀眇”者,猶觀其深遠精微也,凡物之玄虚深遠者,皆有“微妙”之相。是故“眇”者,“妙”也,而以“無欲”爲條件者,非此狀態,則不能入於精微也。“噭”、“僥”、“徼”,按此或據今本以“徼”爲本字,或從帛書作“噭”不改,義皆可通。“噭”爲“口”,“徼”爲“邊界”,二者皆可當“出入之門户、邊界”義,此亟宜謹慎也,而亦爲修道者所宜觀。“噭”,《説文》釋曰:“吼也。……一曰:噭,呼也。”段注則云:“噭,口也。‘口’俗本訛‘吼’,今正。……一曰:噭,呼也。此别一義,‘呼’當作‘嘑’,字之誤也。嘑,號也。”此當從“口”之義,於此可引申爲出入之門户解;然亦可以“呼、號”釋之者,有情、無情常説法也。“徼”,《説文》:“循也。从彳敫聲。古堯切。……”段注:“徼,循也。……按引伸爲徼求,爲邊徼。”《老子》王弼注:“徼,歸終也。凡有之爲利,必以無爲用;欲之所本,適道而後濟。故常有欲,可以觀其終物之盡處也。”焦竑《老子翼》引已著《筆乘》云:“‘徼’,讀如‘邊徼’之‘徼’,言物之盡處也。《晏子》曰:‘徼也者,德之歸也。’《列子》曰:‘死者,德之徼。’皆指盡處而言。蓋無之爲無不待言已,方其有欲之時,人皆執以爲有,然有欲必有盡,及其盡也,極而無所更往,必復歸於無,斯與妙何以異哉!故曰‘此兩者,同謂之玄’。”按:“噭”引申爲“門户”,“徼”則訓“邊際”,“噭”、“徼”之義,此處可通;“恒有欲也,以觀其所噭(徼)”者,以觀其門户、邊際及其出入之軌跡也。夫道非滯乎有無,體道者須當明白其終究歸一也。如此方稍有自由分。

“兩者同出,異名同胃(謂)。玄之有(又)玄,衆眇(妙)之【門】。”甲本闕最後一字,乙本完整,據以補甲本,甲本“有”,通假爲“又”。漢簡本作:“此兩者同出,異名同胃(謂)。玄之有(又)玄之,衆眇之門。”王、河、傅本作:“此兩者同出而異名,同謂之玄。玄之又玄,衆妙之門。”與帛書本相較,漢簡本略同,傳世本則出入較大,或有傳文摻入經文,或爲後世所改,句義亦偏於思辨,或有誤導。按:玄者,幽遠也(《説文》),蘇轍以爲"凡遠而無所至極者,其色必玄,故老子常以玄寄極也",則猶收斂信息,入於幽遠,觀其玄通,此非特目力所見若此,思維深遠者亦皆有此象也。"眇"者,妙也,入此深遠境界,方有以見"衆妙"云。

按:此所謂"兩者",謂"無名"、"有名","無欲"、"有欲",亦即"始"與"母"、"眇(妙)"與"噭(徼)"也。此當知其"異名",亦當知其"同出"。"異名同謂"者,大平等觀也,亦"玄之又玄,衆眇(妙)之門"也。眇者,微細也,亦爲"妙",微妙、巧妙也。嚴君平《老子指歸》云:"有名,非道也;無名;非道也。有爲,非道也;無爲,非道也。無名而無所不名,無爲而無所不爲。"(元劉惟永《道德真經集義》引,據王德有《老子指歸輯佚》所輯)蘇轍云:"以形而言有無,則信兩矣。安知無運而爲有,有復而爲無,未嘗不一哉?其名雖異,其本則一。知本之一也,則玄矣……言玄則至矣,然猶有玄之心在焉。玄之又玄則盡矣,不可以有加矣,衆妙之所從出也。"

四十六

天下皆知美爲美,惡已;皆知善,訾(斯)不善矣。有无之相生也,難易之相成也,長短之相刑(形)也,高下之相盈也,意〈音〉聲之相和也,先後之相隋(隨),恒也。是以聲(聖)人居无爲之事,行【不言之教。萬物作而弗始】也,爲而弗志(恃)也,成功而弗居也。夫唯[弗]居,是以弗去。

此章甲本闕十字,乙本闕四字,互校可補足。楚簡本存,漢簡本存,皆完整。

楚簡本是章作:

天下皆智(知)散(美)之爲散(美)也,亞(惡)已;皆智(知)善,此亓(其)不善已。又(有)亡(無)之相生也,戁(難)惕(易)之相成也,長耑(短)之相型(形)也,高下之相浧(盈)也,音聖(聲)之相和也,先後之相墮(隨)也。是以聖人居亡(無)爲之事,行不言之孥(教)。萬勿(物)复(作)而弗忖(始)也,爲而弗志(恃)也,成而弗居。天〈夫〉唯弗居也,是以弗去也。(甲組簡15—18)

楚簡本基本同於帛書以降各本,可見是章較爲早出。

"天下皆知美爲美,惡已;皆知善,訾(斯)不善矣。"楚簡本首句後多一"也"字;"斯不善矣",作"此亓(其)不善矣",語氣更重。"美爲美",楚簡本、帛乙以下各本皆作"美之爲美",然甲本"美爲美"亦通,義不異。"皆知善",楚簡本同,漢簡本作"皆知善之爲善"。王、河、傅本"惡已",作"斯惡已";"皆知善",亦作"皆知善之爲善"。天下皆知美爲美,則爭競必起,故惡矣;皆知善,則僞善必出,故此其不善也。此辯證循環,如影隨行,無可避免,《老子》言此,亦可見道家頭腦之冷静。蓋高等級思維,必以此爲基礎,而有以上出,在常人以爲無路之處看出路來。其不明此者,或尚未明上出之理,而未臻於深邃也。

"有无之相生也,難易之相成也,長短之相刑(形)也,高下之相盈也,意〈音〉聲之相和也,先後之相隋(隨),恒也。"諸本並無"恒也"二字,唯帛書本有之,綜合考慮,有此二字,義更顯豁。蓋從具體現象中總結規律,此即陰陽、善惡、有無等之固定相隨,"恒也"。夫"有無"、"難易"、"長短"、"高下"、"音聲"、"先後"……諸如此類,蓋有其同出之理,乃相伴相隨而生,爲此二元世界之必然,無可避免;其能免此循環往復者,必思維已能脱出此二元對立之束縛者也。其唯聖人能之乎?楚簡本除通假、異體字外,基本同於帛書本,唯無"恒"字。漢簡本、王、河、傅本,句前皆多一"故"字,又皆無每句後之"也"字,王、河本又無諸句中"之"字,此皆導致漢簡本以下,語義有微變,綜合考慮,仍以帛書本句型及語義爲善。甲本"意聲","意"爲"音"之誤,原整理本已是定。"長短",漢簡本作"短長"。"相盈",漢簡本以下作"相傾"。"先後",王、河、傅本作"前後"。

"是以聲(聖)人居无爲之事,行【不言之教。】"甲本殘四字,據乙本補。"居",簡帛本同,王、河、傅本作"處"。爲則有所偏,是以無爲也;言則有所失,是以不言也。不言之教,無爲之益,天下莫不聞,而少有能解之者。蓋此非執於無爲、不言也,乃所以免於有爲、有言之偏蔽,脱於二元對立之拘執也。於吾國文化,聖言量絶非最高依據,故其終能免於迷信也。然雖云"無爲","無不爲"已在其中;雖曰"不言","無不言"已在其中。雖欲無爲而不得不爲,此不得已、順自然,則爲猶無爲也;雖欲無言,而不能不有所言,恐其執於言筌,乃以言遣言,則雖言猶未言也。

"【萬物作而弗始】也,爲而弗志(恃)也,成功而弗居也。夫唯[弗]居,是以弗去。"甲本闕六字,又抄脱"夫唯弗居"之"弗"字,均據乙本補,補文通假字已徑改。此乃具體解釋何爲"无爲之事,不言之教",聖人法天地之德也,故能"作而弗始,爲而弗恃,成功而弗居"。是義於全經重出,如"道生之"章:"【生而】弗有也,爲而弗寺(恃)也,長而弗宰也,此之謂玄德。"(《德經》第十四章。今本爲五十一章,文字有異。)"載營魄抱一"章:"生之,畜之。生而弗有,長而弗宰。是胃(謂)玄德。"(《道經》第五十三章。今本爲第十章,文字有出入,中多"爲而不恃"一句,"弗"作"不"。)亦可見對此之重視。《周易》乾卦九五《文言》:"夫大人者,與天地合其德,與日月合其明,與四時合其序,與鬼神合其吉凶。先天而天弗違,後天而奉天時。天且弗違,而況於人乎?況於鬼神乎?"此《易》、《老》相合處,蓋皆有法於天地之德云。"夫唯弗居,是以弗去。"天地之間,終不虧欠。雖有古今之遷移、二元之輪轉,而道之傳也,終究綿綿無盡、不絶如縷,是終究未可以消極居之也。夫有德而居之,是自狹其器宇,唯有德而不居,方有以相應天地之無窮,此於佛家,猶"回向"云。

楚簡本、帛甲本"志",帛乙本、漢簡本"侍",王、河、傅本作"恃",當從"恃"。帛甲、乙本"成功而弗居也",楚簡本作"成而弗居",王本、河本作"功成而弗居",傅本作"功成不處"。"夫唯[弗]居,是以弗去",楚簡本作"天唯弗居也,是以弗去也","天"當爲"夫"之誤;王本、河本作"夫唯(惟)弗居,是以不去";傅本作"夫惟不處,是以不去"。

四十七

不上賢,【使民不争;不貴難得之貨,使】民不爲【盜】;不【見可欲,使】民不亂。是以聲(聖)人之【治也,虛其心,實其腹,弱其志】,强其骨。恒使民无知无欲也,使【夫知"不敢"、"弗爲"而已,則无不治矣】。

是章甲本殘甚,乙本保存完整,據乙本以補甲本。楚簡本未見。漢簡本存,保存完整。

"不上賢,【使民不争;不貴難得之貨,使】民不爲【盜】;不【見可欲,使】民不亂。""上",漢簡本同,王、河傅本作"尚"。上、尚古通,《說文》段注:"尚,上也,皆積累加高之意。義亦相通也。"又"上"者,以之爲上也,義亦同於作"尊崇"解之"尚"。"使民不亂","民"字帛書甲、乙本皆如此,漢簡本、河本作"使心不亂",王本、傅本作"使民心不亂",按:依上下文句型,以作"使民不亂"是,雖所謂"使民不亂",其根本即"使民心不亂"也,然亦有所區别,故當從帛書本。"亂",原整理本徑釋"亂",新整理本僅識讀出右邊部首,釋文爲"乚",釋讀爲"亂"。

人有智愚之分,賢者雖賢,不過分推尊之,則盡其本分而已矣;若過分推尊,則恐賢者漸有不肖之心,而不肖者競飾以爲賢矣。過此以往,則必機心大作,素樸不全,變怪百出。若以稀見之物爲貴,則固難得之矣,然必惟極少數人所能據有,若人人以之爲貴,則求之不得,必至鋌而走險而爲盜賊也;若使民不見可欲,則亦不易起亂心而致變亂也。夫人羣有爭競之心,是則見素抱樸、少私寡欲,此皆息競止爭之道也。不以難得之貨爲貴者,則以常見之物爲貴也,此如民之布帛衣食、安居樂業、身心健康、空氣、水、陽光等,皆須臾不可離者也,雖皆常物,然治國者必當以之爲貴也。

"是以聲(聖)人之【治也,虚其心,實其腹,弱其志】,强其骨。"王、河本無"也"字。"虚其心"者,使心空静也;"實其腹"者,使身安閒也;"弱其志"者,去其驕色淫志也;"强其骨"者,使身體得充實强健也。人每反此,而成外重内輕之"否"象,聖人治之,使其知止知足,身心交泰,則得淳樸輕安矣。

"恒使民无知无欲也,使【夫知"不敢"、"弗爲"而已,則无不治矣】。"有知則有欲,無知則無欲矣。人生在世,能無欲乎?有欲而不知止,以有涯隨無涯,則殆矣。民有其常欲,聖人安頓之而不擾亂之,則復返淳樸,無知無欲矣。夫欲起於不足,其有思維鋭穎、求知無厭者,則導而使之至於愛智之路,則"知止乎其所不知"(《莊子・庚桑楚》),亦可得其止矣。若至此境,則亦可知諸般引導施設,亦猶"黄葉止兒啼"也。若夫"不敢"、"弗爲"者,此誡之也,亦止之也,戒之止之,則得安閒,免於無謂之禍亂,譬猶《論語》之"四勿"、佛家之戒律之類是也。若如此,則民可治矣,因身心歸家,皆得輕安也。古語謙辭常曰"不敢",今方言勸誡人亦常曰"不敢",亦可見其在吾國之深入人心。今人則每常"果敢"、"有爲",然智者亦當知其止其節也。

此句甲本闕十三字,據乙本補入。漢簡本"知"作"智",少句中之"也"、"而已"等虚詞,餘同帛書,義亦不異。王、河本作:"常使民無知無欲,使夫智者不敢爲也。爲無爲,則無不治。""知"變爲"智者","不敢"變爲"不敢爲",當爲淺人受法家説影響所改,而禁制意味大增,失其勸誡防嫌之本義矣。"弗爲"以下,變爲"爲無爲,則無不治",語似無所不包,而無實義;傅本又衍爲"爲無爲,則無不爲矣"。凡此皆不如帛書、漢簡本之樸素篤實也,故亦當從帛書本。

四十八

【道沖而用之,有弗】盈也。潚呵,始萬物之宗。銼(挫)其[鋭],解其紛,和其光,同【其塵。湛呵似】或存。吾不知【誰】子也,象帝之先。

是章甲本闕字較多,又抄脱一字,乙本全,據乙本補,補文通假字徑改。楚簡本未見。漢簡本存,完整。

"【道沖而用之,有弗】盈也。"甲本闕七字,據乙本補入,漢簡本無句後之"也"字。王本、河本作"道沖而用之,或不盈。"傅本作:"道盅而用之,又不滿。"按:"沖/冲"、"盅",當以"盅"爲本字,朱謙之、高明皆持此説。段玉裁《説文解字注》:"凡用'沖虛'字者,皆'盅'之假借。《老子》'道盅而用之',今本作'沖'是也。《尚書》'沖人',亦空虛無所知之意。"高明引俞樾説,舉《説文·皿部》"盅,器虛也"、"盈,器滿也",以爲義正相反對,是。夫道體本空虛,故其用之,有弗盈也;若其盛滿,則用之有所盡也。蘇轍云:"夫道沖然至無耳,然以之適衆有,雖天地之大,山河之廣,無所不遍,以其無形,故似不盈者。"一説"沖"爲"中",河上公注:"沖,中也。道匿名藏譽,其用在中……常謙虛不盈滿。"

"潚呵,始萬物之宗。"甲本作"潚",乙本、漢簡本及傅本作"淵",釋文多從之,或以爲"潚"乃"淵"之異體。今按:或當以"潚"爲本字,《説文》:"潚,深清也。从水肅聲。""淵,回水也。从水,象形。左右,岸也。中象水貌。"從"潚"讀則文從義順;如從"淵"讀,則或當以"深"(《小爾雅》)義解。"呵",漢簡本作"旖",傅本作"兮"或"乎",凡通行本作"兮"者,帛書皆作"呵"。"始",帛乙本、漢簡本作"佁",傅本作"似",按帛乙、漢簡下文"湛呵佁或存"(呵,漢簡作"旖"),此"佁"通"似",則應以"似"爲本字。然或亦可據甲本,以"始"爲本字,句謂:道之深遠呵,如水之深清,乃萬物作始之宗祖。若作“似”解,則如河上公注:“道淵深不可知,似爲萬物之宗祖。”蘇轍注:“淵兮深眇,吾知其爲萬物宗也,而不敢正言之,故曰‘似萬物之宗’。”

“銼(挫)其[鋭],解其紛,和其光,同【其塵。湛呵似】或存。”甲本抄脱“鋭”字,原整理本釋文未補,新整理本補入;是字乙本作“兑”,漢簡本作“脱”,均當從傳本讀爲“鋭”。甲本此字外,亦殘缺五字,據乙本補,通假字徑改。漢簡本是句作:“(挫)其脱(鋭),解其紛,和其光,同其袗(塵)。湛旖(兮)佁(似)或存。”此句簡帛本除通假字外,基本與傳本同。“挫其鋭,解其紛,和其光,同其塵”,此句甚有名,其於是處究爲形容“道”或“體道者”則或尚有可辨,據下句,則或當以形容“道”爲是。體道者則法道也。道虚無深遠,爲萬物之宗,其鋭者挫之,其紛者解之,而與萬物和光同塵。其清兮遠兮,虚兮寂兮,以之爲存焉,則莫得其蹤,以之爲亡也,則莫能出其宗,其綿綿若存焉,用之不勤也。湛,深也,澄也,亦清虚深遠貌。似者,固不得確定之也。然道既如此,體道者亦當法之,河上公注:“鋭,進也。人欲精進取功名,當挫止之,法道不自【見】也。紛,結恨也。當念道無爲以解釋之。(‘和其光’者),言雖有獨見之明,當如闇昧,不當以曜亂人也。(‘同其塵’者),當與衆庶同垢塵,不當自别殊。(‘湛兮似若存’),言當湛然安静,故能長存不亡。”

“吾不知【誰】子也,象帝之先。”“誰子”,道最爲究竟也,莫能以之爲子者也,故曰“吾不知”也。象者,以之爲象也,所象者何?象“帝之先”也。“帝”者,甲骨文字形若“花蒂”,花之根本也,故亦可引申爲萬物之本根,世俗所謂“天帝”,乃其神化者也。人固以其爲最在先者也(第一因),未知“道”尚在此可象可名之先,故以之喻“帝之先”也。夫“神無方而易無體”(《周易·繫辭上》),此未可固定者也,故亟需破之,破之方能全之。此或亦近於哲學之超越,鋭悟之境也,非世俗信仰或拘執機械之思辨者也。河上公注:“此言道乃先天地生也。至今在者,以能安静湛然,不勞煩。欲使人修身法道。”“【誰】子”,甲本“子”字前闕,空白處可補一字,當爲“誰”

字;乙本是處則爲三字,前多一“亓”字,作“亓(其)誰之子”,漢簡本則爲“其誰子”,王、河、傅本並爲“誰之子”。漢簡本以下並無“也”字。

此章王弼注甚善,録如下:“夫執一家之量者,不能全家;執一國之量者,不能成國;窮力舉重,不能爲用。故人雖知萬物治也,治而不以二儀之道,則不能贍也。地雖形魄,不法於天則不能全其寧;天雖精象,不法於道則不能保其精。沖而用之,用乃不能窮。滿以造實,實來則溢。故沖而用之又復不盈,其爲無窮亦已極矣。形雖大,不能累其體;事雖殷,不能充其量。萬物舍此而求主,主其安在乎?不亦淵兮似萬物之宗乎?鋭挫而無損,紛解而不勞,和光而不汙其體,同塵而不渝其真,不亦湛兮似或存乎?地守其形,德不能過其載;天慊其象,德不能過其覆。天地莫能及之,不亦似帝之先乎?”

四十九

天地不仁,以萬物爲芻狗;聲(聖)人不仁,以百省(姓)【爲芻】狗。天地【之】間,【其】猶橐籥輿(歟)?虛而不淈(屈),蹱(動)而俞(愈)出。多聞數窮,不若守於中。

是章甲本闕四字,乙本闕一字。楚簡本存中間一句:“天隍(地)之awai(間),其猷(猶)囨(橐)籊(籥)與(歟)?虛而不屈,逾(動)而愈出。”(甲組簡23)漢簡本存,完整。

“天地不仁,以萬物爲芻狗;聲(聖)人不仁,以百省(姓)【爲芻】狗。”帛書甲乙本釋文、漢簡本、今本同。“聖”,甲本作“聲”,乙本作“耶”;“百姓”,甲本作“百省”。夫天地不同於萬物,聖人不同於百姓,其數量級不同也,以無限觀有限,以無爲觀有爲,宜乎其所見不同,此其“不仁”,即其“大仁”。河上公注:“天施地化,不以仁恩,任自然也。……聖人愛養萬民,不以仁恩,法天地任自然也。”芻狗者,貴得其時,過其時則無所執戀也。若復有執戀者,則是妖之所起也。《莊子·天運》:"夫芻狗之未陳也,盛以篋衍,巾以文繡,尸祝齊戒以將之;及其已陳也,行者踐其首脊,蘇者取而爨之而已。將復取而盛以篋衍,巾以文繡,游居寢卧其下,彼不得夢,必且數眯焉。"

"天地【之】間,【其】猶橐籥(籥)輿(與)? 虚而不淈(屈),瞳(動)而俞(愈)出。""動",帛甲本原字形爲"瞳",楚簡本作"潼",乙本、漢簡本徑作"動"。是句楚簡本存,通假異體外,皆同於帛書本,可見其來源較早。漢簡本、王、河、傅本,除虚詞"與(歟)"作"乎"外,亦全同帛書本釋文。橐籥,古之鼓風器也,高明謂:橐是"用獸皮做的制風主體",籥是用竹管做成的進氣管和排氣管。今由載籍及出土畫像,猶可想見其形貌(山東滕州出土漢代冶鐵畫像石中有橐的畫面)。此云天地之間,其猶鼓風器具,雖内中空虚,而無有屈竭,愈動而愈無盡,無有耗衰之時也。此亦以"橐籥"象道之用也。道雖空虚,其用無窮,雖愈動而愈出衆妙無盡,而未曾有衰竭之時也。王注以"橐籥"爲二物,橐爲排橐,籥爲樂籥,云其中"空洞,無情無爲,故虚而不得窮屈,動而不可竭盡也"。此解亦可,而嫌比擬籠統,不若以"橐籥"爲鼓風之器具爲善。

"多聞數窮,不若守於中。"帛書甲乙本、漢簡本釋文同,王、河、傅本皆作"多言數窮,不如守中。""窮",原整理本徑識爲"窮",新整理本識讀字形爲"竆",釋爲"窮"。"多聞"與"多言",古書引用已不同,高明謂此即《老子》書中之"學不學,復衆人之所過",故當作"多聞數窮",是。按:"多聞數窮,不若守於中",亦猶"爲學日益,爲道日損",皆言虚之爲用也,而貴乎明白根本。學患雜亂,且學猶有窮時;若守中空虚,靈臺明澈,則應物無窮矣。

五十

浴(谷)神【不】死,是胃(謂)玄牝。玄牝之門,是胃(謂)【天】地之根。縣縣(綿綿)呵若存,用之不堇(勤)。

天長地久。天地之所以能【長】且久者,以其不自生也,故能長生。是以聲(聖)人芮(退)其身而身先,外其身而身存。不以其無【私】輿(歟)? 故能成其私。

是章甲本殘四字,乙本完整,據乙本以補甲本。楚簡本未見。漢簡本存,完整。傳世本如王、河、傅本,此段爲《道經》第六、七兩章内容,漢簡本則爲一章。觀其内容,似可析爲二章,然二章之間亦可有聯繫,兹據漢簡本作爲一章。

"浴(谷)神【不】死,是胃(謂)玄牝。玄牝之門,是胃(謂)【天】地之根。綿綿呵若存,用之不堇(勤)。"是二句除通假字外,各本略同。"天地之根",王、河本作"天地根",無"之"字。"綿綿",原整理本識讀字形爲"緜緜",新整理本均識讀字形爲"緜="，釋爲"緜緜";漢簡本作"緜虖(綿乎)";漢簡本以後諸本並無"呵"字。"若存",帛乙本作"其若存"。帛甲乙本"堇",漢簡本"墐",皆當從傳本作"勤"。谷者,虚空也;《易·繫辭》:"陰陽不測之謂神。"又神從示從申,申亦通於電。谷神,固虚而靈、靈而妙、應感迅捷者也。此虚而靈者,歷萬古以長存,是之謂玄牝。玄者,深遠也;牝者,亦虚空也;深遠虚空而生萬物,固爲天地之根矣。然其生物也,不疾不徐,無爲自然;化育萬物,生而不有,爲而弗恃;其自身則爲天地萬物之根,亘古不衰,歷萬古以長存,是之謂用之不勤也。

按:此即從道言之也。"道"以言其内也,"天地"以言其外也。道爲内生,天地爲外顯。天地即萬物也,萬物亦天地也。天地其總名也,萬物其分殊也。萬物莫不有道,然亦皆有其分際,莫能超其限,故言道用也,莫若以其總相言之,則不拘於萬物之限。其總相則莫大於天地,故莫若以天地觀天地也。以天地觀天地,固寄懷於宇宙,渺滄海如一粟,託浮生於無窮也,如此則可見道之用也。萬物非此,莫得其歸,體道者亦當有此量也。

“天長地久。天地之所以能【長】且久者,以其不自生也,故能長生。”夫剖判以來,長久固莫久於天地,天地之所以能長久者,以其無爲,生而不有,爲而弗恃,不自養也,故能長生。若生而據以爲有,爲而據以爲恃,削剥萬物以厚自奉養,則器量必狹,器量狹小則必有所拘執,有所拘執則必愛惡生焉,愛惡生焉則必有所限——既有所限,又焉能無窮哉?天地以整體言,固無私而任化,而亦衍化無盡,綿綿無窮者也。此雖已屬後天,然法象莫大於天地,固亦最近於道者,亦入道之捷徑也。甲本闕一字,據乙本補。漢簡本文字同。王、河、傅本無“之”和“也”字。

“是以聲(聖)人芮(退)其身而身先,外其身而身存。不以其無【私】輿(歟)?故能成其私。”此言聖人法天地也,天地既爲道之法象,法天地云者,即法道也。所謂聖人也者,首在心量廣大,固能以天地觀天地,亦能以天下觀天下,得其整體,則不窒塞於私我、拘泥於好惡也;天地精神,天下古今,固有先於我者也;於此則我見漸消,我相漸除,入道漸深,斯亦可託於無窮矣。聖人之“私”,固非常人之私歟?甲本“芮”,乙本“退”,通假;漢簡本以下皆作“後”。“退其身而身先,外其身而身存”,乙本中衍一句“外亓(其)身而身先”,當删。“不”,王本、河本作“非”,傅本同。“輿(歟)”,漢簡本作“乎”,王、河、傅本作“邪”,皆不影響經義。

五十一

上善治(如)水。水善利萬物而有静,居衆之所惡,故幾於道矣。居善地,心善潚,予善[天,言善]信,正(政)善治,事善能,蹱(動)善時。夫唯不静(争),故無尤。

是章帛書甲、乙本保存皆完整。楚簡本未見。漢簡本存,完整。

“上善治(如)水。水善利萬物而有靜,居衆之所惡,故幾於道矣。”甲本“治”,原整理本讀爲“似”,乙本、漢簡本皆作“如”,此從之;傅本多作“若”。“有靜”,此據甲本;乙本、漢簡本作“有爭”,“爭”、“靜”可通用,此處以作“有靜”爲是,原整理本讀“靜”爲“爭”,當誤。高明據《廣雅·釋詁一》“有,取也”云:“‘有靜’,猶言取於清靜也。”按:“有”或通“又”,言水善利萬物而又靜也。夫水性清靜,激於勢則動,莫能與之爭,然究以清靜無爲爲本性也。世傳本如王、河、傅本皆作“不爭”。“居衆之所惡”,水性就下,此衆之所惡也,而水善居之,此謙下、不爭之極也,故能爲萬物主,譬猶侯王自稱“孤、寡、不穀”,亦如《德經》末章言:“受邦之詢(詬),是謂社稷之主;受邦之不祥,是胃(謂)天下之王。”(四十四章,世傳本爲七十八章)此亦猶“知其雄,守其雌,爲天下溪”、“知其白,守其辱,爲天下穀”(第六十章,傳本爲第二十八章),故謂“幾於道”也。“幾於道”者,道亦不爭之極也。上善,最好的善,亦可解爲上善之人,河上公注:“此言上善之人,如水之性。”謙下、包容、安靜、不爭之極也,其德純善,故爲衆之所貴。“衆”,乙本、漢簡本、傳本皆作“衆人”。

“居善地,心善潚,予善[天,言善]信,正(政)善治,事善能,蹱(動)善時。”“居善地”者,善下也,《德經》言“江海之所以能爲百谷王者,以其善下之”(第三十章,傳本爲六十六章)。衆以之爲惡,而有道者以之爲善地也。“心善潚”,潚者,清靜深藏,猶有道之人,其心清虚,而衆人莫之得窺其深,經云:“古之善爲道者,微妙玄達,深不可識。”(第五十八章,傳本爲第十五章)“予善天”,予者,與也,猶言善與天道也,謙退從容,長養萬物,近於天道之生長萬物而無所取也。“言善信”,言得其真,不言而信也。“正(政)善治”,政者,正也。政得其正,則爲善政矣。“事善能”,《廣雅·釋詁》:“能,任也。”既有其能,則善任其事矣。“動善時”,動得其時,斯爲善矣,譬猶水性好靜,感而遂動,動莫不合乎其時也,是乃即爲善動矣。《莊子·天下篇》述關尹、老聃之學曰:“其動若水,其靜若鏡,其應若響,芴乎若亡,寂乎若清……未嘗先人而常隨人”、“人皆取先,己獨取後,曰‘受天下之垢’……人皆求福,己獨曲全,曰‘苟免於咎’”;司馬談《論六家要旨》述道家之學曰:“其爲術也,因陰陽之大順,采儒墨之善,撮名法之要,與時遷移,應物變化,立俗施事,無所不宜,指約而易操,事少而功多”,道家之學,得水之性,此乃以水德譬道之諸善,不亦宜乎?

甲本“潚”,原整理本讀爲“淵”,乙本以下皆作“淵”,按“潚”爲“深清”貌,於義可通,或爲原字(説見上第四十八章)。“予善[天,言善]信”,此據乙本,漢簡本同,甲本僅作“予善信”,當有抄漏,此據乙本補入;王、河本作“與善仁,言善信”,傅本作“與善人,言善信”。

“夫唯不靜(爭),故無尤。”甲本“不靜”,“靜”、“爭”可通用,“靜”於是處當讀“爭”,乙本、漢簡本、傅本是處皆作“爭”。傅本作“夫惟不爭,故無尤矣”。“無尤”者,此言上善近道之效也,水性包容謙下之極,故無尤也。尤者,怨也、罪也、咎也、憂也,有怨、有罪、有咎,斯有憂矣。夫易重謙德,易貴無咎,豈虚言哉?

草於2017年2月初、中,校改於2018年7月、2020年9月

《孟子·萬章上》講疏

鄧秉元*

【解題】前聖後聖,其揆一也。《離婁》既昭揭道統之義,言歷聖所同者,心也,性也,道也。其不仁之仁,不義之義,似是而非者,亦當有以辨之。顧儒門之外,或有好事者作,以道聽途説之讕言,加諸賢聖,其所關心術甚大,不可不辨。本篇凡九章,其七章所言,皆與《書》及古史有關,餘二篇亦本諸傳記,子曰:"疏通知遠,《書》教也。"蓋聖賢所存雖萬古之常經,然必心通其意,明其時措之宜,乃堪有以承之。故本篇所言,在以意逆志,考求賢聖之心,俾能疏而通之,不惟示學者以經學詮釋之軌則,亦欲明古聖所以求心之法。求心者,誅心也,此亦《春秋》之大義,後世乃以深文周納爲誅心,習非成是,此經義所以日湮也。

以德性論言之,首言舜之事親、友弟,仁也;次言虞夏商周政權授受之大義,義也;繼言伊尹、孔子立身之大節,禮也;終言百里奚之知幾,智也。仁義禮智,即孟子所謂四端,本篇所辨者,意在正學者四端之失,此儒門考信之學也,故統之以信。

不寧惟是。莊子云:"《書》以道事。"《尚書》所言皆虞夏商周以來大經大法,道統之所在,亦政統之所在,孟子故於此篇稍揭王政"順天應人"之理,與《易》、《書》、《詩》之旨皆能密合,其垂範後世者遠矣。

---

* 作者單位:復旦大學歷史學系。

章旨結構圖(甲)

- 信
  - 仁
    - 1. 大舜:論親親。舜爲道統之端。
    - 2. 大舜:論親親之本;論兄弟之義。
    - 3. 大舜:論兄弟之義。
  - 義
    - 4. 舜與堯:論政權與治權;舜與瞽叟:論公共性君權;師道。
    - 5. 舜與堯:論政權轉移;論正統性:順天應人。
    - 6. 禹、湯:論世襲政治之正統性;論益、伊尹、周公、仲尼不有天下。
  - 禮
    - 7. 伊尹:論正己正人。
    - 8. 孔子:論不枉己直人。
  - 智—9. 百里奚:智。

章旨結構圖(乙)

- 考信
  - 1. 以禮辯舜之怨其親。
  - 2. 以《詩》辯舜之"不告而娶"。《詩》的經典化。
  - 3. 以《書》辯舜之封弟。辯語詞之歧義。
  - 4. 以《書》、《詩》辯舜不臣堯、不臣其父;折中於夫子。駁"齊東野語"(墨家)。考論文、辭、志;以意逆志。
  - 5. 以《書》辯天命轉移。大義、古義與時義。
  - 6. 辯禪讓、世襲皆可具正統性;折中於夫子。
  - 7. 以《書》及古史辯伊尹立身不正。駁道家、小説家言。
  - 8. 辯孔子之受謗。駁"好事者"(縱横家)言。
  - 9. 辯百里奚之受誣。駁"好事者"(縱横家)言。

第一章

萬章問曰:"舜往于田,號泣于旻天,何爲其號泣也?"

孟子曰:"怨慕也。"

【講疏】本篇凡九章,首六章皆言舜事,趙岐以爲:

> 孟子時《書》凡百二十篇,《逸書》有《舜典》之敘,亡失其文。孟子之所言舜事,皆《堯典》及《逸書》所載。[1]

"孟子道性善,言必稱堯舜。"(《滕文公上》)雖云"言必稱堯舜",而所論實以舜爲多。何哉?嘗試論之,孟子既以道統自任,《離婁下》力言道統之傳,且開篇即言"舜東夷之人也",蓋因大舜乃道統之始也。此義前人罕有論及者,唯王船山有言:"前乎舜而爲開天首出之聖,後乎舜而爲繼往開來之聖,道無不一也。"[2]似稍見及之。蓋孔子多以堯舜連言,《尚書》以《堯典》開篇,《論語》亦以《堯曰》殿後,而言"天之曆數在爾躬"者,端在以堯代天。《論語·泰伯》:

> 子曰:大哉,堯之爲君也!巍巍乎,唯天爲大,唯堯則之。蕩蕩乎,民無能名焉。巍巍乎,其有成功也。焕乎,其有文章。

堯者,高也。[3]堯名放勳,其德既高,而民無能名之,故以堯稱之。[4]

---

〔1〕按,惠棟《古文尚書考》及段玉裁《古文尚書撰異》皆以爲即孟子所見《舜典》之言,而《舜典》爲趙岐所未見。焦循《孟子正義》已引及。

〔2〕王夫之《四書訓義》卷三十二《孟子·離婁下》。《船山全書》第八册,長沙:嶽麓書社,1996年,第487頁。

〔3〕《白虎通·號》:"謂之堯者何?堯猶嶢嶢也,至高之貌。"陳立《白虎通疏證》卷二,吴則虞點校,北京:中華書局,1994年。《説文》:"堯,高也。从垚在兀上,高遠也。"

〔4〕按,昔人於堯與放勳何者爲名,頗爲聚訟。《大戴禮·五帝德》孔子言及堯:"帝高辛之子也,曰放勳。"未言何者爲名。《史記》本之,曰"帝堯者放勳",又曰"帝舜者,名曰重華",是以放勳、重華爲堯、舜之名。孟子多直稱放勳,蓋亦以之爲名。故《滕文公上》之放勳,趙岐注爲"堯號",至本篇第四章,則注爲"堯名"。馬融曰:"堯,謚也。翼善傳聖曰堯。放勳,堯名。"鄭玄亦以堯舜禹湯皆爲謚號,而分别以放勳、重華、文命、履等爲名。參孔穎達《尚書正義》及江聲《尚書集注音疏》卷一(清經解本)。是漢儒大體以放勳、重華爲堯舜之名,而堯舜爲謚。陸德明等亦以放勳爲名號。然以堯爲名者蓋亦古已有之,如《白虎通》雖言堯舜爲謚,亦彌縫其間,於《謚》篇言"堯猶謚,顧上世質直,死後以其名爲號耳。"見陳立《白虎通疏證》卷二。該書本雜取衆家,宜其有此。及《尚書》僞孔傳以放勳爲"放上世之功化",孔穎達遂依違於馬、鄭與僞孔之間。朱子亦以爲"本史臣贊堯之辭",見其《孟子集注·滕文公上》第四章注。其説蓋本之小程子,見《河南程氏遺書》卷十八《伊川先生語四》,《二程集》,王孝魚點校,北京:中華書局,1981年,第228頁。清儒臧琳、王鳴盛等已駁僞孔説,實則駁斥程朱。參臧琳《經義雜記》卷一《放勳乃徂落》;王鳴盛《尚書後案》卷三十《昔在帝堯》。並清經解本。

此猶老子所謂“道可道”、“名可名”之境,“强而名之,則字之曰道”。天之境界在不能言,《論語·陽貨》:

子曰:“予欲無言。”子貢曰:“子如不言,則小子何述焉?”子曰:“天何言哉,四時行焉,百物生焉,天何言哉!”

其能言者則自舜始。舜名重華,舜者俊也,乃大之義,[1]既能順承於堯,初如坤之承乾;繼則得其天位,如諸善之承元,《文言》所謂“元者善之長”,是有得於天也。遂亦以舜稱之而不名,此蓋後世謚法之濫觴。此義亦可由古樂見之,《樂記》所謂“王者治定作禮,功成作樂”,此樂乃政權之自我反思。[2]如周人所言六代之樂,黄帝之《雲門》《大卷》、堯之《大咸》、舜之《韶》、禹之《大夏》、湯之《大濩》、周之《武》,皆與其政體之精神相應。咸言萬國咸同,天下一體;韶者紹也,言能紹續堯德。

此堯舜之境界,即相應於道與德。老子曰:“失道而後德。”孔子曰:“志於道,據於德。”道、德即前文所言天道、人道。[3]故堯舜倘並言之,皆可視爲五帝之一,五帝與三皇亦有别也;倘分言之,則以堯統攝此前一切三皇五帝,而相互可不必分别。[4]然則堯舜之分别,即道德、天人、陰陽之分,[5]道、德既分,始可以言統緒,否則亦無所謂道統也。

---

[1] 前揭《白虎通·號》:“謂之舜者何? 舜猶也,言能推信堯道而行之。”《説文》:“舜,艸也。楚謂之葍,秦謂之藑。蔓地生而連蕚(華),象形。从舛,舛亦聲。”段玉裁《説文解字注》:“舜,象葉蔓蕚連之形也。从舛,亦狀蔓連相鄉背之皃(貌)。……按此與艸部䑞音同義别。有虞氏以爲謚者。堯,高也。舜,大也。舜者,俊之同音假借字。《山海經》作帝俊。”按段説言舜有“大”之義,舜、俊相通,皆是。舜之“葉蔓華連”,正隱含大之義,此廣大之大也。堯舜乃如乾坤相耦,堯高如天,舜廣如地,正其象也。孔穎達《尚書·堯典》正義首節引鄭玄注《禮記》“舜之言充”,言其“是以舜爲號謚之名”,義亦可通。此皆就其經學大義言之,若以歷史限制之,則鑿矣。蓋諸人皆未必客觀歷史人物也。

[2] 參《孟子章句講疏》卷三《公孫丑上》第二章講疏,上海:華東師範大學出版社,2011 年。

[3] 天人之分,可參《孟子章句講疏》卷一《梁惠王上》第一章講疏。

[4] 此義亦可見諸於道家。如《莊子·天下篇》開首言天人、神人、至人、聖人,雖似有境界之别,實則不過顯現之異。佛家亦有佛陀示現菩薩之境,皆此類也。

[5] 陰陽之分較爲複雜。以物象言,混沌相合之時爲陰,事物出生之後爲陽,然陰中有陽,故能生陽,是陰陽互根之義。如天一生水,水爲渾沌,是陰;一生二,即坎生離,離爲明,爲陽。然當坎之時,一陽坎陷於陰,是爲陰中之陽。參拙作《周易義疏》卷首坎離圖及坎、離二卦義解。此義亦可見於《黄帝内經·金匱真言論》。

明乎此，則儒家二帝、五帝之説可以統一。蓋《論》、《孟》惟言堯舜二帝，五帝則見諸《大戴禮·五帝德》，曰黄帝、帝嚳、顓頊、堯、舜，太史公後採入《五帝本紀》，以爲信史。至於伏羲、神農，猶見於《繫辭下》，或言乃三皇之二，[1]或言與黄帝、少昊、顓頊並爲五方上帝，皆歷來相傳上古之帝王。顧何以有二、五之異？此於歷史學，似無關宏旨，於經學則有大義存焉。

三皇五帝之説，近人頗質疑之，顧頡剛氏乃提出"層累的造成"之古史説，以爲上古帝王早期記載甚少，戰國以降則後出轉增，此如孟姜女故事，因流傳孳乳而細節轉繁。此説頗開後現代史學之先，蓋以小説戲曲視歷史之本事矣。其説流傳既廣，爭議亦夥。倘細究之，則雖有所見，亦有所失。其所見，在於破除以傳記爲信史之觀念，以見歷史事實皆經思維擬議而成。然淺人見之，乃遂云其説既倡，則全部上古史皆可推翻。其所失者，在以後出者皆爲編造，不知上古傳説本即口耳相傳，後來寫定者未必即晚出也。

嘗試論之。二五、三五之説皆本乎陰陽五行之義，二言陰陽，五言五行也。二義本各不相謀。然陰陽本有互根之義，陰非純陰也，固有其陽，是大《易》所謂太極。太極之陽既顯，如陰陽判分，是所謂兩儀。及二陽裂分，則四象生焉。以太極統陰陽則爲三，以太極統四象則爲五，乃知三五之數本即陰陽所生，故陰陽五行始合而一之。此即三統、三達德、五常諸義所本，乃先秦德性論發展之關鍵。[2]故陰陽、五行二義雖淵源有别，[3]然以三五相合，必爲陰陽五行二義疊加之結果。其時當與通行本《周易》之完成相應。陰陽爲《周易》自我展開之道，此理人所

〔1〕參《白虎通·號》。同篇言另一皇，或曰燧人，或曰祝融。參陳立《白虎通疏證》卷二之疏證。

〔2〕三五之説，可參拙作《德性與工夫：孔門工夫論發微》，收入楊乃喬主編《中國經學詮釋學與西方詮釋學》，上海：中西書局，2016年；《思孟五行説新論》，《學術研究》2018年第8期。

〔3〕陰陽，《繫辭》以爲始於伏羲。五行，《洪範》託於鯀禹之前，《史記》以爲始於黄帝，見《五帝本紀》。另如《國語·楚語下》言顓頊時有五官。

共見,孔穎達所謂“二二相偶,非覆即變”;而四象五行之理,實已藴藏卦序之中。卦分内外,乾言四德,皆本乎此。[1]此義既出,以其結構之精妙,義理之圓融,遂爲儒道二家信奉無疑。孔、老所以被奉爲聖人,六藝所以被視爲經典,孟、莊所以爲儒、道之正脈,皆植根於此。[2]及後《春秋》學之倡三統,鄒衍輩言五德,醫家言五臟、五色,禮家别陰陽,[3]諸義紛出,蔚爲大觀。漢世學者未明此義,見陰陽五行爲儒道及方術家所宗,乃另立所謂陰陽家者,非也。蓋陰陽觀本亦古史官之所存,及東周以降,孔老孟莊皆能宗之,墨子荀卿則必欲反之而已。此德性、知性思維之不同也。

故倘對先秦學術作一通觀,首當以春秋後期至戰國中期爲原點,而其中心則爲孔老墨孟莊諸師。至其文化自覺最核心之點,即在此陰陽五行、三統五德之證成,以及心性領域德性與知性之判分。此義既明,則“如網在綱,有條而不紊”,先秦學術皆可涣然冰釋矣。

三五之説,表現於歷史者,除三皇五帝外,尚有三王五霸。明乎此,則知《論語》所以唯言二帝、三代、齊桓、晉文者,蓋孔子之時三五之説尚未昭揭也。孟子乃尊孔子者,故亦合言堯舜、齊桓晉文,然已有五霸之説。[4]可

〔1〕參拙作《周易義疏》關於卦序之討論,簡要概括,可參拙作《易象與時間:關於易象學的論綱》,《中國文化》2018年春季號。

〔2〕參拙作《從巫史到孔子:〈周易〉的經典化——一種基於經學進路的探討》,收入陸康、張巍主編《權力與占卜》,《法國漢學》第十七輯,北京:中華書局,2016年。

〔3〕如《明堂陰陽》,漢代尚遺專書,見《漢書·藝文志》。另如《禮記》中主賓方位諸義,皆有陰陽觀滲透其間,此皆孔子以來新義。擬另文討論。

〔4〕如《告子下》:“五霸者,三王之罪人也。”《盡心上》:“堯舜,性之也;湯武,身之也;五霸,假之也。”按五霸除一般所言春秋五霸(共四種)之外,《白虎通·號》另言:“五霸者,何謂也?昆吾氏、大彭氏、豕韋氏、齊桓公、晉文公也。”。後説不知何昉,惟《國語·鄭語》史伯語鄭桓公:“佐制物於前代者,昆吾爲夏伯矣,大彭、豕韋爲商伯矣,當周未有。”鄭桓公時當兩周之交,周尚無霸,亦無五霸之説。依理推之,此説當早於春秋五霸之説,故《白虎通》雖介紹三種五霸之説,而以此説居首,餘二種皆言“或曰”。蓋五霸觀念最初形成之後,學者據齊桓二霸而上推,遂有夏殷周三代之五霸。及後三皇五帝、三王五霸之歷史觀完成,五霸遂專以春秋諸霸主當之,而學者之見各有不同,故除齊桓、晉文之外,尚有秦穆、楚莊、闔閭、宋襄、勾踐之異。其時間即當在孔孟之間。五霸凡五説,參陳立《白虎通疏證》卷二《號》。

知三王五霸之提出,即在孔孟之間。此説雖流傳於戰國,而義理實本於大《易》陰陽五行之説,故雖言孔子作此義亦可也。[1]此後學所以繫《五帝德》於孔子,《易傳》以伏羲、神農、黄帝、堯、舜並言,且言乃孔子所述,而後世孔門不以爲忤。然則二帝、二霸乃孔子舊説,而五帝、五霸則孔門新義,二者如陰陽之與五行,原不相忤,故兩存之可也。

雖然,論學當知其邊界。二帝之説甚簡,其含義當視乎具體情境。本文與上篇孟子惟以大舜爲言,乃因既言道統,則當觀其順承,此亦孔子所謂"述而不作,信而好古,竊比於我老彭"之義(《論語·述而》)。蓋人之所爲,無論凡聖,皆當有以承乎天也。而大舜則首出羣倫,繼天立極,而能繼往開來之大聖人。是堯蕩蕩焉難以名之,而可名、可法者舜也。堯之於舜,蓋猶大衍之數五十,置其一虚中不用,以當太極也。故舜之承天,其發爲政治,則爲堯舜、舜禹之禪讓,後文因特發天位之義;其見於人倫,則承順父母,友於兄弟,則此章先言之。夫"物有本末,事有終始"(《大學》),親親者仁也,君臣者義也,仁固爲義之本。

萬章曰:"'父母愛之,喜而不忘。父母惡之,勞而不怨。'然則舜怨乎?"曰:"長息問於公明高曰:'舜往于田,則吾既得聞命矣。號泣于旻天,于父母,則吾不知也。'公明高曰:'是非爾所知也。'夫公明高以孝子之心爲不若是恝。我竭力耕田,共爲子職而已矣。父母之不我愛,於我何哉?帝使其子九男二女,百官牛羊倉廩備,以事舜於畎畝之中,天下之士多就之者,帝將胥天下而遷之焉。爲不順於父母,如窮人無所歸。天下之士悦之,人之所欲也,而不足以解憂;好色,人之所欲,妻帝之二女,而不足以解憂;富,人之所欲,富

[1] 孔子雖未見合言三五,然《論語》中亦可見三五之論,如三代、三達德,另如以仁統攝五常之義,皆與此相合。關於仁之統攝五常,可參前揭《思孟五行説新論》。

有天下,而不足以解憂;貴,人之所欲,貴爲天子,而不足以解憂。人悦之、好色、富貴,無足以解憂者,惟順於父母可以解憂。人少則慕父母,知好色則慕少艾,有妻子則慕妻子,仕則慕君,不得於君則熱中。大孝終身慕父母。五十而慕者,予於大舜見之矣。"

【講疏】依《離婁上》,瞽叟乃天下最冥頑不化之人。舜之承事瞽叟,非事事服從之愚孝,而是以道事父,終能以至誠化之。本篇其事雖同,而所論實異,蓋欲直探聖人事天之本。夫父子雖天倫,人於父母固當承之敬之,以禮事之,然非附從之也。此義在昔亦非人人盡知,世俗禮教至以父母爲人之所天,倘爲父母視作忤逆,不惟爲禮俗所棄,國法亦不相容。其極端者尤以"天下無不是之父母"相倡,至欲人以事佛之道事之。變本加厲,後世遂衍爲愚忠愚孝之禮教。揆諸孔孟之大義,是皆違道遠矣。時下佛教徒尚多以此道相倡者,不自知其流爲鄉愿曲學也。

雖然,愚孝之形成亦不爲無故。儒學倡爲尊父孝親,其不善學者固如是。蓋子女之於父母,親情所關,事爲之際誠有所不容已者。如墨者夷之,雖信服"愛無差等,施由親始"之説(《滕文公上》),及孟子告以葬親之義,言人見路人死於溝壑或能忍受,而於父母則泚然汗出,不忍正視,故返而葬之,是葬禮之興,乃由人本心之不能已。然則父母之與他人,雖皆可云"民胞物與",兼而愛之,豈能真無所別? 故墨者既以天爲本,而又不能不以父母爲重,是所謂二本也。

唯儒者能知一本。所謂一本,非言父母即天,乃言父母乃天地之發竅也。蓋人與父母,非精神之聯繫,而由於身體,是所謂天倫也。既爲身體之聯繫,故"身體髮膚,受之父母,不敢毀傷,孝之始也"(《孝經·開宗明義章》)。既非精神之聯繫,故父子不相責善,責善乃師友之道也。[1]蓋

〔1〕《離婁上》第十八章。

天地之發竅，其表現於肉身者，即吾人之祖先父母，祖先父母乃吾身之本也；其表現於精神者，則先聖與師，聖師乃吾心之本也；其表現於社會關係者，則爲社稷與政治，君權乃人羣之本也。宋儒楊簡所言“心之精神是謂聖”，[1]陽明所謂“人人心中有仲尼”是也。人當尊其父母，倘父母不能尊祖敬天，則亦不本之矣；人當敬其君師，倘君師不能本諸聖與天，則亦不尊之矣。

父母既爲吾身之本，故吾身亦當有以報之，是所謂孝。孝者，報也。[2]不敢毁傷身體髮膚，是報父母之“遺體”。己身即是父母之遺體。其次則養之，敬之，不使父母受辱，游必有方，所以報父母之身體與情緒。再次則“揚名聲，顯父母”，乃是成就自身，父母亦因之光顯，是則尤爲報之大者。此與《禮記》所言“施報”之義相通。[3]世俗但知以名利虚譽相誇飾，以爲父母光顯者，亦風俗之澆薄而已，並非經典本義。至於大舜，其父雖冥頑不靈，而己則反以大道化之，是能以天德養其父，所以報父母之本心，於父母亦有師道焉。此孝之無以復加者，大《易》所謂“幹蠱”之道。[4]以佛教觀之，惟釋尊入滅之前，入忉利天爲母説法，而化渡之，可堪媲美大舜此境。

事親亦周人宗教之一部，宗教者，事天之學也。天地既發竅於父母，人能報本反始，是事天之尤切者。故父母所代表者乃己身與天道之一體性，與墨者、佛、老及耶教對佛天上帝之崇拜不同，儒者之認同父母固非崇拜之也，而是因其一體性。

既言崇拜，其對象必是與己相對待之物。如耶教及墨者，其天人之間乃絶然相待者，是耶教所謂“超越性”。雖有耶穌、墨者爲中介，亦必

---

〔1〕按此言本出《孔叢子·記問》“心之精神是乎聖”，據説是孔子答子思之言。

〔2〕此義可參拙作《孔曾禮學探微》，《中國經學》第26輯，桂林：廣西師範大學出版社，2020年。

〔3〕參《孟子章句講疏》卷二《梁惠王下》第十三章所言施報之義。另參拙作《説“絜矩之道”》，《中國文化》2019年秋季號。

〔4〕參拙作《周易義疏》蠱卦義解。

以二者爲崇拜對象,是亦墨者尚(上)同之義。故人之愚孝,是以父母爲崇拜之對象,而非與父母爲一體者矣。其事父母如神佛,雖以儒學自命,亦早失其中道。愚忠於君師者亦然。孔孟於親君師,皆言以禮事之,以道事之,何嘗欲人喪其本心自我?儒學既言本末,亦所謂陰陽小大,〔1〕以身體言之,父母爲本,子女爲末;父母爲大,子女爲小。顧父母雖大,尚有尤大者在。其父、祖、曾、高,由此上溯,乃至遠祖、始祖,直至生命之本始,所謂帝,所謂天,則至矣,蔑以加矣。倘父母所爲不合於天道,又豈可一味從之?予昔嘗設一悖論,倘其父命子殺其祖,其子亦且無違乎?孔子以無違告孟懿子之問孝,然旋即語弟子樊遲云:"生事之以禮,死葬之以禮,祭之以禮。"(《論語・爲政》)昔人論《論語》此章甚衆,玆故依理言之如此。

明乎此,則知大舜何以"號泣于旻天"矣。父母既爲天地之發竅,倘父母不善待其子,既無祖宗可訴,亦唯訴之於上天而已。其所謂怨慕者,既憂且慕也。依禮,"曾子曰:父母愛之,喜而不忘;父母惡之,憂而不怨。"〔2〕然何以學者或云大舜有怨?孟子乃引公明高之説,言孝子亦非如長息所言,於父母之不善待殊無怨言,若與己無關者,所謂"孝子之心不若是恝"。此待鄉人之法也。〔3〕孟子所謂怨,亦非世俗所言怨恨,而是憂而不怨之怨慕。故下文言舜雖天下人皆悦之,富且貴焉,尚不足解憂。是其所憂者,在父子未能相合,失天人一體之義。趙岐所謂"自求責於己而悲感焉",〔4〕朱註亦云"怨慕,怨己之不得其親而思慕也"。然則此憂非習心功利計度之憂,乃即《離婁下》所論聖賢之存心也。

後文之言"慕"亦然。天下之言慕者,皆以功利欲望之思慕心爲言,

〔1〕前揭《德性與工夫:孔門工夫論發微》。

〔2〕此《禮記・祭義》之文,焦氏已引及。子曰:"事父母幾諫,見志不從,又敬不違,勞而不怨。"(《論語・里仁》)王引之《經義述聞》"勞,憂也",楊伯峻《論語譯註》引之。《祭義》:"父母愛之,嘉而不忘;父母惡之,懼而不怨。"嘉蓋喜之訛。勞則憂懼之義。

〔3〕參《離婁下》第二十九章。

〔4〕此"父母之不我愛,於我何哉"注文,朱子、焦氏皆從之。

故人少則思慕父母,青春期則思慕美色,有家庭則思慕妻兒,做事則思慕長上,不爲長上所喜則五内如焚。其思慕父母,尚赤子之所常,其後則皆以欲利爲心也。即此可見,人於父母、少艾、妻子、長上,其思慕之狀未嘗稍異,而所以終不同者,即在是否有欲利之心存乎其間。蓋既有欲利之心,則人我之間分立爲二,失其一體性矣。所謂"大孝終身慕父母",與前篇"惟大人爲不失其赤子之心"相應。舜五十而號泣旻天,是赤子之心未嘗稍減,此天人合一之境,是大舜之所以大。

蓋尤有説。父母、少艾、妻子、長上,既皆以思慕爲言,可見思慕乃人之心理活動,本無所分别,惟與對象(即所思慕者)之聯結方式有異。故常人欲利之心,雖似人我對待而失其一體性,然亦不可謂非自然而然者,惟不可逾越其分際,否則流於人欲而違其天理矣。倘明此理,則即其欲利之思慕,當下即可轉識成智,蓋鍛鍊此欲利之思慕,而爲人我一體之思慕也。明儒羅近溪有見於此,故言:

> 聖人之教天下,不是能令吾人於良知良能之外,别有增益,只是以先知覺後知,以先覺覺後覺,如用水鍛礦,則礦一過火,便即是金。吾人既覺,則即我本性便即是聖。[1]

胥,趙岐釋爲須,朱子釋爲相視,皆可通。言堯將視天下治理之情形而禪讓之也。而舜於天下之歸己皆無所縈心,乃如窮人之無所歸,唯呼天搶地耳。此言大舜五十慕父母之狀。

第二章

萬章問曰:"《詩》云:'娶妻如之何?必告父母。'信斯言也,宜莫如舜。舜之不告而娶,何也?"孟子曰:"告則不得

[1] 羅汝芳《近溪子集·射》,方祖猷、梁一羣、李慶龍編校《羅汝芳集》,南京:鳳凰出版社,2007年,第105頁。參拙作《王學與晚明師道復興運動》(增訂本)第四編第二章第一節,上海:復旦大學出版社,2020年。

娶。男女居室,人之大倫也。如告,則廢人之大倫,以懟父母,是以不告也。”萬章曰:“舜之不告而娶,則吾既得聞命矣。帝之妻舜而不告,何也?”曰:“帝亦知告焉則不得妻也。”

【講疏】上章辨舜之順承瞽叟,本章則辨舜之友于兄弟。所言“不告而娶”,亦承上章而言。所謂“告則廢人之大倫”,前篇實已辨之,蓋即“不孝有三,無後爲大”之義(《離婁上》)。懟,怨懟。懟父母,則父子相離矣。故不惟舜之自娶,堯之嫁女,皆不以告瞽叟,否則其事不諧矣。舜既因不娶而無後,是不能報父祖乃至天道之生生,此較必告父母之禮而言,乃不孝之大者。此亦坐實上章所言小大之辨,以示不可愚孝於父母,因尚有較父母之命尤大者在。倘既告而違之,在帝爲違禮,在舜則重失父母之心。

其引《詩》爲據,可見戰國之時,《詩》已不止斷章取義,而成孔門内部之經典。今觀傳世及出土文獻,以義解《詩》之風亦甚盛,[1]本文亦以《詩經》裁量上古史事,[2]此皆東魯孔門縉紳先生新興之經學也。下文孟子教學者解經當“以意逆志”,蓋亦因應此趨勢而有爲言之者。孟子之學多言《詩》《書》,大舜之事蓋亦《書》類文獻所記,當孟子之時,經典既已定型,且孔子自言“吾道一以貫之”,則學者相互參考以究明大義,亦理所必至者。

萬章曰:“父母使舜完廩,捐階,瞽瞍焚廩。使浚井,出,

---

〔1〕傳世文獻中如可能爲曾子所作的《大學》,子思所作的《中庸》、《坊記》、《表記》、《緇衣》等。出土文獻中上博簡《孔子詩論》則是顯例。

〔2〕本章“信斯言也,宜莫如舜”之信,趙岐釋爲相信之信,朱子則訓爲誠,焦循雖力闢宋學,對此反贊同其義,且言“《詩》在舜後,趙氏謂‘舜合信此詩之言’,非其義也”。按,焦氏所言無理。趙氏非言舜信此詩,而是信此詩中所言。

從而揜之。象曰:'謨蓋都君咸我績,牛羊,父母;倉廩,父母。干戈,朕;琴,朕;弤,朕;二嫂,使治朕棲。'象往入舜宫,舜在牀琴。象曰:'鬱陶思君爾。'忸怩。舜曰:'惟兹臣庶,汝其于予治。'不識舜不知象之將殺己與?"曰:"奚而不知也? 象憂亦憂,象喜亦喜。"曰:"然則舜僞喜者與?"曰:"否。昔者有饋生魚於鄭子産,子産使校人畜之池。校人烹之,反命曰:'始舍之,圉圉焉;少則洋洋焉;攸然而逝。'子産曰:'得其所哉! 得其所哉!'校人出,曰:'孰謂子産智? 予既烹而食之,曰,得其所哉,得其所哉。'故君子可欺以其方,難罔以非其道。彼以愛兄之道來,故誠信而喜之,奚僞焉?"

【講疏】趙岐注:"使舜登廩屋而捐去其階,焚燒其廩也。一説捐階,舜即旋從階下,瞽叟不知其已下,故焚廩也。使舜浚井,舜入而即出,瞽叟不知其已出,從而蓋其井,以爲死矣。"《史記·五帝本紀》亦記瞽叟與象欲合謀殺舜,萬章所言與之略同。張守節《正義》另引梁武帝《通史》,所言尤詳,稍類後世之小説,而歷來似多視爲信史。蓋瞽叟之頑劣,象之傲狠,上世既已言之鑿鑿,無論其頑傲之具體情形如何,亦不致影響大義。孟子亦惟藉其事以明其理而已,學者不必膠執。[1]

顧萬章所大不解者,瞽叟與象皆舉世公認之惡人也,乃至欲殺舜而分其財富、妻子,此在世俗之人,皆難以忍受,而以爲大不近人情者。何以大舜不惡其人,而猶愛之,殆亦虚飾其外者歟? 孟子乃一言以斷之曰:否。此藉大舜之聖,以言純粹兄弟之情,亦猶上章所言,乃純粹父子

〔1〕小程子曰:"孟子言舜完廩浚井之説,恐未必有此事,論其理而已。堯在上而使百官事舜於畎畝之中,豈容象得以殺兄,而使二嫂治其棲乎? 學孟子者,以意逆志可也。"《河南程氏遺書》卷四《二先生語四》,《二程集》上册,第71頁。另參《遺書》卷十九《伊川先生語》,第253頁。

之情也。蓋父子兄弟皆天倫也,其關係皆因血緣而成立,而非精神性聯繫。故無論其善惡與否,吾惟盡吾之分而親愛之,以成其天人一體之道。此雖似不近人情,然亦惟此始可稱純粹,惟此始可稱聖人。小程子所謂"蓋天理人情,於是爲至"。[1]蓋親情以外,已無一毫他意雜乎其間。古賢以精金喻聖人,即是此意。此猶佛典所謂割肉飼鷹,人所不堪者,亦但言其理而已,不必膠執。夫聖之與佛,雖皆人類之先覺者,其初蓋亦親證其理境而已,及奉爲崇拜之偶像,乃遂無所不能,有若天神矣。

不寧惟是。即普通人中,亦有爲父母、兄弟、妻子所棄,雖死而不怨者。其行似愚孝愚義而實非愚昧者,此其孝友即與舜同。蓋愚孝、愚義乃放棄自我,一唯他人之命是從。至聖人於父母、兄弟,則是全然不計較其惡,純是一片忠厚惻怛之情而已,其自我未失也。此即下文孟子所謂君子雖可"欺之以方",卻"難罔以非其道",罔即蒙蔽之義。孟子此言,意在言大舜之所爲與愚孝、愚義有别。

觀文中象言"鬱陶思君耳",是其早知兄弟當互相思慕之義,其神情忸怩尤良知發露之證。蓋既殺舜而未成,突然見之,而難掩心中之慚愧。以義理論,大舜乃聖人,聖人虚中應外,故"感而遂通天下之故"(《繫辭上》),雖未懸揣弟之不善,及其不善之來,亦未嘗不知。雖亦怒其殺己,然不旋踵而遂忘之(參下章)。誠如朱子所言,"兄弟之情自有所不能已"。此如兒童作劇有甚惡者,甚或遺禍他人,而人亦因其未成人而不與較。及其既以愛兄之方式而來,則亦親愛之而已,故因其憂而憂,因其喜而喜。

"君子可欺之以方",方者道也,雖受欺騙,亦因人以其道來欺之,如子産之受欺於校人。故聖人亦非不可欺,惟聖人自有觀人之法,此在《離婁下》言之已詳。孔子曰:"視其所以,觀其所由,察其所安,人焉廋哉,人焉廋哉!"(《論語・爲政》)觀人非本章大旨,姑引此文以見意。

---

〔1〕《河南程氏遺書》卷四《二先生語四》,第70頁。

第三章

萬章問曰:"象日以殺舜爲事。立爲天子則放之,何也?"孟子曰:"封之也,或曰放焉。"

【講疏】觀本章語氣,萬章所讀舊典,當作"舜放象於有庳"。朱子云"放猶置也。置之於此,使不得去也。萬章疑舜何不誅之,孟子言舜實封之,而或者誤以爲放也。"蓋放有逐義,《説文》:"放,逐也。"本章"放驩兜"之放即是此義。此乃承上章,象日以殺舜爲事,而舜則"象憂亦憂,象喜亦喜",倘此行非僞,又何以既立爲天子,便放逐之?萬章此問,是亦疑舜爲僞之意。孟子故曰,非放逐之,乃實封之,或有人曰放之而已。此封、放之異或有二種可能。其一,封字上古在幫母東部,放在幫母陽部,雙聲旁轉,宜有此文字之訛也。其二,則此放非放逐之義,見孟子下文所釋。

萬章曰:"舜流共工于幽州,放驩兜于崇山,殺三苗于三危,殛鯀于羽山,四罪而天下咸服,誅不仁也。象至不仁,封之有庳。有庳之人奚罪焉?仁人固如是乎?在他人則誅之,在弟則封之?"曰:"仁人之於弟也,不藏怒焉,不宿怨焉,親愛之而已矣。親之,欲其貴也;愛之,欲其富也。封之有庳,富貴之也。身爲天子,弟爲匹夫,可謂親愛之乎?"

【講疏】萬章乃引《堯典》(僞《古文尚書》入《舜典》)舜流四凶之事,以形其自相矛盾。舜既誅不仁如四凶,而於此至不仁者反封之,豈仁人之所爲乎?觀萬章之言,乃見孟門亦如孔門,師友一堂風義,雖師長,亦可以道義相詰也。孟子乃言仁者之於弟,雖有怨怒,過而不留,未嘗計較其對己之不仁也。是惟以純粹兄弟之情待之而已。親之愛之,故願富貴加之,此亦世俗之人情。孟子此言,不過以當時世俗人情形容大舜愛弟之狀,否則,倘以今世情理爲尺度,言不可以天下之財封其私昵,則孟子亦必無詞以對矣。此可見孟子所處家天下時代,故其所論亦不無歷史性因素羼入之。蓋天子富有四海,封其私親,此當時人人以爲當然者,倘不能與兄弟共之,反失親親之義。本章大義在言仁人於至親不畜宿怨,且欲彰顯此純粹親情之存在,不必糾纏於詞句瑣屑之間。要之,當明孟子乃論理而非論史,歷史上舜之所爲如何,乃至舜之有無,皆不影響此處之討論。

雖然,本節言語邏輯似稍有跳躍,尚有一前提有待表出。大舜所以如此厚待其弟,而天下無辭者,何哉?蓋象之不仁乃唯表現於殺舜,未見其於天下有何不仁也。舜既不上告皋陶,則此事於天下殆無影響,未可遽以四凶視之。舜之不上告,亦不違親親相隱之義。倘象亦如四凶之害天下,或殺舜成功,自有皋陶秉國法懲之,舜亦安能包庇之?此即後文"瞽叟殺人,皋陶爲士"所討論之前提。[1]顧萬章所以稱象"至不仁"者,蓋四凶雖惡,或未及弑親,象日以殺兄爲事,其惡蓋無以復加矣。惟其惡如此,而舜不存宿怨,所以見其親情之純粹。聖人所爲,衆人固不識也。衆人之以舜爲僞君子,爲以術牢籠其弟,如鄭伯之克段,不亦宜乎?[2]

"敢問或曰放者,何謂也?"曰:"象不得有爲於其國,天子使吏治其國而納其貢税焉,故謂之放。豈得暴彼民哉?雖然,欲常常而見之,故'源源而來,不及貢、以政接于有庳'。此之謂也。"

---

〔1〕《盡心上》第三十五章。

〔2〕唐文治《孟子大義》:"愚嘗聞某氏之言曰:'舜大智人也,常欲人處於非而己處於是也。彼象者,蓋受其牢籠而不自知也。'嗚呼!是專以欺詐之心測聖人,謬之尤謬者也。"

【講疏】承前所言，大舜既封象於有庳，是誠親愛之矣，其於兄弟之情亦篤矣，然有庳之人復有何罪，而得此不仁不義之人爲長上？此萬章所以畜此疑也。孟子故另釋放字之義。此放即朱子所謂置，非流放之義也。雖封象於其地，而另設官吏主之，故象雖時常來見舜，彼此卻不言貢賦之事，是無與於有庳之政，誠虚君耳。然則愛弟之仁、保民之義可兩得而雙美之矣。"不及貢、以政接於有庳"，乃引古書之言而孟子釋之，其義甚明。依上下文，"源源而來"似亦古書之言。惟朱子釋"不及貢，以政接於有庳"，爲"不待及諸侯朝貢之期，而以政事接見有庳之君"，似稍有未安。[1]蓋諸侯之大政即在於貢，周人所謂"夏后氏之貢"是也，職貢之時方所謂"以政接"也，故"不及"二字當一氣貫下，言不待貢賦述職諸大政之時，即源源而來也。

本章所言，亦孟子與萬章詮釋先代典籍之實録。萬章蓋望文生義，見一放字便與"放驩兜"之事並觀，則其與前文所言舜之愛弟不啻自相矛盾。以經證經，固經典詮釋應有之義。《詩》、《書》已可互通，何況《書》之與《書》？孟子乃教以一詞或有多義、上下文當並觀之理，則方圓鑿枘者既已互通，文本亦怡然而理順矣。就中孟子與萬章之問答極有意味。近儒唐文治有言：

> 此節（指本篇第二章）李榕村指爲稗官野史，事之有無蓋不足辨，而亦載之者，蓋問答之體，宜於博采也。陳氏蘭甫云："《萬章篇》所論唐虞三代之事，閎遠深博，非問答之文不能暢達之。讀書豈可不識文章之體乎？"[2]

觀李光地、陳澧之言，實已觸及孟子本篇解經之法。李氏言博採其事尚屬牽强，陳氏言暢達其旨則所見甚確。此猶《禮記·學記》所言"善待問者如撞鐘，叩之以小者則小鳴，叩之以大者則大鳴"，倘非有識者設

〔1〕"以政接于有庳"，趙岐以爲"若天子以政事接見有庳之君"，是言並非有政。誠爲得之。焦循引王鳴盛説，以爲實有其政，然理據皆以春秋之事上推，實不足據。

〔2〕前揭《孟子大義》。

問之,其微言大義亦無從而出。以是知萬章雖實際與孟子相互問答之人,然觀本章上下文,或亦有意設定之發問者。

第四章

咸丘蒙問曰:"語云:盛德之士,君不得而臣,父不得而子。舜南面而立,堯帥諸侯北面而朝之,瞽瞍亦北面而朝之。舜見瞽瞍,其容有蹙。孔子曰:'於斯時也,天下殆哉,岌岌乎!'不識此語誠然乎哉?"孟子曰:"否! 此非君子之言,齊東野人之語也。堯老而舜攝也。《堯典》曰:'二十有八載,放勛乃徂落,百姓如喪考妣。三年,四海遏密八音。'孔子曰:'天無二日,民無二王。'舜既爲天子矣,又帥天下諸侯以爲堯三年喪,是二天子矣。"

【講疏】所謂"語",乃上古記言之書,《國語·楚語上》記楚人之教太子,曰:"教之《語》,使明其德而知先王之務用明德於民也。"故"流傳於後世的《國語》,即各國之《語》的彙編"。[1]孔子之《論語》亦是"語"之一種。[2]既以記言爲務,或有人言言殊,以訛傳訛者矣。另有學者,於前人所言,徒以管見揣測比量,此在史料之考察,與夫經典之解釋中,皆習見者也。本篇孟子與咸丘蒙所言,即屬此類。

顧所謂"齊東野人之語"究係何指? 歷代疏家多未詳論。[3]夫野人既與君子對稱,乃指無位之人耳,於廟堂之事多想象之辭,誠不足論。

〔1〕王樹民《中國史學史綱要》,北京:中華書局,1997年,第11頁。

〔2〕關於語之意義,另可參拙作《早期儒家的名辯思想——孔子與荀子之間》,《新經學》第五輯,上海:上海人民出版社,2020年。

〔3〕按,趙岐以爲東乃指《尚書·堯典》"平秩東作"之東,"謂治農事也"。閻若璩《四書釋地》以爲趙岐"於東字妙有體會,不然,何不云齊之西或北野人乎"? 焦氏已引及。此雖可備一説,似不如以稷下釋之爲愈。

言齊東者,先儒多存而不論,以意推之,蓋因稷下學宫之故。據劉向《别録》,"齊有稷門,城門也。談説之士期會於稷下"。地址當在齊城西門之側。[1]野人本無文化,西門既爲學宫所在,其野人或亦偶聞君子緒論,言齊東以見其絶無知識,蓋戲語也。此類野語多出墨家,[2]墨者本出殷遺,所谓野人也,[3]故道聽途説而不知大本。詳末章。然何所貴乎君子之言?孔子曰:

> 夏禮吾能言之,杞不足徵也;殷禮吾能言之,宋不足徵也。文獻不足故也。足則吾能徵之矣。(《論語·八佾》)

獻者賢也,所謂文獻,依疏家所言,乃指竹帛所記以及賢人所傳。此亦《中庸》"無徵不信"之義。[4]孟子既以齊東野語視之,是言其無所徵信也。此亦孟子論學之法。

咸丘蒙所言"盛德之士,君不得而臣,父不得而子",其説未嘗不是,然以舜與堯及瞽叟之關係證之則非。故孟子首先辨析堯之北面。其所據者,則是《堯典》與孔子之言。所以引《堯典》爲據,乃因《詩》《書》禮樂皆先王之政典,歷世踵習,傳承有序,非苟作者也,亦非齊東野人輩可以測度。引孔子者,即太史公所言,"自天子王侯,中國言六藝者,折中於夫子"是也(《孔子世家》)。何以必折中於孔子?蓋六藝雖有所本,然既爲孔子所述,且得其"一以貫之"之義,是諸書所記當與孔子之議論相協也。[5]

---

〔1〕參《史記·田仲敬完世家》裴駰《集解》及司馬貞《索隱》所引《别録》及《齊地記》之説。

〔2〕《墨子·非儒》:"孔某與其門弟子閒坐,曰:'夫舜見瞽叟孰然,此時天下圾乎?周公旦非其人也邪?何爲舍其家室而託寓也?'""孰然"當即"蹵然","天下圾"即本章所謂"岌岌"。另,《韓非子·忠孝》:"記曰:'舜見瞽瞍,其容造焉。'孔子曰:'當是時也,危哉,天下岌岌!有道者,父固不得而子,君固不得而臣也。'"所謂記,即指《墨子》之類歷史文獻。兩段文獻,清翟灝《四書考異》卷三十一已提及。且言"蹵、造古通","韓非所引之記即咸邱蒙所聞之語"。

〔3〕關於墨子與殷文化之關係,參前揭拙作《早期儒家的名辯思想》之討論。

〔4〕《中庸》亦有所本。除了孔子之外,《左傳·昭公八年》載叔向曰:"君子之言,信而有徵,故怨遠於其身;小人之言,僭而無徵,故怨咎及之。"

〔5〕《論語·里仁》:"子曰:'參乎!吾道一以貫之。'曾子曰:'唯。'子出,門人問曰:'何謂也?'曾子曰:'夫子之道,忠恕而已矣。'"按,本節引《論語》此章,重在孔子自言"吾道一以貫之"。至於一貫之義究竟作何理解,尚可討論。

近世學者多不明此義,惟知以論史之法研經,故鑿枘難通者比比,此真經學之一厄。

堯舜乃孔子所宗之聖王,孔子既發"天無二日,民無二王"之義,〔1〕倘堯舜已是並立之天子,則孔子之言爲無據矣。以此知孔子所記堯舜史事,二者必非並立之天子也。今《堯典》言堯去世,百姓如喪考妣,四海之内、三年之間音樂皆息,此事或百官及民衆所自發,然自孟子觀之,是舜與百姓爲之服三年喪矣。此臣對君之禮也。堯既爲君,是舜不得爲天子也。故知大舜雖爲政二十八年,亦不過攝位而已。由此觀之,孟子所論堯舜之事與孔子所言,自史學論,尚屬牽强。如"三年,四海遏密八音"云云,蓋誇張之語耳,非必實録也,堯舜之際未必有所謂三年喪也。顧倘自經學論之,則其邏輯之縝密,義理之圓融,有不期而然者。蓋孔子既主三年喪,及其薈萃《尚書》,而以三年爲言,未嘗不可以有此微意存乎其間。是雖未必堯舜之史實,而未嘗非孔子述作《尚書》之史實。此亦孟子釋經之法,蓋六經本非古史,乃孔子所言一貫之經。倘經典及孔子無以自洽,則無以論經學之常道矣。然則後儒之折中於孔子,皆本孟子解經之法而爲之者也。

就中稍可辨析者,在孔子"民無二王"之説。上文既言父母乃吾人肉身之本,自人羣之相結而言,君即人羣之本。"君者,羣也",若民有二王,是不成其爲羣矣。倘以父母比況之,其私人性君主猶父母也,公共性君主猶高曾也,"民無二王"是亦人羣無二本之義,〔2〕孟子與夷之所論一本之義亦同。《繫辭下》云:"陽一君而二民,君子之道也;陰二君而

〔1〕《禮記》之《曾子問》、《坊記》皆有"天無二日,土無二王"之説。《坊記》之"子云",尚不敢必其爲孔子所言,可能是指子思。此問題另擬專文詳述。但《曾子問》所言則必爲孔子無疑,詳下文所引。

〔2〕《禮記·曾子問》:"曾子問曰:'喪有二孤,廟有二主,禮與?'孔子曰:'天無二日,土無二王,嘗禘郊社,尊無二上。未知其爲禮也。'"此即禮當一本之義。《坊記》則惟言"天無二日,土無二王"是爲了"示民有君臣之别",似乎衹是爲了君臣有别,遠不如《曾子問》所言爲圓融。故當以《曾子問》所言爲是。

一民,小人之道也。”蓋君與民之關係,自其本體言,則君爲本而民爲末:自其流行言,則民爲本而君爲用。[1]本章及《繫辭下》之民乃泛指具體民衆,非人羣之統體,如“民貴君輕”者也。故君主與民衆,乃如父母之於子女,固有本末先後之别,傳統儒學之所以常用“民之父母”喻賢君,職此故也。堯死而百官思之,[2]“如喪考妣”,亦與此相似。顧此君主皆指理想政治而言,其暴君庸主,既尸其位,便以民之父母自居者,不足論矣。[3]時下尚有以父母官自居者,可以休矣。

君主雖可以父母喻之,然固不同於父母。故君臣可以去其位,而父子關係則無所逃於天地之間。就孟子之政治理念而言,君主雖居其位,然此位乃公共性之位,非其私人可以專擅者。既不居其位,則或退而爲臣,亦無不可。道家者流亦有此見,老子曰:“功成身退,天之道。”惟道家乃自保身之立場而言,其於天下固無一體之見,是無所謂合羣也。自儒者觀之,退而爲臣可有二義。

其一曰退隱山林,而爲庶人,則舜與堯已非私人性君關係,[4]乃公共性君臣關係,雖可泛言君臣,然非臣於舜也,乃臣於天子之位而已。庶人“不見諸侯”(《萬章下》),故亦不可言“帥諸侯北面而朝之”。其二曰堯北面事舜,如臣之事君,則是堯德有欠,不足以居位矣,堯之德既已如天,知其必不然也。蓋以堯德當天德,乃經學所設定之義,此論堯舜

〔1〕參《孟子章句講疏》卷一《梁惠王上》第二章講疏。

〔2〕百姓當指百官,王夫之《四書稗疏·萬章上篇》、閻若璩《四書釋地·又續》、江聲《尚書集注音疏》略同。

〔3〕按“民之父母”之義,向來有嚴格限定。《大學》:“《詩》云‘樂只君子,民之父母。’民之所好好之,民之所惡惡之,此之謂民之父母。”此説尚不明顯。《禮記·孔子閒居》:“子夏曰:‘敢問《詩》云“凱弟君子,民之父母”,何如斯可謂民之父母矣?’孔子曰:‘夫民之父母乎,必達於禮樂之原,以致五至,而行三無,以横於天下。四方有敗,必先知之。此之謂民之父母矣。’”另如《禮記·表記》:“子言之:‘君子之所謂仁者,其難乎!《詩》云“凱弟君子,民之父母。”凱以强教之,弟以説安之,樂而毋荒,有禮而親,威莊而安,孝慈而敬,使民有父之尊,有母之親,如此而後可以爲民父母矣,非至德,其孰能如此乎!’”後一“子言之”,或指子思。然二者於民之父母所見實同。

〔4〕參《孟子章句講疏》卷四《公孫丑下》第十章講疏。

關係之前提。堯既合天德，且爲民衆所認同，則天命及政權在堯，又安能退隱山林？此與後文“堯不得以天下與舜”之義可以相參。爲臣不可，退隱亦不可，則惟可如孟子所言，“堯老而舜攝”，是君臣之關係未變，政權在堯而舜則代其統攝治權也。要之，孟子此處皆非論史，乃論理想之君臣關係。當孟子之世，君主世襲已爲世人所習見，以天子退職爲編氓，倘非湯武革命，實難爲世人所理解。況堯之德行如天者乎？孟子既以攝政之法解決堯舜禪讓之後君臣關係之矛盾，實最爲折衷之見。周公攝政成王，亦與此義相合。

申言之，王政之合法性端在以人合天，堯之所爲既“其仁如天”，宜乎百姓之歸往也。有德自可以居位，堯既未失德，是不容其去位也。當此之際，倘有仁德如堯者出，亦當如《易傳》所言，“先天而天弗違，後天而奉天時”，順承之矣。《周易》雖另發“夬履”之義，所謂“剛中正，履帝位而不咎”，言“帝位惟一，而有德者衆，欲履其位，必決去他人而後可”。然此湯武之境界也，既以爭誅得天下，雖無可咎，然尚有欠也。[1]故夫子論《韶》，“盡美矣，又盡善也”；謂《武》，“盡美矣，未盡善也”(《論語·八佾》)。

或曰：倘堯老不能治事，則何以擔君之責？應之曰：王政之理想，在“爲政以德，譬如北辰，居其所而衆星拱之”(《論語·爲政》)，是即孔子所謂“無爲而治者，其舜也歟”？《周易》於坤六五，言“黄裳元吉”，即“黄帝、堯、舜垂衣裳而天下治”之義。故儒者最理想之君道實爲虚君政治。以乾坤兩卦言之，是君處六五而師居九二，[2]其爲師者學然後臣之，猶如堯之薦舜，及其年老而遂攝其政也。此“學然後臣之”，即所謂“盛德之士，君不得而臣”之義，蓋此盛德之士於君有師道焉，必來學而後臣之乃可。孟子本章於此義亦惟引而不發而已，學者必心知其意，乃可貫通

〔1〕參拙作《周易義疏》履卦九五義解。
〔2〕參拙作《周易義疏》乾坤兩卦義解。

其言。

近世以來,西洋民智既開,所爲漸有與孟子略合者。[1]如法美諸國以民意當君權,其所選舉以擔君責者,無論首相、總理、總統,實皆相權耳。民意但有置相之權,而不與行政之事,亦與儒者虛君之義相合。相權既當有爲,無功則去,不可終身執政也。惟民衆之統體不可無代表,或以議會,或另立元首(君),或即以所選者尸元首之職。另如英日諸國,王室雖在,然僅爲公共性君權之象徵,而由民衆推舉相權。此猶明清時代之田底權、田面權,田底權爲田主所有,而實際掌控者或爲租借此土地之人(田面權)。田面權雖可使用,固非擁有之也,而田主亦不可擅自剥奪其租賃之權利。當此之時,在上者所行雖近秦政,而猶有堯舜禪讓之意存乎民間。"禮失而求諸野",其是之謂乎! 不意此民間社會乃於二十世紀,爲政治一舉而摧陷之,而文化全亡矣。另有以相權自居君權者(如希特勒之納粹等),是所謂乾綱不振,太阿倒持者,民衆鳴鼓而攻之可也。其餘政體,或主政教合一,或行變相之君主專制,蓋皆以私人性君權專天下之利,尚不足以民主言也。民智既開,是無合法性矣。

咸丘蒙曰:"舜之不臣堯,則吾既得聞命矣。《詩》云:'普天之下,莫非王土。率土之濱,莫非王臣。'而舜既爲天子矣,敢問瞽瞍之非臣,如何?"曰:"是詩也,非是之謂也。勞於王事而不得養父母也。曰:'此莫非王事,我獨賢勞也。'故説詩者不以文害辭,不以辭害志。以意逆志,是爲得之。如以辭而已矣,《雲漢》之詩曰:'周餘黎民,靡有孑遺。'信斯言也,是周無遺民也。孝子之至,莫大乎尊親。尊親之至,

[1] 唐文治云:"《泰誓》曰:'天視自我民視,天聽自我民聽。'近世西國之君,有出於選舉者,實隱合乎'民視民聽'之義,其道爲大公,其理爲大順。"見氏著《孟子大義》卷九《萬章上》第五章。

莫大乎以天下養。爲天子父,尊之至也。以天下養,養之至也。《詩》曰:'永言孝思,孝思惟則。'此之謂也。《書》曰:'祗載見瞽瞍,夔夔齋慄,瞽瞍亦允若。'是爲父不得而子也。"

【講疏】咸丘蒙蓋已明孟子之義,故不復追問堯舜之事。另以"溥天之下,莫非王土;率土之濱,莫非王臣"之義責舜,言舜既爲天子,則天下豈非皆是其臣,瞽叟又豈能自外於此? 按此詩出《小雅·北山》:

> 陟彼北山,言采其杞;偕偕士子,朝夕從事;王事靡盬,憂我父母。
>
> 溥天之下,莫非王土;率土之濱,莫非王臣;大夫不均,我從事獨賢。
>
> 四牡彭彭,王事傍傍;嘉我未老,鮮我方將;旅力方剛,經營四方。
>
> 或燕燕居息,或盡瘁事國;或息偃在床,或不已於行;或不知叫號,或慘慘劬勞。
>
> 或棲遲偃仰,或王事鞅掌;或湛樂飲酒,或慘慘畏咎;或出入風議,或靡事不爲。

此言一士子,因公事繁重,而同事者勞逸不均,心中不平,故作此詩。孟子故明言咸丘蒙解詩之誤,蓋詩旨乃言諸士所從事者"莫非王事",大夫則獨令我劬勞。依王念孫説,"賢亦勞也,賢勞猶言劬勞"。焦氏已引及。其溥天、率土云云,皆誇張之語耳,非實情也。此猶"周餘黎民,靡有孑遺",倘信以爲實,是周無黎民矣。〔1〕另如《尚書》所謂"血流

〔1〕"周餘黎民,靡有孑遺"自毛傳、鄭箋以來大體都作此解,惟趙岐作"志在憂旱災,民無孑然遺脱、不遭旱災者,非無民也。"焦循已注意及之,然其實不合孟子之説,否則不必言"以文害辭"矣。

漂杵"云云,皆同此例。孟子此章大義略有數項,兹略言之如下:

其一,由孟子此論,可知《詩經》在孟子心中已是一經典,並非春秋之世"斷章取義"之詩。此亦《詩經》在戰國初年已逐漸經典化之一證。〔1〕既可斷章取義,則咸丘蒙之以"率土之濱,莫非王臣"言政治之無遠弗届,〔2〕亦無不可。既强調以意逆志,則當求作者文本之貫通,此即東魯孔門新興之經學也。由孟子、咸丘蒙此論,乃見此中之消息。

其二,上文既示範解經之法,此處則另發一義,是即"以意逆志"之説。逆,迎也。趙岐注:"志,詩人志所欲之事。"此言作詩者各有本意(志),顧不可以文辭求也。此説大體出於常識,歷代疏家亦多以求其本意爲務,然求者既多,乃知或有兩可之論,難定其實也。此即漢儒所謂"《詩》無達詁,《易》無達占,《春秋》無達辭"(《春秋繁露·精華》),非真無達詁也,衆詁之中,難以定其是非耳。後説稍與西洋詮釋學相通,蓋强調本義不可知也。此在知性立場固亦合理,然非所以論德性之學。如耶教所言上帝,倘自知性觀之,實不可解,蓋上帝非觀察之對象,其觀察者亦在上帝之中。上帝既不可觀察,亦無以證明,惟可自世界之創造有所啓示耳。德性之學亦然,故《易》云"言不盡意",又云聖人"立象以盡意"。蓋倘無本義,則經學、宗教皆不立。顧所言本義,亦不可以本事限制之也。清儒顧鎮嘗作《以意逆志説》:

> 《書》曰"詩言志,歌永言",而孟子之詔咸丘蒙曰"以意逆志",是爲得之。後儒因謂吟哦上下,便使人有得。又謂"少間推來推去,自然推出道理",此論讀書窮理之義則可耳,詩則當指其事實。……然則所謂"逆志"者何?他日謂萬章曰:"頌其詩,讀其書,而不知其人,可乎?是以論其世也。"正惟有世可論,有人可求,故吾之意有所措,而彼之志有可通。今不問其世爲何世,人爲何人,

〔1〕按《詩》、《書》之經典化自孔子之時已開始,至思孟當已完成。另擬專文探討。

〔2〕《詩》所言"王土",近世頗有以之論土地公有者,望文生義,殊堪笑詫。此皆不足駁者。

而徒吟哦上下、去來推之,問其所逆,乃在文辭而非志也。此正孟子所謂"害志"者,而烏乎逆之,而又烏乎得之? ……故必論世知人,而後逆志之説可用之。

顧氏之説乃顯駁宋儒,[1]其於冬烘之輩或不無針砭之益,然實不足以駁宋學。蓋論世知人本非宋學所反對者。且道理本有多重,孔子曰:"《詩》三百,一言以蔽之,曰思無邪!"此雖非某一作者之志,然可以觀作經者之志。三百篇成於歷代,其作者或已不可知,而《詩經》之作者實孔子也。否則删詩、正樂,"雅頌各得其所",皆虛語矣。夫"論世知人",固爲不刊之論,然倘非"以意逆志",又何以知其人耶? 故"逆志"與"論世",猶"六經注我"與"我注六經",適成一"解釋學循環",當交互爲用,不必輕言軒輊也。

申言之,所謂"以意逆志",非止對説《詩》者言,乃對一切理解活動而言。而其理據,即在"先立乎其大,則其小者不能奪"之義。所謂大小,猶言本末。以文本内容言之,意義爲本,言辭爲末,故文意大於言辭;以語言形式言之,文法爲本,語詞爲末,故文法大於語詞。所謂"不以文害辭",即不因語詞含義妨害句子意義。此文指文字而言,後人以"字義"稱之,猶言"概念",如《北溪字義》、《孟子字義疏證》皆是。蓋文字及語詞常可假借、引申、互换,而其大義或無甚分别。至閲讀某一文本,亦常有語詞不識而句義可知,遂由此句義推知詞義者。此即陶潛所謂"好讀書不求甚解,每有會意,便欣然忘食"之義(《五柳先生傳》)。戴震所言"由字以通其詞",其意未嘗不是,且確可解決相應訓詁問題;後儒倘膠執此論,亦往往有失。蓋文字之本義孳乳、輾轉引申所在多有,當其兩可之時,何以確定句義? 此不得不求助於文意(按,指篇章之意)矣。倘文意先已洞察,則句義之模棱者遂亦無可逃矣。此即"不以辭害

〔1〕焦循《孟子正義》已引及。"吟哦上下",乃南宋何基之言,見《宋史》卷四百三十八《儒林傳》。"推來推去",乃朱熹之言,見黎靖德編《朱子語類》卷八十《論讀詩》,王星賢點校,北京:中華書局,1986年,第2086頁。

志",亦《繫辭》"言不盡意"之旨。故"由字以通其詞"或可偶中,"由詞以通其道",則難矣。故訓詁之法,亦當先立乎其大,[1]而益精其小者,則可無遺憾。倘小者未精,大者容或有失;既失其大而徒沾沾於小者,非孟子徒也。

其三,觀孟子此論,既言"爲天子父,尊之至也",是不以"率土之濱,莫非王臣"與舜臣瞽叟相提並論。蓋所謂"王事",乃即有職事者言,其無職事者,雖與公共性君權亦可泛言君臣,然固非普通所言之君臣也。此義前文既已言之,兹又得一證。戰國以後,私人性君權漸張,明此義者鮮矣。此"勞於王事"者固可曰"王臣",如《周易·蹇卦》"王臣蹇蹇",是其義也;然《詩經》所言"王臣"乃頌辭耳,其意義尚有游移,不可一例視之。[2]此王臣蓋括一切人而言,人人平等而無有不同。依孟子之説,雖天子亦止一位,亦可以言"王臣"也。漢儒於君權公私之分似已混淆,故發"王者不臣"之論,以爲王者所不臣者三,曰二王之後,妻之父母,夷狄。妻之父母尚不可臣,己之父母更無論矣。其説雖隘,然大義未失。[3]倘即以此義言之,舜亦不可以其父爲臣也。

倘明此義,是瞽叟雖可泛言"王臣",而未嘗爲舜之臣。其與舜之關係,亦僅爲父子而已矣。及舜即位爲天子,則是天子父而以天下養,尊顯榮耀之至。故引《詩》之"永言孝思,孝思惟則",言孝思長久、爲天下法,爲後篇言舜竊負而逃、孝親大於忠君張本。就中稍可辨者,所謂"天

〔1〕按,戴震解經所以尚稱精核者,其《與是仲明論學書》自言:"又疑許書於故訓未能盡,從友人假《十三經注疏》讀之,則知一字之義,當貫羣經、本六書,然後爲定。"所謂"貫羣經",已有"立乎大"之意。

〔2〕按"王臣"一詞已見於甲骨、金文(如《大盂鼎銘》),且早爲學者所注意,或以爲王之"重臣"(屈萬里),或以爲王室奴隸(于省吾),或以爲王宫侍衛小臣(束世澂),或以爲被征服族羣之有司(陳夢家)等,説法不一。王進鋒以爲商代王臣乃是王之私兵。以上參王進鋒《説"王臣":兼論西周分封制的統治功能》,載《人文雜誌》2009 年第 6 期。相關説法似可繼續討論,但該文引《詩經》"率土之濱,莫非王臣"爲證,認爲西周晚期"王臣"概念有了較大變化,證據尚不充分。且没有回應孟子所提出的"以辭害意"問題。

〔3〕參《白虎通·王者不臣》,陳立《白虎通疏證》卷七。另如諸侯有"不純臣之義",參《梁惠王下》講疏第十章所引。

子父而以天下養”,乃當時人人引爲事理之當然者。倘在今世,或不過如民間養耆老之政,不必有何殊遇。蓋今世所謂君,惟可以民衆之統體(如議會),或虚君如英王、日皇者當之也。今世之天下,亦不過如大國爭霸,尚未有所謂天子也。此天下無王之時也,倘云有之,亦惟素王而已。時下陋儒,好文飾古義,動以某某居高位者,比諸古之君相,未免淺陋無識之至。孔子所謂“惟器與名,不可以假人”(《左傳・成公二年》)。倘此種傳統復興,其爲文化之厄運可知矣。

其四,舜既敬事其父,而其父亦不復凶頑,且能順之,是瞽叟亦爲舜所化。然則舜雖未責父以善,而其父亦能化之,是舜於瞽叟有師道焉。既存師道,以視世俗之父子,是所謂“父不得而子”。學者必明師道之大義,乃可瞭然於“盛德之士君不得而臣,父不得而子”之義。然則孟子之學,豈非一以貫之者乎!

第五章

萬章曰:“堯以天下與舜,有諸?”孟子曰:“否。天子不能以天下與人。”“然則舜有天下也,孰與之?”曰:“天與之。”“天與之者,諄諄然命之乎?”曰:“否。天不言,以行與事示之而已矣。”曰:“以行與事示之者,如之何?”曰:“天子能薦人於天,不能使天與之天下。諸侯能薦人於天子,不能使天子與之諸侯。大夫能薦人於諸侯,不能使諸侯與之大夫。昔者,堯薦舜於天而天受之,暴之於民而民受之。故曰:天不言,以行與事示之而已矣。”“曰:敢問薦之於天而天受之,暴之於民而民受之,如何?”曰:“使之主祭,而百神享之,是天受之;使之主事而事治,百姓安之,是民受之也。天與之,人與之,故曰天子不能以天下與人。舜相堯二十有八載,非人之所能爲也，天也。堯崩，三年之喪畢，舜避堯之子於南河之南，天下諸侯朝覲者，不之堯之子而之舜；訟獄者，不之堯之子而之舜；謳歌者，不謳歌堯之子而謳歌舜，故曰天也。夫然後之中國，踐天子位焉。而居堯之宮，逼堯之子，是篡也，非天與也。《大誓》曰：'天視自我民視，天聽自我民聽。'此之謂也。"

【講疏】據《堯典》，帝曰："格！汝舜。詢事考言，乃言底可績，三載。汝陟帝位。"萬章蓋不解其義，以爲堯之傳位於舜，是"以天下與"之。本章故藉堯舜之關係論君權繼承之法。蓋人皆知堯舜禪讓，不知其所授者惟治權(位)而已，非政權也，故孟子以此章正之。前文言天子亦是一位，〔1〕在此又得一證。

嘗試論之，君權乃人羣之根本，其政權之傳授乃人羣福祉所關，故歷來以國本視之。西人言政治合法性，顧此合法性非合世俗之法，乃合乎上帝之自然法(Law of Nature)也。中西之"法"含義有别，爲免歧義，或以正當性譯之，相應於中土所言正統性。所謂正統性，言天命既得，有能承其統緒者，亦能保有此天命也。正當與正統，二義有别，然大體可通。

依韋伯所言，具備合法性之三種政體，其一曰天啓魅力型支配(charismatic domination)。其領袖或即宗教家與英雄，民衆因信仰而自願放棄自主性，而一任領袖所爲。然此一政體亦不過在此政治領袖信仰未失之時尚可延續，及其魅力不存，或繼任者無以保持此魅力，則亦因之不穩。此類政體於上古之世最爲常見，如摩西之於猶太，上古聖王之於中土是也。人類學家或以"酋邦"(Chiefdom)稱之，此蓋出於巫者

〔1〕參《梁惠王上》第三章及《萬章下》第二章講疏。

也。後世而欲效此者,常流於曇花一現而已。其二曰傳統型支配(traditional domination),此略同於中土所謂"大人世及以爲禮"(《禮運·大同》),家天下血緣相承之法皆此類也。封建之世,民衆既習於此道,故亦習慣成自然。其三曰法理型支配(legal domination),如近代民主政治,啓蒙之後,民衆既已自覺,且其教育足以擔公民之責,則民主即所謂君權(或曰人民主權)也。此政體既爲多數人所認同,故亦稱穩定。

顧韋伯所言乃政體之理想類型,具體政治常有不同變化。且合法性觀念既因時而變,正當與否,要皆視政權之穩定與否而定。而欲考察政治系統之穩定性,勢須注意不同時代政治社會結構及民衆心理之變化,予嘗云:

> 按所謂民者,非可渾淪言之,如今之所謂"人民"也。蓋古來一切社會,因政體結構各異,民亦各隨其時,顯現自身,落實於不同民族抑或國家,即所謂民族(國民)性也。然由此亦當知,所謂民族性、國民性者固可抽象言之,然其具體形態則非可獨立存在,以爲政體之基礎;相反則爲其各自之政體所塑造。[1]

俗語好稱"民心向背",然"人民"固非一抽象概念,乃因時而變者也。孟子曰:"無恒産而有恒心者,唯士爲能。若民,則無恒産,因無恒心。"(《梁惠王上》)既無恒心,故民衆心理亦非自然形成,乃經具體政教塑造而成者,故不同時代民衆之正統觀亦異。民衆之組織形式即經學所謂"家",其形態自古至今頗多變化,蓋有卿大夫之家,有學術組織之家,有門閥之家,有宗族之家,有會社之家,有黨派之家,乃至現代之社會組織,種種不同。倘紬繹其共通之處,則可曰"家乃社會力量之組織形態"。[2]此"社會力量"即指民而言。民既爲各自政體所塑造,其具體

---

[1]《孟子章句講疏》卷一《梁惠王章句上》第七章,第43頁注三。"非可"至"基礎"當一氣貫下。

[2]《孟子·離婁上講疏》第六章,《新經學》第一輯,上海:上海人民出版社,2017年,第20—26頁。

形態便是不同時代之“家”。古人既言“家乃國之本”,又言“民惟邦本,本固邦寧”(僞《古文尚書·五子之歌》),孟子亦言“爲政不難,不得罪於巨室”(《離婁上》)。諸義實可以相通。邦之與國,古代可以互用。晚清以來之俗學,初亦力言抽象之“人民”,繼則以政治組織代替“人民”,亦家天下之變形耳。雖云民主,而含義有别。

政治社會結構既不同,民衆心理亦異,故不同社會人羣對君權之接受亦大不一致。韋伯所言三種政體雖似不同之理想型,然固不可同時並存者也。如民主之世,政治人物或亦不無魅力,然與上古時代已不可同日而語。民主政體與傳統政體亦難並存,後者常視前者爲洪水猛獸。此即因不同時代之民衆已經不同之故。

倘概言之,政治合法性(正統性)之根本端在某一時代所理解之天命,此天命即道也,天理也,自然法也。[1]得此天命者爲正,否則非正也。所謂正統性即合道性、合理性。故政統必本於道統,始可云合乎正統也。當上古之世,文明尚處於淵暗之中,民衆冥然無知,故民有冥義,即蒙昧之人也。當此之時,有能於生命演化之中,明瞭不同事物之意義,而得以把握自然、溝通天人者,則視之爲作者,爲聖人。《樂記》所謂“作者之謂聖”,是也。如有巢氏之構木爲巢,燧人氏之鑽木取火,伏羲製網罟,女媧作笙簧之類,皆作者也。[2]另如春秋賢人觀射父所言:

> 古者民神不雜,民之精爽不攜貳者,而又能齊肅衷正,其智能上下比義,其聖能光遠宣朗,其明能光照之,其聰能聽徹之,如是,則明神降之,在男曰覡,在女曰巫。(《國語·楚語下》)

此巫覡亦上古之聖人也。人於生存世界稍知其然而不明其所以然,無論火之使用,草藥之發現,乃至陶土之燒製,青銅之冶煉,在早期人類而言,皆至爲神奇之事。乃遂於此作者、聖人能讚歎、景仰、崇拜

〔1〕此非言天理即是西洋學術所言自然法,而是言二者大致處於同一層次。學者不必以辭害意。

〔2〕參《世本·作篇》。

之,惟其命是從,而不以爲忤。此類作者、聖人即所謂聖王也,《尚書·泰誓》所謂“天降下民,作之君,作之師”。蓋即其上通天道、可以爲師而言曰聖,即其爲衆歸往、可以統合人羣而言曰王。故最初之聖人皆具神性,以其天人合一,可以爲溝通天人之媒介。既可溝通天人,則是所謂“天子”矣,其與基督徒以耶穌爲上帝之頭生子可謂異曲同工。《孟子》所謂“民爲貴,社稷次之,君爲輕,是故得乎丘民而爲天子”(《盡心下》),此在上古之世,天子出於丘民,蓋亦當時之常態耳。

此義似可由大舜之經歷證之。《尚書·堯典》:

> 帝曰:“咨!四岳。朕在位七十載,汝能庸命巽朕位。”岳曰:“否德,忝帝位。”曰:“明明揚側陋。”師錫帝曰:“有鰥在下,曰虞舜。”……帝曰:“我其試哉!”女于時,觀厥刑于二女,釐降二女于嬀汭,嬪于虞。帝曰:“欽哉!”慎徽五典,五典克從。納于百揆,百揆時敍。賓于四門,四門穆穆。納于大麓,烈風雷雨弗迷。

據《史記·五帝本紀》,舜乃帝顓頊七世孫,自顓頊之子窮蟬開始,“皆微爲庶人”,正符古代丘民之義。其繼母後弟欲殺之而不能,可見其智慧之通神。由慎徽五典、納於百揆、賓於四門,此由内而外之嚴格測試。五典當即五常,百揆則是百官,以上爲主於内事。賓於四門則是接待外事,此即《堯典》後文大舜所言“柔遠能邇”,其義可謂密合。遵照由近及遠之原則,“納於大麓”當指應對自然事物,倘知自然在古人心中之神性意義,[1]則《堯典》此言當指舜之“以人合天”。後一事《五帝本紀》以爲“堯使舜入山林川澤,暴風雷雨,舜行不迷,堯以爲聖”。漢儒多同此説。宋儒林之奇、吕祖謙等則解釋爲“攝行祭事”。[2]觀孟子本章之言,宋儒所釋即本孟子“使之主祭,而百神享之,是天受之”之説也。所謂“使之主事而事治,百姓安之,是民受之也”,即上文慎徽五典至賓於

〔1〕 此義人類學討論已多。筆者關於此問題之討論,可參拙作《古典世界的山水之間》,未刊稿。

〔2〕 桓譚《新論》以爲“録領尚書事”,讀麓爲録。陳喬樅以爲今文夏侯氏説。參顧頡剛、劉起釪《尚書校釋譯論》第一册,第102—104頁。

四門諸事。即此可見《尚書》與《孟子》密合之處。

顧孟子所以與《史記》不合者,蓋《堯典》所言"烈風雷雨弗迷",乃記上古以來相傳之實事,此字面義也。[1]此字面義雖或不違歷史,然人既以《堯典》爲經,則必有不察時變,膠柱鼓瑟,執古之事以衡今之有者矣。不知古之巫史雖與天道相通,及孟子之時,巫史已失往日之地位,暴巫、投河之類所在多有,[2]其當溝通天人之任者,惟祭祀耳。故孟子以"主祭"釋之,乃正合戰國之情勢,是天道"於穆不已"之仁得其因時之義矣。至於文中所言三年喪云云,皆以當時孔門所倡禮教想象上古之世,未可云史實也。

即此可覘孟子釋經之法。蓋聖人之溝通天人乃經學之"大義";言舜之因"烈風雷雨弗迷"而顯聖者,乃上世之"古義";言舜之主祭以溝通天人者,乃當下之"時義"。學者"大義"既明,能透過"古義"以言"時義",是真得經之常道者。此即"微言與大義在當下具體時空的現實化"。[3]蓋"古義"即古之"時義",故"時義"與"古義",非同非異,此即《莊子》所謂"調適而上遂"、萬變"不離其宗"(《天下篇》)。其以原教旨相標榜者,非經學也。即此可見經學之開放性,非此不足言"於穆不已"。

明乎此,則後世解《堯典》此節者,當知舜之"慎徽五典"至"烈風雷雨弗迷",即舜之"廓然大公,物來順應",與物無忤也。《易傳》所謂"先天而天弗違,後天而奉天時"是也。雖行祭祀與否,亦可不必膠執矣。本篇大旨在示學者釋經之法,故孟子隨處指點,學者不可輕忽。

承上所言,政治合法性即所謂天命,此天命之表現厥有二端。其一曰君權與超越性之天道統體相應;其一曰君權可以統合其民,是即"君者羣也"之義。顧"統合其民"非言以威權臨之也,乃是"使之主事而事

〔1〕參《孟子章句講疏》卷五《滕文公上講疏》第五章,第219—220頁。

〔2〕暴巫祈雨之事,《禮記·檀弓》、《春秋繁露·求雨》皆嘗言之。另如西門豹治鄴,以巫投河,以絶其俗。事見《史記·滑稽列傳》。

〔3〕拙編《新經學》第二輯《編後記》,上海:上海人民出版社,2018年,第352頁。此義另參《新經學》第一輯之《發刊詞》,上海:上海人民出版社,2017年。

治,百姓安之,是民受之也”。百姓安之,是所謂接受之矣,否則轉而朝覲、謳歌他人。即此可見舜之所以即位,雖有堯薦舉之,然非堯可以與之,百姓實具最後決定之權也。言“朝覲”、“謳歌”,亦皆孟子當時之“時義”,以今日觀之,即所謂選舉之權。蓋今世之民已經自覺,能運用其理性,而不止訴諸感情矣。故末引《泰誓》所言“天視自我民視,天聽自我民聽”,以證明之。既與天道統體相應,又足以統合其民,此即《國語·楚語》所謂“天地神民類物之官”,能統合此神事、民事而一之,是所謂天命也。然則,倘分言之,神民即所謂天地;倘合言之,統合此天地、神民者,即此統體之天命。此即《周易·革卦》所謂“順乎天而應乎人”,由此可見《尚書》、《周易》、《孟子》之息息相通。

由此以觀,所謂君權天授並非神秘之事,不過言某一政權獲得此執政之機會而已。無論堯舜禪讓、湯武革命,抑或秦政一統、南北分立,此莫知其然而然者即天也。漢高帝五年,劉邦乃語羣臣,“吾所以有天下者何? 項氏之所以失天下者何?”(《漢書·高帝紀下》)其自言乃因任用張良、蕭何、韓信,此意未嘗無理,然所論尚淺。自劉敬、陸賈直至賈誼、轅固生,莫不究心其理。然天雖授之,亦不必保有其天命,所謂“天道無親,常與善人”(《老子》),倘不能順天而應人,則必爲天所棄矣。近世以來,學者論此,每以迷信及誇飾視之,蓋皆未明其大義。就中惟牟宗三先生論政道,略有涉及;[1]晚近則蔣慶,然大義頗有可商,其言曰:

> 王道政治的核心内涵是政治權力的“三重合法性”……即是言政治權力必須同時具有“天地人”三重合法性才能合法。“天”的合法性是指超越神聖的合法性,因爲中國文化中的“天”是具有隱性人格的主宰意志之“天”與具有超越神聖特徵的自然義理之“天”;“地”的合法性是指歷史文化的合法性,因爲歷史文化產生於特定

[1] 參牟宗三《政道與治道》第一章,臺北:臺灣學生書局,2010年增訂新版。牟先生既以近代民主政治爲根本之政道,故於傳統政道所論尚簡,於孔孟所言政道之大義似未遑深求。其良知坎陷以開出外王之説亦可另加檢討。擬另文詳述。

的地理空間;“人”的合法性是指人心民意的合法性,因爲人心向背與民意認同直接決定人們是否自願服從政治權力或政治權威。[1]

蔣氏之論所以稍有見者,端在指出政治合法性與天道相應,而具有其超越性依據。至於具體所言,似多無根之論。可議者略有數端:

其一,以天地人三才爲合法性之根本,此似是而非之論。如前所述,《周易·革卦》所謂“順天應人”,此人即相應於“絶地天通”所言“天地”之地與夫“神民”之民也。[2]至於天地人三才,乃指自然之天(時)地(空)人(生命)而言,[3]故以三畫卦象徵天地人一體,六畫卦則是“兼三才而兩之”。此生命宇宙之基本模型,與政治合法性問題並無關聯。漢儒所謂“通天地人曰王”,亦不過言王者能合天地萬物爲一體,故爲天下所歸往,亦非以具體合法性爲言。[4]堯舜與三王皆能通天地人,然其政治合法性則自“順天應人”而來,二者實不必混爲一談。至於漢室之得天下,亦可謂“順天應人”,然距通天地人三才尚遠。要言之,所謂三才之天亦非“順天應人”之天。二者名相雖同,所指實異。經學名相本非知性之概念,後者往往有明確界定,可以彼此互用。如同一乾也,既可爲統天之乾元,亦可爲與坤相耦之乾元,亦可爲八卦、六十四卦之一,而含義有别。[5]所謂天、地、人,所謂仁義禮智信五常,莫不皆然,絶不可望文生

---

〔1〕蔣慶《王道政治是當今中國政治的發展方向》,《原道》第十輯,北京:北京大學出版社,2005年。

〔2〕如《國語·楚語下》言“絶地天通”,即是因“九黎亂德,民神雜糅”,不可辨識,破壞了原有“天地神(明)【民】類物之官”,也即“五官”。故顓頊“乃命南正重司天以屬神,火正黎司地以屬民”,這裡天地分别與神民相對是很顯然的。這種判分與孔孟以降儒家對社會的分野,如君子、小人,君與民,以及《周易·革卦》及孟子本章所言順天、應人其實都是可以呼應的。這種判分與經學的思維方式有關,當宇宙在二分模式中,天地分别對應陰陽、神民等;而在三分、四分乃至《周易》八卦的模式中,還可以有不同的變化。關於這一思維模式,可參《告子下》講疏,未刊稿。因此,同樣是天地,二分法中的天地與三才中的天地是不可以等同的。

〔3〕三才之説亦出《周易》,其義可參拙作《周易義疏·繫辭下》義解。

〔4〕如董仲舒《春秋繁露·王道通三》,其主旨便是言“唯人道可以參天”,仍然是《中庸》參天地之化育之義。

〔5〕參《告子下》講疏首章。

義。合法性問題固是經學大義,然學者論學當有條理,否則極易流於附會。另如時下論三統者衆,亦多不揆其微言大義之本,徒拈古代一好詞,便率爾附會,並無理據,皆屬此類。[1]此經義所以日湮也。

其二,王道政治乃言"天下之歸往",此皆就天下而言者,亦不可以具體地域及文化自限。倘以歷史文化代表"地"之合法性,何以解釋人類歷史諸多國族之兼併融合?國族文化非一成不變者,"其興也勃焉,其亡也忽焉"者所在多有,豈可以具體形態自限?漢代以降,佛教入華,倘彼時政體惟知捍衛所謂歷史文化合法性,吾不知其究竟可有隋唐也。秦漢以前,倘先民皆持此論,吾亦不知其究竟可有殷周。倘徒拈一歷史文化爲政治合法性之標準,不惟無以衡量政治,抑且無以評價歷史,蓋皆想當然耳。尅實而言,某一歷史文化是否仍有價值,端視後世學者是否有能力承擔其道,亦即精神與思維之默契冥合。否則生今之世,返古之道,徒欲有其形式,而不知變化,亦不過膠柱鼓瑟、刻舟求劍而已。人類幾大文明皆有其内在價值,皆有其合法性,要在後人善繼善述,然不必立一歷史合法性之空名也。此説之提出,雖對二十世紀儒學傳統之遭顛覆不無抗議之意,然不惟理無所據,倘見諸實踐,必流於政治、文化之專制無疑,其終則"黄茅白葦,彌望皆是",而生機斷滅。[2]蓋生生者,仁也,以歷史文化自限,此生命自由精神之厄運也,非儒者所宜言。時下學者,隱宗波斯者實繁有徒,不知此類神權政治,以宗教組織據有政權,民智未開之前尚可維持,及乎今世,正其一蹶不振之所由。倘有政權,以强力攫取而尸其位,不知順天應人之道,而徒狺狺於所謂歷史合法性,是不至天怒人怨、傾覆敗亡而不休也。昔秦政尚法,"剛毅戾深,事

[1] 按,戰國秦漢言三統五德,乃本諸孔子以來陰陽五行之大義,言三言五,皆有具體理據。其是非自今日觀之則另當别論。今之言三統者,不過隨意拈出三個時代而欲通之,亦無甚深義可言,倘真如此,何故不言四統、五統乃至七統、八統乎?蓋時下論三統者,不過欲宣示一種立場,實無理據可言也。是不足以言學。

[2] 此蘇東坡批評王安石之語,參拙作《王安石與北宋時期的政治共識》,收入拙撰《新文化運動百年祭》一書,上海:上海人民出版社,2019年。

皆决於法,刻削毋仁恩和義,然後合五德之數。”此雖與“始皇推終始五德之傳”且自居水德似有合矣,而秦卒以亡。此即歷史合法性之濫觴。[1]

其三,以儒教代表超越神聖之合法性,倘自儒者泛言之亦無不可。然此儒教亦絶不可以宗教化之儒教爲限,惟當以抽象渾融之天道言。否則亦不過如漢儒,以墨家“天志”之説改頭换面,旋即墮落於“封閉之一體性”矣。[2]當知不同文化皆有其天人合德之術,“禹入裸國,欣起而解裳”(《風俗通》),[3]此入鄉隨俗之義。政治是否具超越之合法性,當觀其制度施爲是否順天而行,絶非設一團體,標榜之爲通儒即可。伊、耶二教皆曾與政治合流,宗教戰爭遂此起彼伏,前車之鑑可思。

故蔣氏所言不惟與《周易》、《尚書》、《孟子》不合,與其所宗之《公羊》亦難稱相契,與孔子所言生命自由之真諦尤相違背。其説或稍本於黄宗羲《明夷待訪録》,以儒學祭酒等同宰相,而監督其行政。當晚明之際,黄氏之説實爲創見,亦確含精義,蓋科舉、儒學與民衆心理尚有相應之處,儒教即社會公共之信條也。雖然,黄説未能施行,終清之世,儒學亦不過徒有其表,而其精神亡矣。當此三千年未有之變局,古今中西,道術多歧,加之二十世紀諸般運動之滌盪,向之所謂公共信念皆掃地以盡。學者當求同存異,取精用宏,以人心“秉彝之良”重鑄此公共信念,以化導生民。否則本欲轉《法華》,卻爲《法華》轉,亦不過爲權力玩弄於股掌之中。元儒、清儒前車之鑑可思。

綜合言之,孟子所言正統性之根本端在“順乎天而應乎人”,二義缺一不可,然亦不必畫蛇添足。韋伯既論天啓魅力及近世民主政治,且以之爲並立之理想類型,正見近世西洋政教相分之消息。然則韋氏之論,

---

〔1〕參《史記·秦始皇本紀》。

〔2〕一體概念乃儒者所宗,宋儒尤揭其大義,然向來未能明確區分不同境界之一體性,故貽害無窮。予故以“封閉之一體性”與“開放之一體性”二義别之,可參《盡心上》第四、十九章講疏,未刊稿。此論嘗稍揭之於《新經學》第五輯《編後記》。

〔3〕應劭《風俗通義》,見嚴可均《全後漢文》卷三十六,據《太平御覽》所輯。《吕氏春秋·慎大覽·貴因》:“禹之裸國,裸入衣出。”

是亦知其然而未知其所以然也。二者既分,天啓魅力型政治每淪於個人崇拜(如希特勒),而民主政治又常失天道之滋養。民衆既乏敬畏,故不能順天;政府亦喪精神,遂難以應人。故其民主亦漸乏活力,而終陷於"無差別的平等觀",[1]此二十世紀後半葉歐洲没落之原。美利堅所以差勝者,在其社會宗教精神未喪,天人交養之道未失,惟於王道尚有欠耳,人類迄未能進至大同。倘誠意一失,或將重蹈歐陸之覆轍。外此者,其去順天應人亦遠矣,故政治動盪,未有寧時,無足論也。蓋有治人無治法,即有良法,亦需人能捍衛,故王道之實現,不惟有待治法,尚需君子、聖賢也。二者缺一不可。故歷史上之王政,或曇花一現,或僅可爲政治之理想。雖然,《易》不云乎,君處六五,師居九二,上既無爲而治,下則天下文明,此政教交養之道也。所以然者,蓋惟以師道駐守民間,始真能捍衛其社會人羣之誠意也。此政治得以順天應人之本。微聖人,吾孰與歸?

第六章

萬章問曰:"人有言'至於禹而德衰,不傳於賢而傳於子',有諸?"孟子曰:"否,不然也。天與賢,則與賢;天與子,則與子。昔者,舜薦禹於天,十有七年,舜崩。三年之喪畢,禹避舜之子於陽城,天下之民從之,若堯崩之後不從堯之子而從舜也。禹薦益於天,七年,禹崩。三年之喪畢,益避禹之子於箕山之陰。朝覲訟獄者不之益而之啓,曰:'吾君之

---

[1] 此"無差别的平等觀",前揭《新經學》第五輯《編後記》亦有提及。其典型形態即後現代主義及絶對平權主義思潮。二説本不一不異,實與道家玄同之義相應,參《滕文公上》許行章。如女權,爭女性之法律、選舉、勞動諸權,可也;必欲泯男女之差别,以顛覆人類社會之結構,則過矣。後者即絶對平權主義。另如同性婚姻,此天道之"小過",人能以惻隱之心同之、容之,可也;然必欲以少數人脅迫多數人,而顛覆人倫父母之差異,則過矣。過猶不及。餘如種族、民族之類亦然。此文方撰,而不期美利堅"黑命貴"(Black lives matter)運動流行,兹又得一證。

子也。'謳歌者不謳歌益而謳歌啓,曰:'吾君之子也。'丹朱之不肖,舜之子亦不肖。舜之相堯、禹之相舜也,歷年多,施澤於民久。啓賢,能敬承繼禹之道。益之相禹也,歷年少,施澤於民未久。舜、禹、益相去久遠,其子之賢不肖,皆天也,非人之所能爲也。莫之爲而爲者,天也;莫之致而至者,命也。匹夫而有天下者,德必若舜禹,而又有天子薦之者,故仲尼不有天下。繼世以有天下,天之所廢,必若桀紂者也,故益、伊尹、周公不有天下。伊尹相湯以王於天下,湯崩,大丁未立,外丙二年,仲壬四年。大甲顛覆湯之典刑,伊尹放之於桐三年。大甲悔過,自怨自艾,於桐處仁遷義三年,以聽伊尹之訓己也,復歸于亳。周公之不有天下,猶益之於夏、伊尹之於殷也。孔子曰:'唐虞禪,夏后殷周繼,其義一也。'"

【講疏】本章亦承上章之義,討論具體文獻之理解,且言世襲政治之合法性。五帝禪讓官天下,三王世襲家天下,此古人歷世相沿之歷史觀。以政權是否爲某一家族控制據有而言,是公私有别也。儒者視天下爲一體,故以公天下爲理想,此見諸《禮運·大同》者。有此理想,故自古以來,無論現實政治何等嚴酷,"天下乃天下人之天下"之説,尚不絶如縷,爲歷代道統所宗。及民國肇立,乃終得以推翻帝制,廢除家天下之法,"天下爲公"之説,遂爲舉世所尊。其後雖陷於黨派之"家",猶須託名於民主之公,即此可見一斑。

五帝、三王虽未必即今人所言"歷史事實",然固古人心中之歷史。其時代所以有别者,蓋德不同也。德者,得也。政治之德,即此政權所以得天命之故。此天命之故可由宗廟之樂見之,故古人"治定作禮,功成作樂”(《樂記》),《易》所謂“先王以作樂崇德,殷薦之上帝以配祖考”(《豫卦・大象》),所言作樂,即政權之自我反思。[1]如今世禮樂雖已崩壞殆盡,而諸國之國歌中尚存遺意。

故此德與“五德終始”之德略同,非言在位者之道德也。普通人不明君權公私有别之大義,惟知以私人性君主爲言,見三代以降,無復五帝公天下之法,遂有“至於禹而德衰,不傳於賢而傳於子”之説。[2]不知政治非一人之事也,亦非一人可專,乃人羣不同勢力之消長使然,當某一勢力據有權柄,常有不知其所以然者,此即本章孟子所謂“莫之爲而爲者,天也;莫之致而至者,命也”。此天命者,知性或視之爲偶然,而自上天而言,則自有必然之理。[3]

故舜、禹之繼位,非堯、舜與之也,天與之也。及禹之傳子,亦政治社會變動之結果,傳益與傳啓,非禹可以決定之者。世襲之世,即便君主可決定繼承人,亦當以宗法爲前提,且所立未必能爲大臣及國人所從。倘傳位於宗法之外,如燕王噲與子之,則又非其所能決定矣。故與子、與賢,端視其時政治社會之大勢如何,是即所謂天也,而此具體政治社會結構,即所謂民也。所謂“天視自我民視,天聽自我民聽”,亦不過如此。某一時代之政治社會結構固可由政治學、社會學、歷史學加以研究,惟時勢變化頻仍,亦未可一概而論,倘言其所共通者,亦不過曰天命而已。如韋伯所謂傳統型政治,倘民衆之認同在世襲形態,亦不失其政治之穩定性。故本章引孔子曰:“唐虞禪,夏后殷周繼,其義一也。”世襲政治既爲天之所與,則如湯武革命,雖較堯舜爲有慚德,然固可“履帝位而無咎”,[4]此慚德非言湯武個人之境界,乃言其易政之法(此亦屬治

[1] 參首章講疏。

[2] 按,德衰之説,後世作古史者尚多承之,如《史記・五帝本紀》言“軒轅之時,神農氏世衰”,皇甫謐《帝王世紀》(清宋翔鳳、錢保塘輯本)略同。兹引二證,以概其餘。

[3] 如愛因斯坦與波爾關於量子力學“隨機性”之爭論,愛因斯坦遂有“上帝不會擲骰子”之説。實則無論決定論與隨機論,皆自知性所觀者,自德性言之,即宇宙生命之自然展開。

[4] 參第四章。

法)未能"盡善盡美"也。

世襲政治既有天命存乎其間,及天命更革,是即所謂革命。《周易·革卦》:"湯武革命,順乎天而應乎人。"順天應人即此革命之條件。革卦所論尤詳:

> 《彖》曰:革,水火相息,二女同居,其志不相得曰革。"己日乃孚",革而信之。文明以説,大亨以正。革而當,其悔乃亡。天地革而四時成,湯武革命,順乎天而應乎人。革之時大矣哉!

所謂"己日乃革",乃因王者革命,"行一不義,殺一不辜,得天下而不爲",當己日之時,是自甲日以降,天時已經過半,人易應之矣。[1]孟子故直斷之以"繼世而有天下,天之所廢,必若桀紂者也,故益、伊尹、周公不有天下"。蓋諸人皆有德聖賢,是足以當天位矣,然尚不足以改變世襲政治之社會結構及民意認同也。"匹夫而有天下者,德必若舜禹,而又有天子薦之者,故仲尼不有天下。"此言德雖應人而天時未與,尚不可以有天下。

如前所述,所謂民意,並非民衆個體觀念之集合,當視此不同民衆相結之形態而定。且民意本因時而變,不可以抽象言之。當貴族封建之世,個體之認同與其組織形態無别,及民衆擺脱人身依附,知識日開,遂漸有個體民意之形成。曹劌所謂"肉食者鄙,未能遠謀"(《左傳·庄公十年》),陳勝所謂"王侯將相,寧有種乎"(《史記·陳涉世家》),皆此個體民意自覺之證。故民意有二,有組織化之民意,有個體之民意,兩種民意既相衝突,政治亦無從保其穩定矣。

自春秋鑄刑鼎,秦世書同文,君權以文書爲化民之手段,以官方意志爭取民衆之認同,意識形態乃成相互博弈之所。近世以來,學者欲倡民權,故以開民智爲先,其意未嘗不是;顧民衆知識雖開,倘其組織形態尚未因之而變(所謂"應人"),則兩種民意乃益相衝突,此近世政治運動

---

〔1〕參拙作《周易義疏》革卦義解。

根源之一。其衝突之結果,倘非個體民意爲政治所彈壓,而伺機再起;則是以個體民意重組政治,消弭衝突,而成其所謂"順乎天而應乎人"。當個體民意已經自覺之際,蓋惟以個體民意之自由聯結爲根基,而其組織形態亦有以相副,始能不失其合法性也。就中惟法家逆流而動,以愚民之術馴化其民,個體之民意遂不復存,不足以結爲組織矣。儒者之教人返本、獨立,皆教人抗拒此馴化者,其義深遠哉。所謂政治自由,即依個體民意而自我表達及相互組織之自由。此自由可由時下諸國憲法所言言論、出版、集會、結社見之。然倘無個體民意之自我表達及相互組織,雖有言論乃至結社,亦無以稱自由矣。

承前所述,家天下、公天下與近世民主政治雖形態有别,然皆有其自然而然之故,而非居位者個人德行所致。故益、伊尹、周公雖皆聖賢,亦未可就天子之位。孔子雖爲大聖,倘無所憑藉(即無治法予以保障),亦無以有天下。至於舜、禹及啓之有天下,乃因德澤加於民,時間既久,民衆之組織形態及認同(是即所謂民心)已變,遂可以有天下矣。其在戰國,三家之分晉、田氏之代齊,皆同此類也。孔子所以欲復興周道,孟子所以雖存王道而不奉周天子,皆各隨其時而已。蓋春秋之世民意尚在周天子,故齊桓、晉文皆需"尊王";及戰國之世,周室不惟實力已衰,民衆之認同亦已不屬,是所謂民心盡失也。然則不惟二帝三王,即便五霸、七雄時代,亦皆各有其傳政之法,不必完全否定之也。惟七雄持世皆短,秦則尤其暴亡,是雖"順天"而未能"應人",故旋得之而又旋失之也。

蓋猶有説。"德衰"之説或出道家,老子所謂"失道而後德,失德而後仁,失仁而後義,失義而後禮"是也。此道、德、仁、義即分别與皇、帝、王、霸之世相應。緯書所謂"三皇步,五帝趨,三王馳,五霸騖"(《孝經鉤命決》),以爲隨文明之進展,社會之德性乃日趨退化。法家如韓非,亦本道家爲説,而一反其退化論,故言"上古競於道德,中世逐於智謀,當今爭於氣力"(《韓非子・五蠹》),蓋以三皇五帝爲道德,以三王五霸爲智謀,而以戰國爲以力相搏也。倘自儒家視之,道、德、仁、義亦不過文明形態之不同耳。且此政權之德性亦非禹個人之德性。此儒、道、法諸家之歷史哲學也,亦不無理據,[1]與孟子本章所論政治合法性諸問題,各有攸當,不必混爲一談。

第七章

萬章問曰:"人有言'伊尹以割烹要湯',有諸?"孟子曰:"否,不然。伊尹耕於有莘之野,而樂堯、舜之道焉。非其義也,非其道也,禄之以天下弗顧也,繫馬千駟弗視也。非其義也,非其道也,一介不以與人,一介不以取諸人。湯使人以幣聘之,囂囂然曰:'我何以湯之聘幣爲哉?我豈若處畎畝之中,由是以樂堯、舜之道哉?'湯三使往聘之,既而幡然改曰:'與我處畎畝之中,由是以樂堯、舜之道,吾豈若使是君爲堯、舜之君哉?吾豈若使是民爲堯、舜之民哉?吾豈若於吾身親見之哉?天之生此民也,使先知覺後知,使先覺覺後覺也。予,天民之先覺者也,予將以斯道覺斯民也,非予覺之而誰也?'思天下之民,匹夫匹婦有不被堯、舜之澤者,若己推而内之溝中,其自任以天下之重如此,故就湯而説之以伐夏救民。吾未聞枉己而正人者也,況辱己以正天下者乎?聖人之行不同也,或遠或近,或去或不去,歸絜其身而已矣。吾聞其以堯、舜之道要湯,未聞以割烹也。《伊訓》曰:'天誅造攻自牧宫,朕載自亳。'"

[1] 參拙作《歷史經學導論》,《新經學》第四輯,上海:上海人民出版社,2019年。

【講疏】伊尹以割烹之宰夫遊説商湯一事，太史公載入《殷本紀》，引爲信史。蓋上古以來相傳之小説也。小説家本與道家相通，末章另有討論。

> 伊尹名阿衡。阿衡欲奸湯而無由，乃爲有莘氏媵臣，負鼎俎，以滋味説湯，致于王道。或曰，伊尹處士，湯使人聘迎之，五反然後肯往從湯，言素王及九主之事。湯舉任以國政。伊尹去湯適夏。既醜有夏，復歸於亳。入自北門，遇女鳩、女房，作《女鳩》、《女房》。(《殷本紀》)

萬章故以此相問。孟子乃力反其説，言伊尹欲“使先知覺後知，使先覺覺後覺”，以先覺之師道自任，如此其重，豈可枉己而正人？“以直措諸枉則枉者直”，“枉己者未有能直人者也”(《滕文公下》)，孟子已先言之矣。自儒者而言，聖人行雖不同，出處或異，而不肯屈己從人卻無異，是孟子所謂潔身也。其説蓋有所本，“吾聞其以堯舜之道要湯”，即《史記》所謂“或曰”也。然則“素王及九主之事”當與堯舜之道相合。〔1〕孟子言湯三使而猶不爲所動，《史記》言“五反然後肯往從湯”，三乃言其多也，此亦伊尹於商湯“學焉而後臣之”之義，〔2〕是有師道焉。故依孟子之義，伊尹初亦自潔其身，自樂堯舜之道，既感商湯之誠，遂若天下“不被堯舜之澤者，若己推而内諸溝中”，故挺身自任，出世濟民，亦可見二聖交相作養之義也。故《盡心下》末章言湯爲“聞而知之”，伊尹爲“見而知之”。

至於文末所引《伊訓》之言，今僞《古文尚書》作“皇天降災，假手于我有命，造攻自鳴條，朕哉自亳”(《伊訓》)，文雖稍異，而大旨相通。哉、載，皆始之義。牧宫或即在鳴條，〔3〕與亳分言之者，蓋言二者所起伐夏

〔1〕按，素王、九主之義，戰國秦漢頗多爭論，是否伊尹實有此論，亦莫可究詰。兹不具論。

〔2〕《孟子·公孫丑下》：“故將大有爲之君，必有所不召之臣。遇有謀焉，則就之。其尊德樂道，不如是不足與有爲也。故湯之於伊尹，學焉而後臣之，故不勞而王。”可爲此章之疏證。

〔3〕牧宫之地，趙岐以來多以爲即桀之宫，然尚無確據。

之地不同，倘伊尹屈身枉己事湯，亦當自鳴條始也。如《史記》所云，伊尹任商國政之後，尚去湯適夏，後鄙視夏政，乃復返於亳。倘伊尹寧爲隨嫁媵臣，以宰夫烹飪之事接近商湯，則此舉殊不可解。上古史事雖不盡可以理推，然世俗之人常好新奇之論，古今亦無別也。然則此文乃孟子引《尚書》糾正普通之傳記。今傳僞《古文尚書》雖不甚可信其來源，然此句寧言"造攻自鳴條"，而不直引《孟子》之文，則古文《伊訓》當亦有所本也。

申言之，本篇雖釋經傳之義，亦可見孟子解經之特色，常在剖析聖賢之心術，且以此裁量歷史人物。《尚書》有言："人心惟危，道心惟微。惟精惟一，允執厥中"（僞《古文尚書·大禹謨》），雖尚存爭議，然與經學之傳統實合。蓋道統之所以爲道統者，即在於此，昔朱子《中庸章句序》論之明矣。或曰：安知孟子非曲解古人，史實未必如是也。應之曰：古之人亦多矣，堪爲聖賢者誰歟？倘無一貫之法以裁量之，則經學亦無以成其爲經學。此猶耶穌既歿，傳福音書者比比，而四福音所以得入《新約》者，亦本早期耶教神學大義而定之也。以歷史言，伊尹是否嘗發此心實不得而知，然堯、舜、伊尹、商湯、文、武、周公諸人，所以稱聖賢者，端在其所行可由此心術裁量之也。是即所謂歷聖"傳心之法"。

第八章

萬章問曰："或謂孔子於衛主癰疽，於齊主侍人瘠環，有諸乎？"孟子曰："否，不然也。好事者爲之也。於衛主顏讎由。彌子之妻與子路之妻，兄弟也。彌子謂子路曰：'孔子主我，衛卿可得也。'子路以告。孔子曰：'有命。'孔子進以禮，退以義，得之不得曰'有命'。而主癰疽與侍人瘠環，是無義無命也。孔子不悦於魯、衛，遭宋桓司馬，將要而殺之，微服而過宋。是時孔子當阨，主司城貞子，爲陳侯周臣。吾聞觀近臣，以其所爲主；觀遠臣，以其所主。若孔子主癰疽與侍人瘠環，何以爲孔子。”

【講疏】本章大義甚明，蓋言孔子亦非枉己而從人者也。孔子既殁，弟子門人已奉之爲聖人。及六藝之學傳佈既廣，遂漸爲天下所尊。世俗人情，於其所喜，常欲崇拜爲聖神；既爲聖神，又每欲狎侮而滅棄之，故望風捕影，深文周納，或造爲無根之言，以爲不足道。且子見南子，爲弟子所怒，其行似有不可掩者。遂傳言孔子至衛，客於癰疽，[1]在齊則客於寺人瘠環，皆佞幸之徒也，以夤緣入仕。孔子自言“行不由徑”（《論語·雍也》），而所爲如此，豈聖人乎？以是觀之，雖夫子本人，亦當以夫子所傳大義裁量之也。

夫孔子之道甚大，仕止久速，孟子以爲“聖之時者”。所謂“大人者，言不必信，行不必果，惟義所在”（《孟子·離婁上》）。孔子亦自言：

> 謂：“柳下惠、少連，降志辱身矣。言中倫，行中慮，其斯而已矣。”謂：“虞仲、夷逸，隱居放言。身中清，廢中權。我則異於是，無可無不可。”（《論語·微子》）

此皆授人口實者也。孟子乃直陳前説之謬，言其於衛所主者實顏讎由，且拒彌子瑕拉攏之事。另引其雖厄於陳國，而仍擇人而交，爲司城貞子之客。君子或出或處，由之有道。但求其在我者而已，得失皆有命在，其爲達目的，不擇手段者，非孔子所爲也。孟子去孔未遠，且名聞於世，倘此言悖謬，並時當有可以辨之者。夫“君子所爲，衆人固不識也”（《孟子·告子下》），其行事雖難以測度，而立身未嘗枉己而不正也。後世僞儒，昧於師道自任之大義，動以濟世爲言，於出處之際，每言小不

〔1〕趙岐以爲乃治療癰疽的瘍醫，朱子從之。據清翟灝、錢大昕考證，以爲當即《孔子世家》所言雍渠。焦循已引及。

忍則亂大謀,此蓋叔孫通、公孫弘之嗣胤,非伊尹、孔子之徒也。然則其所標榜之濟世,不流於濟惡者鮮矣。

雖然,人固"有不虞之譽,有求全之毀"(《孟子・離婁上》),君子既處嫌疑之地,其受謗也宜矣。當此之際,是非其唯天知。既不能辯,亦不必辯。故"子見南子,子路不説,夫子矢之曰:'予所否者,天厭之,天厭之!'"(《論語・雍也》)《易》曰:"澤滅木,大過。君子以獨立不懼,遁世無悶。"此獨立之精神,乃聖賢千古學脈。

第九章

萬章問曰:"或曰:'百里奚自鬻於秦養牲者,五羊之皮,食牛,以要秦繆公。'信乎?"孟子曰:"否,不然。好事者爲之也。百里奚,虞人也。晉人以垂棘之璧與屈産之乘,假道於虞以伐虢。宫之奇諫,百里奚不諫。知虞公之不可諫而去之秦,年已七十矣,曾不知以食牛干秦繆公之爲汙也,可謂智乎?不可諫而不諫,可謂不智乎?知虞公之將亡而先去之,不可謂不智也。時舉於秦,知繆公之可與有行也而相之,可謂不智乎?相秦而顯其君於天下,可傳於後世,不賢而能之乎?自鬻以成其君,鄉黨自好者不爲,而謂賢者爲之乎?"

【講疏】繆,通穆。本章亦承前文,言賢人百里奚未嘗枉己從人也。孔子之前,皆依時序,舜、禹、伊尹、孔子,皆歷代聖人也。百里奚早於孔子,而殿之章末者,或存聖賢有别之意歟?此論道之文,非講史也。昔晉人假虞滅虢,百里奚知虞君不可諫,可謂知幾者。相秦而成穆公之霸業,亦可稱賢能矣,何至賣身爲僕隸,以遊説穆公?且七十老翁,何所求乎?倘非路遇穆公,豈不終身爲僕隸乎?此皆不合常理者。本章與上章蓋皆孟子以史實及情理反駁世俗傳記者。[1]通全篇而言,首言舜之事親、友弟,仁也;次言虞夏商周政權授受之大義,義也;繼言伊尹、孔子立身之大節,禮也;終言百里奚之知幾,智也。仁義禮智,孟子所謂四端也。

本篇屢言"好事者爲之",前文亦有"齊東野人之語",蓋街談巷議之辭,而爲好事者所記,此即後世所謂小説家言。《漢書・藝文志》於小説家載《伊尹説》等十五家,班固於《伊尹説》下自註:"其語淺薄,似依託也。"且言:

> 小説家者流,蓋出於稗官。街談巷語,道聽塗説者之所造也。孔子曰:"雖小道,必有可觀者焉,致遠恐泥,是以君子弗爲也。"然亦弗滅也。閭里小知者之所及,亦使綴而不忘。如或一言可采,此亦芻蕘狂夫之議也。

所謂稗官之存否,尚有爭議,《漢志》引孔子之言,《論語》繫於子夏。然街談巷議之言既可稱家,是其時留存已多。魯迅曰:"伊尹以割烹要湯,孟子嘗所詳辯,則此殆戰國之士之所爲矣。"[2]此蓋依理推之者,尚未予以詳論。今觀《漢書・藝文志》道家下載《伊尹》五十一篇,疑孟子、《史記》"以滋味説湯"之説皆出此書。其與《伊尹説》是否相出入,已難得其詳,蓋道家之寓言、重言而載爲史實者歟? 莊子論道,"寓言十九,重言十七";"寓言十九,藉外論之";"重言十七,所以已言也,是爲耆艾。"(《莊子・寓言》)寓言、重言皆是依託外人或前輩之言,是亦"好事者"之言也。今觀《莊子》一書,於孔子及其門下頗多記述,或虛或實,莫可究詰,多此類也。至於墨者雖以非儒爲務,既主循名責實,未必專門

---

〔1〕 據閻若璩考證及估計,百里奚"由虞之秦,不知又何故亡秦而走宛。宛,今南陽府南陽縣,秦穆公時地屬楚。楚鄙人執之,穆公聞百里奚賢,欲重贖之,恐楚人不與,乃使人謂楚曰:'吾媵臣百里奚在焉,請以五羖羊皮贖之。'楚人遂許與之。穆公釋其囚,授之國政,遂有五羖大夫之號。其曰吾媵臣,亦繫託詞以誑楚。"可備一説。見氏著《四書釋地》卷三《百里奚》。另參《告子下》末章"百里奚舉於市"。

〔2〕 魯迅《中国小说史略》,北京:人民出版社,1981 年,第 27 頁。

造作虚説也,然道聽途説者亦所在多有,是所謂"野語"。

雖然,言道家似尚有未盡。春秋後期,社會結構丕變,官僚政治既興,學者習爲干禄之學。顧原有秩序尚未一旦空之,尚務實行而鮮逞口辯。老氏清虚自守,倡"大音希聲"。墨者亦重實行,非樂、節葬而不務聲華。孔子欲"遠佞人","惡利口之覆邦家者"(《論語·陽貨》),言"仁者其言也訒"(《顔淵》),而"巧言令色鮮矣仁"(《學而》),力主"聽其言而觀其行"(《公冶長》),"君子於其言,無所苟而已也"(《子路》)。定公問孔子,是否一言可以興邦、喪邦,孔子皆云"言不可以若是之幾也"(《子路》),不欲人以空言爲重。

及戰國之世,諸侯相爭,唯力是視,故人才之爭奪,乃成其時諸侯之要務,而士大夫奔走遊説之風亦興。當此之時,如周室班爵禄之記載,"諸侯惡其害己也,而皆去其籍"(《孟子·萬章下》),餘亦可想而知。舊籍既已缺失,於是人務空言,一語可以歆動人主,片言則能排難解紛,爲期遊説之成功,於是造作故言、託古言事者競出。[1]此皆縱横家也。晚周至西漢,文士之辭藻鋪排,辯者之誇張故事,以大言奇行聳動世俗觀聽者,比比皆是。雖孟子亦自許"知言"(《公孫丑上》),稱"予豈好辯哉,予不得已也"(《滕文公下》)。然則本篇伊尹之"以割烹要湯",百里奚自鬻"以要秦穆公",皆可爲縱横家"要君"之典範也。[2]要者,干求也。

另如商鞅欲遊説秦孝公,乃因其寵臣景監,此亦縱横家之常態。[3]倘責之以所行不正,則彼或曰,雖孔子亦嘗主癰疽及瘠環也。然則<u>所謂好事者,或不無此輩縱横家</u>。孟子於《滕文公下》所以斥"枉尺直尋",本

〔1〕康有爲《孔子改制考》言諸家託古改制,雖未免求之過深,然言諸家多以己意裁量歷史材料,似無不可。

〔2〕如《孫子兵法·用間篇》:"昔殷之興也,伊摯(即伊尹)在夏;周之興也,吕牙(即太公望姜尚)在殷。故惟明君賢將,能以上智爲間者,必成大功。"楊寬以爲蘇秦後來作爲燕國間諜謀傾齊國,應該就是取法了《用間篇》的"死間"之説。參氏著《戰國史》,上海:上海人民出版社,2003年,第382頁。蘇秦稍晚於孟子,與張儀、公孫衍皆爲戰國縱横家領袖。

〔3〕參《孟子章句講疏》卷一《梁惠王上》首章。

即因陳代所問而發:"不見諸侯,宜若小然。今一見之,大則以王,小則以霸。"繼則以景春所言"公孫衍、張儀豈不誠大丈夫哉?一怒而諸侯懼,安居而天下熄"爲"妾婦之道"。《滕文公下》之主旨端在"閑邪存其誠",而首二章即斥縱横家言,此孟子所最惡之説也。蓋楊墨尚如"放豚",欲追之使復返苙中(豬欄),[1]若縱横家與鄉愿,廉恥既失,則無可救藥矣。

綜合言之,本篇先論解經之法,繼則剖析傳記,末三章乃論辨僞之學。其駁辯之法,一曰以實録明其是非,一曰以無徵發其不信,一曰以義理揭其悖謬,而逆聖賢之志。親親(仁)、傳政(義)、立身(禮)、知幾(智),雖若無意爲之,而次序井然,有條不紊。學者倘悉心以求,則於孟子理解聖賢、詮釋經籍之法當可瞭然於胸矣。孔門自七十子後,已分傳道與傳經二門,雖進路不無軒輊,然聖人與經典皆二者所宗。觀孟子此篇,於德行科之大旨當有所會。蓋既先立乎其大,以意逆志,則聖賢之本心,經義之婉曲,文字之誇飾,辭旨之歧出,乃至好事者之造作故實,齊東野人之街談巷議,皆可依理解之矣。

---

〔1〕 参《盡心下》第二十六章。

文明的法理

陳　强*

清末民初之際中國文明西來説風靡一世，信從者翕然以巴比倫爲華夏民族之故土原鄉。兩河流域最古之法典每在序言中頌贊天神安與地神恩利爾，視其爲法所從出之神聖源泉——而華夏先民亦將皇天后土奉作是非曲直的終極裁判。夏后氏賞於祖戮於社，〔1〕或以躋身上帝之先祖可代天行賞而刑殺之權非地母后土莫屬。至周人則二柄悉出於天——賞以春夏刑以秋冬，〔2〕與四時之陰陽消長釐然相應。在文明之初未臻自覺的"我"尚眠於羣體之中，原始的國家公權常與血緣宗族發生法律交涉。上古大刑用甲兵，蓋以犯罪主體或爲擁兵自重之强宗豪族。《尚書・堯典》謂"流共工于幽州，放驩兜于崇山，竄三苗于三危，殛鯀于羽山，四罪而天下咸服"。其中"鯀"乃個體，"三苗"則爲氏族——"共工"、"驩兜"在兩可之間偏向於後者。三苗類今之法人——其時左洞庭右彭蠡割據一方，〔3〕强行執法何異刀兵相見之戰爭？華夏民族宅於中國而以四裔爲經略東亞之殖民區劃，"蠻夷猾夏"〔4〕凸顯其時種族

* 作者單位：厦門大學哲學系。

〔1〕見《尚書・甘誓》。

〔2〕見《左傳・襄公二十六年》。

〔3〕《史記・孫子吴起列傳》載："昔三苗氏左洞庭右彭蠡，德義不修，禹滅之。"

〔4〕見《尚書・堯典》。

矛盾之尖鋭。四裔之中當以東夷最爲衝要。東夷九黎及其别派三苗相比中國之人有如殖民時代印度英裔之於英倫居民:前者暴戾恣睢而後者謙恭温雅,所謂同出異德者也。在殖民者的眼裏土著無非反犬旁蟲字底之異類。蚩尤即與五虐之刑淵源甚深,其人亦克萊武之流亞。源出東夷的殷人、秦人皆以嚴刑峻法爲尚,而認同中夏的周人、魯人則以繁文縟禮自矜。刑將人擬於潛在之罪犯,威加天下若秋風之肅殺;禮則期以自律之君子,依止人性如春陽之煦暖。一賴外力之威懾一賴内心之自覺——二者之於中華法系有似車之兩輪、鳥之雙翼。律令法度可隨人文發育涵泳禮意,油然流露其彬彬之貌。通情達禮則肥,剛戾失禮則瘦。刑則法律之筋骨,將主權者内心深處的憂懼嫌憎不加掩飾地公之於衆。當承平之時,國家法寬刑緩如温雅之人心寬體胖;陵夷以至亂世,高度緊張的叢林環境使人際間虚文客套變得過於奢侈,而法律亦隨之瘦身至嶙峋露骨的初始狀態。

禮不下庶人,乃雍容端雅之上流貴族所以自别於社會下層無忌憚之小人者。周公一沐三握髮,一飯三吐哺,在在抑情性以表對人之尊重——所制儀軌依宗法倫理規範政治運作,粹然集華夏禮俗之大成。有生之初民知其母而不知其父。隨理性之發育心智漸開,當其豁悟男女構精瓜瓞綿綿始有父系宗法之財産繼承。正常之君位繼承實爲有國者傳基業於後人的特殊的財産繼承——多依父系宗法之理則而有善不善者。像查理曼奮先人之餘烈以創帝業,慘淡經營始克有成,而孫輩汲汲然由蠻族慣習締約析産、三分其土——歐陸遂絶一統之望。百年之功因法之不善毁於旦夕,可勝唏嘘! 周禮即無此病:嫡長承統則江山分定無所爭,支庶封建則王業根深有所託。爲人父者何嘗願將家産悉付一子,而令他子遠適蠻荒危殆之地另起爐灶? 禮之規度或爲人情所不堪,然所以經綸天下弭世亂於未形。古人敬畏冥冥上天,理之必然尊重天意所定長幼之序——立長有如排隊之先來後到,循之則順違之則亂。立嫡則意在隆崇正妻之遇,進而鞏固夫妻所自出之兩大宗族的政治聯盟。貴族間的秦晉之好每乏感情基礎,惟其如此,需由禮法確保百年大計不爲一時私情所誤。周人原爲西方諸侯之盟主,賴與土著舊族之聯姻纔使勢力深植略無根基之東土。“豈其食魚,必河之魴? 豈其取妻,必齊之姜? 豈其食魚,必河之鯉? 豈其取妻,必宋之子?”〔1〕按同姓不婚之原則,姬姓諸侯必隨宗族之繁衍流爲幾百年前是一家的疏遠宗人——其與齊宋之君則每有翁婿郎舅之親、舅甥姑表之誼。像葵丘之會對齊侯、宋公而言何異樂也融融之外親聯誼? 其時之國際關係既有利益之扞格也有戚誼之相通,後者每以幽微難言之情感影響戰爭與和平——近世歐洲之婚床政治亦有類於此。比如,維多利亞女王在世時英國與威廉二世之德國可謂祖孫之國——至愛德華七世一變而爲舅甥之國,至喬治五世再變而爲姑表之國。兩國關係的走向似與此人倫之變遷不無相干。君主之交誼僅是英德關係之分枝,而對東周列國而言則爲關係之主幹。周朝好比幾大家族以世代聯姻的方式合資參股之公司——章程規定股權恒久不變而姬姓永爲控股之一方。迨至禮崩樂壞之東周,公司股權結構終隨章程之屢違漸有白雲蒼狗之變。即便如此仍循一定之規——君位或爲異姓所篡,卻不至如英國王室因傳女而改姓。周禮在六師張惶之際等同强制實施之制定法,而春秋諸侯亦每由禮之僭越自彰爲完全意義的主權者。也祇有當外在威權蔭庇不再時,禮纔開始作爲自覺的文化慣習落地生根、相沿成俗——此蓋儒家運動之緣起。周公制禮多出於光闡王業之政治謀慮,孔子復禮則稍濟以賡續傳統之人文意識。以周孔之道爲揭櫫的禮教淋漓盡致地體現華夏民族嚴謹自律而又持重内斂的人種氣質。作爲禮制中相禮司儀之人,儒者謹守故常以爲孤懸四裔之殖民城邦與本部間的文化紐帶。孔子曾不遠千里問禮東周——其爲人也每好莊重典雅的先王之樂,而對輕佻媚俗的夷狄之樂則深惡而痛絶之。列國之中宋

〔1〕 見《詩・陳風・衡門》。

與魯分别爲商周兩朝文化薈萃之所——積水成淵則蛟龍生焉。莊子適己而忘禮,孔子克己以復禮,其間差别又何嘗非宋魯地域文化之歧異?宗周嚴於華夷之辨,僅以和治諸夏[1]爲施政之職志;殷商則有億兆夷人,[2]權力之觸角深入土著社會。從文化形態上看,前者秉承中原華胄嚴謹的歷史記憶,後者雜以東夷土人浪漫的童稚想象。莊子步武殷人以會通華夷,與印度出生的英國作家吉卜林頗有幾分相像——後者之著述出入歐梵而饒異域風韻,每予本土讀者耳目一新之感。《南華》一書非毁禮法而以神農以上原住民時代爲至治之極。實則苟無周禮存亡繼絶之義,又何能有此汪洋恣肆之文章?何能有此恢詭譎怪之意境?齊湣王稱帝滅宋而三代貴族之禮相隨澌滅,象徵華夏傳統的九鼎遂如約櫝悄然匿跡,再無所聞。[3]當人性之理則終爲叢林之法則所取代,優雅孱弱的耄耋舊邦率由天演而淪亡——野蠻孔武的青春戰國以之爲養漸次崛起,其興也勃其亡也忽。長生不死之千年古國漸成遥遠的記憶。

禮重分殊,每爲貴族社會之綱維;法尚整齊,常奠庶民國家之基礎。兩河有石柱法,羅馬有銅表法,春秋晉國則有鐵鼎法——皆主權者作爲要約一方與其屬民訂立並强制實施之社會契約。在前者而言參差不齊之政令從兹規範劃一,對後者來説作奸犯科之後果由此確然可期。法之公示標誌利維坦的誕生:主權者乃其出令之首腦,芸芸屬民則共組受令之軀體。差異懸殊的自然人隨契約之訂立規整爲身份無别的法律人——行爲舉止不得逾越巨靈之矩度。法嚴則民肅,法寬則民慢,法平則民附,法傾則民怨。主權者造爲憲令,身正法行,身不正法徒具文而已。華夏文明向以王者之政莫急於盜賊——造法以刑爲主意在禁暴止亂,不像石柱銅表尚有餘裕旁及家長里短之民事瑣細。明主賢君懸法

[1]《穆天子傳》卷三載:"予歸東土,和治諸夏。"

[2]《尚書·泰誓中》載:"受有億兆夷人,離心離德。"

[3]《史記·封禪書》載:"商周德衰,宋之社亡,鼎乃淪没,伏而不見。"

度以爲儀表程式,雖廟堂之高、江湖之遠皆不可巧以詐僞。法與術猶如其左右兩手——一正一奇,一顯一隱,一拙一巧,一剛一柔,一方一圓,一死一活,一静一動,一張一弛——陰陽摩蕩則威勢生生如循環之無端。戰國七雄之中,貴族傳統相對薄弱的秦國社會構成最爲均質,而締建絶對君主制下公正嚴明之法制的改革嘗試亦最爲成功。法制乃摒絶個人情感之程式化政治,一以貫之而不計時勢之殊異、地域之差别。近世西洋法制濫觴於貴族佩劍決鬥之日,直至機槍揚威戰場的十九世紀始臻完善——秦制同樣告成於連弩流行的戰國末葉。立法必革故以鼎新,或如傳説中祭紅燒造需付生命之代價。吕庫古捨身以成斯巴達之維新,商鞅亦殺身以殉秦之變法——而成功之烈睥睨千古。後來者難望其項背,蓋以畏首畏尾,身其餘幾。儒墨黄老或效周道,或法夏政,或傾心於小國寡民——皆回首後顧之保守主義學説,其意常在培元葆初以延緩利維坦的自然衰老。法家則不然,治國理念如少年人一往無前——夢寐以求者其惟生命力之巔峰狀態。商君立法"令民父子兄弟同室内息者爲禁",[1]於不旋踵間强制完成常態下需時數百年之社會演化——和後世儒家熱中大家族幾代同堂恰異其趣。强秦崛起如同稚弱少兒靠激素暴長而爲茁壯之青年。從始皇帝陵兵俑癡迷木訥的神情隱約可見古往今來循規蹈矩之"法治民族"的影像——斯巴達人仿佛似之,古羅馬人仿佛似之,普魯士人亦仿佛似之。此等開化膚淺蠻性猶存之種族機械刻板而無靈性,故能從心所欲不逾矩。嚴法刻深衆所不堪,其人安之若素、習以爲常——稍教以兵事即爲軍容壯盛的熊羆之師。荀子入秦見其百姓淳樸如古之民也,俗尚亦與文化老成的山東六國迥不相侔。秦人志慮忠純無所用心,行事往往墨守成規而不知酌情變通——至連燮理陰陽之丞相也多從山東"進口"。規範標準乃其靈魂深處不可禁遏之欲求,冠絶列國的法治亦無非標準化管理之異名而已。

---

〔1〕 見《史記・商君列傳》。

周人滿足參差不齊之大一統,秦人則追求整齊劃一之大一統——滅六國後分天下以爲三十六郡,設官分職强齊其不齊。從里耶秦簡看,帝國的標準化管理已然延及兩千年後仍在試行“改土歸流”的蠻荒之域。國祚短暫的秦朝在兼併中誕生,在擴張中滅亡。帝國覆亡前夕,强大的軍團仍在南方叢林浴血鏖戰——深陷類似越戰的泥沼之中——絲毫不見歷朝歷代氣數將盡時吏治廢弛、腐敗肆虐一類的老年病症狀。利維坦精力絶人,故可由繁密之律法管理社會生活的方方面面——而一旦處置失當便極易成爲怨府禍梯。羅馬法有市民法與萬民法之别,内諸夏而外夷狄——秦朝律法則無分遠近一視同仁。始皇欲在有生之年一舉肇創羅馬元老院銖積寸進、累世以成之偉業——兼併過急遂致消化之不良。是以當山東亂起,天下土崩瓦解,秦人有崤函之固而不能保其宗廟之祀。秦稱西帝之時所欲不過莅中國而朝諸侯,迨至遠交近攻始以翦滅六國爲職志。秦王政二十六年改君號爲皇帝,以示超邁託始五帝之政統。五帝乃華夏諸侯之盟主,三皇則土著蠻夷之首領——“始皇帝”之名號標誌華夏文化圈内無遠弗届之基層直轄的開端,與維多利亞女王加冕印度女皇以行直接管理差相仿佛。自秦始皇變法,後世人君皆不能易之。代秦而興的項羽號爲霸王,頗有步武楚莊以執諸侯牛耳之意——五霸相比三王不過臨時之盟主,取法乎下宜其宰制羣雄之韶光迅如曇花之一現。自兹以降逐鹿中原者皆欲做唯我獨尊之皇帝,而不願爲領袖羣倫之霸王——文明的潛規則已爲千古一帝所改寫。

秦始皇蓋漢謨拉比、拿破崙之流亞——權欲膨脹而以法制爲超逾形體之忠實替身。當其恍惚之時,手訂之法度依然全神貫注;在其休眠之際,親擬之律令仍舊目不轉睛——慎到所謂“大君任法而弗躬,則事斷於法矣”。[1]舉國上下以吏爲師、以法爲教,而不合矩度之“刑徒”比

[1] 見《慎子・君人》。

比皆是。石破天驚的法治帝國正因規範愈恒旋生旋滅，直至科技昌明之近代始見其朋。人類天賦的靈性每與齊一之規範犯沖相克。是故德國哲學的澎湃浪湧由民法之頒行漸趨於晏靜，而諸子百家的喧囂爭鳴也因秦律之推廣戛然而中止。就國家能力而言，秦以後的歷史不僅百尺竿頭難再進，且隨利維坦體質之漸衰節節倒退不知伊于胡底——漢初之封建似往戰國卻步，漢末之割據更向春秋靠攏，"四夷交侵、中國微矣"〔1〕則復覩於兩晉十六國。文景以黄老清静之術治天下，乃因威信未孚的新生政權無力履行過於繁複的社會契約——與其逞强露短不如韜晦藏拙。炎漢一代當武帝之世最爲雄盛，蓄鋭既久終於此際重拾秦人開疆拓宇之威勢。利維坦神旺之時才對潛在的威脅虎視眈眈。克里斯提尼創陶片流放法，將影響城邦穩定之名士巨公投票逐出雅典；漢武帝則置十三刺史部，令孕育地方割據之强宗豪右論貲徙居長安。防患未然，此先漢所以興隆；放任自流，此後漢所以傾頽。由秦入漢隨山東文化之回潮，社會心理從青春期的勇往直前變而爲中年人的老成持重——思想上的復古更化便是保守心態之表徵。頭腦實際的秦人遵國法而不知有天理——可於諸侯會盟之時扣押來訪之嘉賓，會在兩國交兵之際坑殺拘囚之降卒。漢人則以信仰立國，做事規圓矩方不越雷池一步——從隸書波挑方磔的筆劃可見其肅重矜持之個性。儒學思想對秦律變生之漢律的濡染可比希臘自然法觀念對羅馬法的浸潤——後者因之具有超越實用層面的精神内涵。早在黜百家立五經博士之前，漢家就將禮的精神潛移默化融於法律之中。古者黥劓之罪不及大夫，文帝則除肉刑以使庶民皆如貴族享有做人之尊嚴——有漢一代氣節爲尚可謂不爲無因。孔子説過："導之以政，齊之以刑，民免而無恥。導之以德，齊之以禮，有恥且格。"〔2〕法治對人要求極低，庶免乎怙惡之罪徒；

〔1〕見《詩・小雅・六月序》。
〔2〕見《論語・爲政》。

禮治對人期許頗高,必冀以從善之君子——胸懷理想的國家才以教化爲己任,引導人民向上看齊。博厚高明的經學傳統曾哺育人文璀璨之稷下學宫,承其風旨的漢儒每由形而上層面把握爲政之準則、立法之依據。天人相與之際甚可畏也——在公羊家的眼裏人世間的慶賞刑罰須副神聖之天意,而非僅君主功利之二柄。漢代盛極一時的《春秋》公羊學似與《非十二子》大力抵排之思孟一派淵源頗深——其根柢全在秘而不宣的孔子口説,相比昭昭在目之古文經學猶如佛家密宗之於顯教。尼采以哲學家爲未來立法者,孔氏之謂也。宋儒有見於哲學家之孔子,漢儒則有見於立法者之孔子。秦漢帝國法制的形成始終貫穿始皇與孔子權力意志之較量——前者乃肇建國家之世俗立法者,後者爲綱維文明之精神立法者。隨著引經決獄漸成司法慣習,寄寓"素王改制"之《春秋》巋然淩於典章律令而爲根本大法。漢人深知放諸四海皆準之法條衹適用於情形雷同之簡單案件。武帝一朝設遇疑難要案,每遣廷尉張湯親至陋巷就教"明於《春秋》"[1]的董仲舒——儒者折獄多從情理出發,可矯法家一斷於法之偏頗。"經義決獄"於成文法外另行判例之制,思理略似伊斯蘭教法之"類比"——而"引經注律"更使經義渾然融於國法,法條因之柔韌而有彈性。"爲漢制法"的公羊《春秋》在大功告成之後便酣然入眠,直至中華帝國之架構遭遇空前危機的晚清才從漫漫長夢中矍然驚醒。當《説文解字》問世時,呵護大一統國家之經學已因殫精竭慮止息其思想——泛濫的秘密宗教則在社會下層不時勾起朦朧的睡意。與文化生命倦極欲眠相對應,以國家爲己任的大人漸成瀕危而逃避徭役兵役的小人與日俱增。王莽、劉秀的廢奴詔令可釋法律意義之奴婢,卻無奈精神層面之僮僕——此輩如未成年人難以自立,非寄身豪强勢家之莊園則必託庇秘密宗教之團契。君子道消小人道長,社會契約維繫之秦漢帝國也就無可挽回地走向窮途末路。

---

〔1〕《史記·儒林列傳》載:"故漢興至於五世之間,唯董仲舒名爲明於《春秋》,其傳公羊氏也。"

血缘宗族的瓦解造就基於守法之個人的利維坦——及至綱紀廢而國家亂,芸芸屬民漸由規範的法律人還原爲感性的自然人,重又回歸宗族之懷抱。《公羊》尚法,由帝國之崩解漸趨闃寂;《左氏》重禮,隨宗法之回潮日益流行。漢末魏晉之政局一路向春秋下墜,人物亦駸駸有彼時貴族之韻致。華元、子反之推誠再見于荆襄之軍壘,[1]仲尼、季札之賞音復覩於洛陽之東市。[2]法度弛則性靈彰,秦漢盛世何能有此率真超逸之風流? 像"王與馬共天下"殆與上古之貴族政治泯然無别——與時俱進的經術遂舍素王之法以就周公之禮,流爲高門士族自矜身份之家學。當彼之時唯有法家者流欲挽狂瀾於既倒,扶帝國於已傾——曹操、諸葛亮、王猛、劉裕皆其類也。然而文化的疲敝每使英雄之奮發染上悲劇的色彩。稍晚於秦漢帝國,法度森嚴之羅馬也在内憂外患紛然相乘的困境中土崩瓦解。即使在黑暗時代的迷離夢境中,歐羅巴念兹在兹者仍是以來世公道償今生不平之末日審判——正所謂"日有所思夜有所夢"。作爲西方之法家,查士丁尼孜孜裒彙羅馬憲章律令、法理論説以寄其匡復之志——《國法大全》一日不絶天壤則帝國之魂魄宛然猶存。在簡略的銅表前面站立著乳虎初嘯的法治民族,而當詳贍之法典問世時早已是琴在人亡。與查士丁尼修律相先後,昭明太子主持編纂情辭並茂之《文選》——貶經世之責實以鶩翰藻之流美,文明的分歧於兹瞭然可見。自玄風廣被,中國之君子率皆崇尚性靈而以刑名爲秕糠。讀書萬卷不讀律,再無董仲舒一流的鴻學碩儒致力探究法理之淵奥。文化生命健忘失憶與人仿佛,除介意掛懷者外多如春夢了無痕。羅馬法學家的讜言嘉論賴查士丁尼法典傳之久遠——漢儒引經注律之章句洋洋七百余萬言,[3]唯餘鴻爪歷滄桑。當北朝隋唐之世,兩漢經

〔1〕 指羊祜、陸抗惺惺相惜。

〔2〕 嵇康將刑東市,從容彈奏《廣陵散》。

〔3〕 《晉書・刑法志》載:"叔孫宣、郭令卿、馬融、鄭玄諸儒章句十有餘家,家數十萬言。凡斷罪所當由用者,合二萬六千二百七十二條,七百七十三萬二千二百餘言,言數益繁,覽者益難。天子於是下詔,但用鄭氏章句,不得雜用餘家。"

學的流風餘韻仍藉家門之傳習綿延而不絶。其時階級固化,由經學世家對等内婚形成之閥閱頗類印度之婆羅門種姓。崔浩齊整人倫、分明姓族,欲以略似《摩奴法典》之矩度規範方興未艾的門閥制度。陵夷至於晚唐,文宗仍在慨歎"我家二百年天子,顧不及崔、盧耶?"[1]六經之權威有加於王法,而經學世家亦以其光環輝映之門第傲視當世之官品皇位——在山東士族的種姓譜牒中,李唐帝室及其自出之關隴集團皆不過軍功起家之"刹帝利"。出身北朝第一盛門的崔浩必欲滅佛而後快,殆有見微知著之遠識。佛法初傳中國就幸遇駕輕就熟之社會環境,而其衆生平等的革命籲求亦輕易得獲旋轉乾坤之抓手。早期經教激情洋溢頗異後來之禪宗——本生所樹人格典範如須達拏太子即爲恣意布施以證平等正覺的"共産"主義者。佛氏泯滅分别之平等周徧一切有情衆生,非僅局限人際之間——是以經中譬喻常見人懷豺狼之心,而獸行仁義之舉。人獸尚且等量齊觀,況於種族階級之分際? 儒家以《三字經》發蒙,老成之思維頗與童心相鑿枘;佛門則不然,俗講經變皆深入淺出如慈母之誘赤子。今之髫童閱動漫以成長,當日蠻族則覽佛畫而發育——懵懂的心田從此種下平等之意識。有朝一日當其茁壯成年,士庶天隔的門閥制度便如榱崩棟折之舊宇轟然而坍塌。耶教之人人平等終移羅馬文化之運祚,佛法之衆生平等亦革秦漢政教之基因。其爲變蓋漸,訖於趙宋始臻圓滿——内藤湖南以西史爲參照而有"宋入近世"之高論。鼓勵公平競爭的科舉制度正是在泯滅虚妄分别的平等心上奠其千年不拔之基。秦漢帝國因銓選之失範墜往世卿世禄之上古,隋唐帝國則由科舉之確立邁向選賢與能之近世。《西厢記》一劇即託跌宕起伏的崔張愛情演繹新舊文化互爭雄長之較量——有情人終成眷屬乃緣科舉之津梁已然跨越門第之天塹。甚至女權意識也由衆生平等之弘闡水漲而船高,李唐一朝從武后、太平公主到薛濤、魚玄機皆高自標樹,巾

[1] 見《新唐書・杜兼傳》。

幗不讓鬚眉。隨著大一統國家浴火重生,作爲帝國之骨骼的綱紀法度亦因舊貫以開新宇,浸浸比肩秦漢之盛。唐律相較秦漢律法,禮貌愈恭而剛戾之氣大爲收斂——主權者内心的祥和似與佛教勝殘去殺之陰功不無相關。存世之《永徽律疏》恢恢然融南北學風於一爐——科條精審扼要,有得於南人之簡約;疏議博綜淹貫,無免乎北人之深蕪。蠻族氣習根深蒂固的北中國才是《唐律》孕生成長之母土。觀唐人之書,法度嚴整皆蹈矩而發意;讀唐人之詩,格律規範必按部以抒情——微斯人,孰可爲此金科玉條之一代良法?

魏晉南北朝的長期分裂導致老成之南方文化與稚拙之北方文化肝膽楚越之隔閡。遠來兹土的菩提達摩不愜蕭梁之浮華,毅然渡江北上棲止於嵩山少林——其經年面壁之禪風甚合北人樸訥誠篤之個性,熾然大盛固理之所當然。刻板如斯之人民方與慮周藻密之良法相得而益彰。隨著中國社會南朝化的趨勢,曾幾何時碑榜廢壞帖學興——取巧圖便之頓門亦代規圓矩方之漸教而爲禪家不祧之正統。《宋刑統》殆可視作《唐律》翻版,卻由衆習苟且失其肅重之威——玉律金科原無異,世道人心漸已非。《水滸傳》中恒見身居要津者深文周納玩法於股掌之間,斯固文明老年期之時俗常態也。嫉惡如仇乃法律之天稟——而當文化生命漸喪青春之血氣,所生之法亦遂迷失自性從而淪爲冠冕堂皇之擺設。風痹不仁的法制非但漠視人間之不平,且將扶危濟困的熱血之人逼上嘯聚萑苻之一途。人法損不足以奉有餘,滋彰愈甚則去道彌遠——是以水泊梁山杏黄旗上大書“替天行道”四字以爲山寨之政綱。梁山好漢對越上蒼,必以犯法之舉强制代行法律已然遺忘的神聖職責。社會上人欲横流,江湖中天理昭彰。沛然莫之能禦的“江湖道義”最是貼近歐人所謂自然法——“自然”云者,不假思索知其然之謂也,一涉利害之念便有矯揉造作之意態。水滸中人蓋以浩氣凜然的江湖規矩淩轢謀功計利的朝廷法度,狂野之暴力與自然之正義珠聯而璧合。“梁山泊”不過宋元明清時代愈演愈烈之秘密社會的文學縮影。作爲内含於衰老文明的年輕包裹體,此類組織以大家庭之温暖將文明内部與世不諧的蠻人聚攏於利維坦目光不及的陰暗角落。徒衆謹守幫規會約而不知有王法——一旦變生不測或從疏離社會進而反叛朝廷,由此引發兵戈擾攘之動亂。

較之闔内蠻人的間歇性躁狂,塞外民族入主中原之震蕩更爲强烈而持久。逐水草而居的北方遊牧民族自由散漫一如無所繩檢之幼童——隨偉大立法者之横空出世始獲與其齒歲不稱的自制力,從而步入青春勃發之年華。一盤散沙的蒙古各部即由成吉思汗之《大扎撒》搏成横掃歐亞大陸的“上帝之鞭”。扎撒簡率樸拙略無雕飾,比諸唐律衍生之宋金律法有如日耳曼法之於羅馬法。蒙元以北法治北人,以漢法治漢人。詳贍縝密的成文法典頗與原始民族之感性思維圓鑿而方枘。有元一代法制雖亦參照前朝律典,决獄斷訟每以判例爲淵源——蓋因主權者一如盎格魯-撒克遜人擅長具象之類比而不嫻抽象之演繹。蒙古人每征服一地必引降人爲羽翼進而征服他地,先進淩於後進遂生層級井然之四等人制——被征服者由此分享征服者之榮耀。若東征日本不爲神風所阻或許在南人之下還有第五等人。對信馬由韁的蠻族而言,自由之感覺最是刻骨銘心。英倫人的自由意識因基督教之禁欲藴藉以内斂,蒙古人的自由意識則隨喇嘛教之縱欲放逸而外弛。在《十六天魔舞》的曼妙旋律中,世界征服者陶陶然失喪一代天驕賦予之成人自制力——終由故態復萌踏上返鄉之旅程。作爲討元之官文,宋濂《諭中原檄》非惟“驅逐胡虜”之民族主義宣言,抑亦恢復中華之保守主義公告。明之於元猶如宋之於唐。隨著自由縱逸之北風徐徐消散,孔武外向的胡化王朝終爲文弱内向的漢化王朝所嬗代——從疆域的大幅收縮可見生命活力之衰退。同樣是貪贓枉法,元人有似兒童缺乏自制,明人則如老翁不堪衰朽。崛起於元末會社民變的明太祖頗帶幾分江湖習氣,其法外施刑以懲貪官的雷厲作風殆與替天行道之梁山好漢靈犀相通。老人之體質非怵惕寡欲不足延年益壽,故洪武内修峻法外絶互市以垂范於子孫。及至末葉一改故轍,門户洞開綱紀馳,隨自由化之泛濫,不旋踵間明社已屋。代明而興的清朝肇基於關外之後金——從瀋陽故宫十王亭依稀可見立國之初貴族民主之精神。方其時也,政局板蕩又無類似英倫的避風港,八旗共和由是流爲大君獨裁以應對羽檄交馳之軍情。威加天下的八旗勁旅託始於女真集體狩獵之牛録——當獵獲對象由獸及人便摇身而爲全民皆兵之軍事組織。習於行伍之人最是遵紀守法。明清兩朝祖制皆禁太監干政,前者形同虚設而後者卻雷池難越——滿人之矜嚴不苟於此可見一斑。入關後此武夫之民族沉湎漢文化之無邊風景樂而忘返,逐漸變化氣質以躋於文人之民族——雖木蘭秋獮之獵獵腥風也難永葆彪悍之野性。綱維帝國的八旗制度隨滿人之漢化浸以陵夷——方其昌隆國家開疆廓土仿佛李唐之盛日,及其傾頹朝廷割地賠款宛若趙宋之衰時。

曾經虎視鷹揚的八旗勁旅由百年之養尊雄威不再,當洪楊事起面對文明邊緣新興之蠻族有似槁葉之遇秋風。戡平大難的湘軍則與舉兵稱亂之"粤匪"同樣血氣方剛、好勇鬥狠。二者一遵理學一奉耶教——各抱堅毅之信念殊死相搏,龍戰于野血玄黄。李鴻章淮軍勉强對付江左新募之太平軍,何足抗衡蠻性猶存之日本軍?處於生命力爆發之中的湖南人最適於接替垂垂老矣的滿洲人,卻與帝國的大柄失之交臂。湘人每自比於普魯士人,所遵程朱理學也像黑格爾哲學攝心於客觀之本體——自律如此方能謹守外在之法度。民初的蔡鍔、宋教仁皆蹈矩循矱規範是崇,不像他省之人老成圓滑無所執持。……清帝國的權力交接一傳不佳至於北洋系,二傳不佳至於國民黨——皆老氣横秋無以承紹滿洲人在鼎盛之年積攢之家業。三傳至於中國共産黨始克踵其事而增華,仿佛上古墨家穿越重生,革命年代的共産黨人以青春之血性使古老的帝國從面貌到體質皆焕然一新。……"殷鑒不遠,在夏後之世。"[1]嚴明而

〔1〕見《詩·大雅·蕩》。

健全的法制必與主權者旺盛之生命力相副。其人凜然威重則法律隨以威重,其人頹然苟偷則法律隨以苟偷。唯有天下健者方能立綱陳紀,奮力撑起悠悠歷史沉澱的光榮與夢想。

身體與禮儀

——容禮學導論

張德付*

一、引子

容禮是一門失傳已久的絶學！自東漢以降，以到於今，對容禮一詞，不僅普通國人，即便是信奉孔孟之道的儒生，乍聞之下，也多茫然不知所謂。容禮的失傳，帶來的最嚴重的後果，就是古儒修身之道湮没不彰。

衆所周知，儒家主張内聖而外王，即對内應不斷地提升個人的修養以達到聖人的境界，對外則要制定良善的社會制度，以保證天下萬民，乃至宇宙萬物，無不各安其所、各遂其生（即《中庸》所謂“天地位焉，萬物育焉”），而必由内聖才能開出外王來。漢魏之際，鍾繇、王粲著論謂“非聖人不能致太平”，[1]正是此意。《大學》所論，最爲詳明：“古之欲明明德於天下者，先治其國。欲治其國者，先齊其家。欲齊其家者，先

* 作者單位：自由學者。

〔1〕《三國志》卷十五，北京：中華書局點校本，2009年，第468頁。

修其身。欲修其身者,先正其心。欲正其心者,先誠其意。欲誠其意者,先致其知。"[1]明明德於天下,即盡制度之善,屬外王,而它必須根植於格、致、誠、正的内聖之功。内聖爲體,外王爲用。無内聖之基,絶無達致外王(天下平)的可能。歷史上,法家的失敗,秦代二世而亡,此即孟子所謂"徒法不能以自行";若僅有内聖之功,而無外王之用,如佛、道二教,雖可與儒家鼎足而三,然而終究難以治世,此即孟子所謂"徒善不足以爲政"。[2]在《大學》的八條目中,綰合内聖、外王者,厥爲修身,故《大學》説,"自天子以至於庶人,壹是皆以修身爲本"。[3]然而古儒到底是如何修身的呢?《中庸》明確給出了答案,"齊明盛服,非禮不動,所以修身也",[4]亦即以禮修身。這裡所謂的禮,其實是指禮學的一個失傳已久的獨立科目——容禮。

二、身體觀

以禮修身,首先,理所當然是對肉身的修持。對待身體,不同的學派有不同的觀點,因此也就衍生出不同的修持方法。如,《老子》説:"吾所以有大患者,爲吾有身。及吾無身,吾有何患。"[5]老子以身體爲大患(即死亡)的根本原因。後世的道士追求輕舉入雲,出入無間,與道通神,勢必要擺脱肉身,最終要把身體像蟬蜕一樣遺落於塵世間,故有屍解蟬脱、煉神化形之説。這就是身體觀念影響修行方法之典型案例。然而,本文著重探討的是佛家與儒家對身體的觀點,及其衍生出的修行方法,然後再略及道家(尤其是莊子)對身體的觀念,因爲它與儒家身體觀念有著内在的聯繫。

---

〔1〕 朱熹《四書章句集注》,新編諸子集成本,北京:中華書局,2010年,第3—4頁。
〔2〕 朱熹《四書章句集注》,第275頁。
〔3〕 朱熹《四書章句集注》,第4頁。
〔4〕 朱熹《四書章句集注》,第30頁。
〔5〕《老子道德經河上公章句》,王卡點校,北京:中華書局,2014年,第48—49頁。

(一) 佛家:臭皮囊——不淨觀

佛家認爲身體不過是一個臨時的居所(客舍),不過是一副軀殼,而且是濁臭不堪的軀殼,故稱之爲臭屎囊、臭皮囊。[1]《大智度論》説:“是身爲穢藪,不淨物腐積,是實爲行廁,何足以樂意?”[2]行廁——流動的廁所,可以説是佛家對身體的獨到的譬喻。然而,偏偏我們這些芸芸衆生癡迷不悟,對這臭穢的身體存有種種執著貪愛,以致招集衆苦,誠所謂“一切有身,皆如射的,衆箭著之;此身亦爾,衆苦集之”。[3]

佛家之所以會有這樣的身體觀念,正是爲破除淫欲貪愛之心故。從此種思想,自然生發出一種與之相應的修行方法,即所謂的“不淨觀”或曰“白骨觀”。不淨觀有九想:脹想、壞想、血塗想、膿爛想、青想、噉想、散想、骨想、燒想。[4]行者祇有先修習九想離欲,才有可能獲得諸禪。兹略介紹脹想,以見其修習方法之一斑。

> 行者到死屍邊,見死屍膀脹,如韋囊盛風,異於本相,心生厭畏,我身亦當如是,未脱此法。身中主識,役禦此身。視聽言語,作罪作福。以此自恣,爲何所趣。而今但見,空舍在此,是身好相,細腰姝媚、長眼直鼻、平額高眉,如是等好,令人心惑。今但見膀脹,好在何處。男女之相,亦不可識。作此觀已,呵著欲心,此臭屎囊,膀脹可惡,何足貪著?[5]

如此觀想思維,其目的是要呵著欲心,出離欲望,爲修習禪定打下基礎。

---

〔1〕據傳爲達摩的《皮囊歌》,有云:“屎屎渠,膿血就,算來有甚風流趣;九竅都爲不淨坑,六門盡是狼藉鋪。落三途,沉六趣,盡是皮囊教我做。如今識你是冤家,可以教人生厭惡。”轉引自藹理士原著,潘光旦譯注《性的教育》潘氏注,收入《潘光旦文集》第12册,北京:北京大學出版社,2000年,第99頁。蘇格拉底對身體與靈魂的看法,與佛家頗有相通之處,他認爲身體妨礙靈魂對智慧的追求,愛智者應該盡量“讓靈魂脱離與身體的結合”。劉小楓編譯《柏拉圖四書·斐多》,北京:生活·讀書·新知三聯書店,2015年,第422頁。

〔2〕鳩摩羅什譯《大智度論》卷第十四,影印宋元版磧砂大藏經第43册,北京:綫裝書局,2004年,第264頁。

〔3〕安法欽譯《阿育王傳》卷第二,影印宋元版磧砂大藏經第91册,第321頁。

〔4〕鳩摩羅什譯《大智度論》卷第二十一,影印宋元版磧砂大藏經第43册,第376頁。

〔5〕鳩摩羅什譯《大智度論》卷第二十一,影印宋元版磧砂大藏經第43册,第377頁。

這樣的修行方法對於深受儒家文化熏陶的中國人來説,恐怕有些難以接受。然而,身體是臭皮囊的思想,卻早已深入人心。如果我們隨便問一下身邊的朋友,如何看待自己的身體,他們最直接的回應很可能就是"臭皮囊"。然而這樣的説法與儒家的觀點卻是相背離的。

其實,佛陀在世時,比丘修習不淨觀就産生了過患。據《四分律藏》記載,比丘遵奉世尊的教言,勤習不淨觀不輟,漸漸"厭患身命,愁憂不樂,便求刀欲自殺,歎死、贊死、勸死",産生了厭生的傾向。當時,諸比丘在婆裘河邊園中修行,有一位比丘叫勿力伽難提(《十誦律》、《摩訶僧祇律》等翻作"鹿杖",謂爲外道)手執利刀進入園中,便有比丘央求勿力伽難提殺死自己(或謂看護比丘請其殺病比丘),勿力伽難提便斷其命。其後,勿力伽難提前往河邊洗刀,心生悔恨,認爲所作非善。這時,天魔就來誘惑他,讚歎他度不能度者,當獲大功德。於是,勿力伽難提再次持刀入園,宣言"誰未度者,我欲度之"。當時,勿力伽難提日殺一人或二三四人,乃至六十人。後來,比丘集會,世尊發現比丘衆減少,就問阿難是何緣故。阿難將事情原委如實禀告,並央求世尊開示其他没有過患的教法。於是,世尊便傳授阿那般那三昧,此法快樂善學,不會令修行者産生厭世的情緒。〔1〕阿那般那,又譯爲安般,即隨息念,即後世甚爲流行的觀息之法。此事在其他律典中,也都有記載,並非出於反對佛學者的捏造。可見,即便是在古印度,不淨觀的修習,從某種程度上講,也是違背人之常情的。當然,不淨、安般各有其適用的對象。"若亂心多者,教以安般;若貪愛多者,教以不淨。"〔2〕因爲,安般可以對治心念紛亂,馳思外境;不淨可以對治愛欲,貪戀執著,各有殊勝的效用。所以,"若能於身住不淨觀,便於淨界當斷愛欲;若於息住隨息念,便能斷外尋思障品"。〔3〕

---

〔1〕 佛陀耶舍、竺佛念等譯《四分律藏》卷第二,影印宋元版磧砂大藏經第69册,第411—412頁。
〔2〕 曇摩蜜多譯《五門禪經要用法》,影印宋元版磧砂大藏經第91册,第1頁。
〔3〕 玄奘譯《本事經》卷第七,影印宋元版磧砂大藏經第63册,第74頁。

(二) 儒家:親之枝——修身觀

儒家對身體的看法,與佛家截然異趣。晉代范宣,很小便能背誦《詩經》、《尚書》。八歲那年,有次在挑菜時,不小心傷了手,范宣捧手改容,大哭起來。人家問:"有那麽痛嗎?"范宣回答説:"不足爲痛,但受全之體而致毁傷,不可處耳。"〔1〕雖然衹是童子,但是范宣此舉深刻反映了儒家的身體觀念。

儒家崇尚孝道,認爲"身體髮膚受之父母,不敢毁傷",〔2〕故極爲珍視自己的身體。孔子説:"君子無不敬也,敬身爲大。"爲什麽呢? 因爲,"身也者,親之枝也"。〔3〕如果我們把人的生命體比作一棵大樹的話,那麽我們的身體就是從父母的生命體分蘖出的枝杈。因此,儒家認爲"父子一體"、"昆弟一體",〔4〕父母的身體是根本,子女的身體是枝杈,昆弟之間"同氣連支"。如此推導下去,我們的父母與祖父母,祖父母與曾祖父母,乃至我們的遠祖、鼻祖,其生命體都是一體通貫的。因此,我們的肉身,承載著歷代祖宗的血脈,已經不僅僅屬於我們自己。〔5〕如果"不能敬其身",其本質就是"傷其親","傷其親,是傷其本;傷其本,枝從而亡"。〔6〕儒家還有"夫婦一體"的説法,夫妻牉合,一陰一陽。〔7〕宇宙間的法則是獨陰不生,孤陽不長,必須陰陽和合,纔能化生萬物。夫妻的身體也是這樣的關係,一陰一陽必須和合,乃能綿延此生命體,故有夫婦一體之説。佛家認爲,"身爲苦器,法自受惱"。〔8〕與之相反,在儒家看來,我們的身體實具有一種神聖性,因此我們不妨説,"身是聖

---

〔1〕《晉書》卷九十一,北京:中華書局點校本,2010年,第2360頁。此事又見《世説新語·德行》,略有出入。徐震堮《世説新語校箋》卷上,北京:中華書局,1984年,第22頁。

〔2〕皮錫瑞《孝經鄭注疏》,十三經清人注疏本,北京:中華書局,2017年,第13頁。

〔3〕〔6〕《禮記鄭注》,臺北:學海出版社,1979年,第648頁。

〔4〕〔7〕《宋本儀禮鄭注》,鼎文書局,1972年,第168頁。

〔5〕此種觀念,實有相當的生物學基礎。潘光旦《優生原理》:"生物學者對於靜質的定義是:父母身上的一部分物質,不與父母俱死,而和子女同傳的,叫做精質。"精質,也就是基因。《潘光旦文集》第6册,北京:北京大學出版社,2000年,第274頁。

〔8〕鳩摩羅什譯《大智度論》卷第三十三,第577頁。

器(或寶器),宜自將養”。其實,東漢馮勤就曾指出,我們的身體是“不訾之身”,[1]無價之寶。我們出生時,父母給予我們的是一副完好無缺的身體(它包括肉體、精神兩個層面,肉體即爲魄、爲形,精神即爲魂、爲心),因此我們立身行事,應當小心謹慎,當命終時,也應該將此副軀體完好無缺地奉還雙親。因此,三國時代的王昶説:“爲人子之道,莫大於寶身全行,以顯父母。”[2]

這樣看來,《紅樓夢》中的風月寶鑒,其正面照出的是美人形象,反面照出的則是一副骷髏,實在具有深刻的文化寓意。我們不妨以風月寶鑒的正面代表儒家對身體的觀念,其反面則代表佛教對身體的觀念,一正一反,適成對比。[3]不管怎樣,儒家既然如此珍視身體,並提出“修身”之説,如果它没有一套成熟而系統的修身方法,那是不可想象的。儒、佛兩家身體觀念迥異,這是非常明顯的,然而近年有學者專注研究儒家身體觀,卻對此熟視無覩,殊不可解。[4]

三、曾子臨終之教

(一) 曾子臨終之教

衹有理解了身體的神聖與寶貴,我們纔能真正理解曾子臨終時的

---

[1] 范曄《後漢書》卷二十六,北京:中華書局,2011 年,第 275 頁。

[2] 《三國志》卷二十七,第 744 頁。

[3] 風月寶鑒是由跛足道人送給賈瑞,並且説,此鏡乃警幻仙子所製,專治邪思妄動之症,有濟世保生之功。後來賈瑞欲燒鏡子,鏡内哭道:“你們自己以假爲真,何苦來燒我?”這裏有兩個問題。一、後來道教對身體的看法與佛教一致,所以是跛足道人上場。二、從風月寶鑒的功用來看,作者實以之爲佛、道身體觀、世界觀的象徵。但,我們仍不妨以正面爲儒,反面爲佛、道。《紅樓夢》第十二回,北京:人民文學出版社,2008 年,第 166—167 頁。

[4] 臺灣學者楊儒賓對儒家身體觀,多有撰述,後彙集爲《儒家身體觀》一書。楊氏將先秦儒學對身體的觀點,視爲儒家身體觀的原型,並將其歸納爲二源三派。二源是威儀觀與血氣觀,三派是孟子的踐形觀、荀子的禮儀觀以及自然氣化觀。楊儒賓《儒家身體觀》,“中研院”中國文哲研究所,2018 年,第 27 頁。楊氏自承其對儒家身體觀的認識是從孟子開始,也是以孟子爲參考坐標的,没有把儒家身體觀拿來與佛家、道家(教)對比。

教言。《論語・泰伯》中記載：

曾子有疾，召門弟子曰："啓予足，啓予手。《詩》云：戰戰兢兢，如臨深淵，如履薄冰。而今而後，吾知免夫。小子！"[1]

這是曾子在臨終之際，用生命向門弟子開示聖賢之道啊。對修行者來説，生命的彌留時刻，是對修行的最後考驗，是生命答卷的最後一道題目。我們也常樂於稱道前賢在此緊要關頭的表現，並以此評騭他們生命境界的高下。明儒薛瑄臨終時留詩説，"七十六年無一事，此心始覺性天通。"[2]陽明謝世前，門人周積請問遺言，陽明微哂，説："此心光明，亦復何言？"[3]他們是典型的宋明儒者，臨終之際也不忘談心論性。近世大儒熊十力臨終前，口中喃喃"中國文化亡了……"，繫心斯文，令人動容，卻又顯得於斯文信心不足。馬一浮則有詩云："乘化吾安適，虚空任所之。形神隨聚散，視聽總希夷。漚滅全歸海，花開正滿枝。臨崖揮手罷，落日下崦嵫。"可謂灑落之極，然曲終衰頹，又何嘗不是仍然帶有一絲"花時已過遊人少"（馬一浮《山陰道中》）的感喟呢？這是近世以來斯文的命運在儒者生命中的投射。然而古之儒者與宋明儒、近世儒，皆不同。曾子於臨終之際，没有談心論性，更没有發出天喪斯文的哀歎。他衹是最後一次檢視自己的身體，確認它完好無缺，没有任何虧損。爲什麼它會完好無缺呢？因爲曾子一生秉持著戰戰兢兢、如臨如履的精神（簡言之即是敬慎一心）立身行世。最後一句"小子"，那樣肯定，那樣意味深長，似是自我的認可，又似有所囑託。千載之後，我們猶可以想象這樣一堂生命（身體）教育課，該是具有怎樣的衝擊力與感染力！

（二）樂正子示疾

果不其然，當時在場的樂正子春，就被深深地震撼到了。《禮記・

[1] 朱熹《四書章句集注》，第103頁。

[2] 黄宗羲《明儒學案》卷七，沈芝盈點校，北京：中華書局，2008年，第111頁。

[3] 《王陽明全集》卷三十五《年譜三》，上海：上海古籍出版社，2006年，第1324頁。

祭義》記載了樂正子春的故事。

> 樂正子春下堂而傷其足,數月不出,猶有憂色。門弟子曰:夫子之足瘳矣,數月不出,猶有憂色,何也?樂正子春曰:善如爾之問也,善如爾之問也!吾聞諸曾子,曾子聞諸夫子曰:"天之所生,地之所養,無人爲大。父母全而生之,子全而歸之,可謂孝矣。不虧其體,不辱其身,可謂全矣。故君子頃步(鄭康成認爲,"頃"是"跬"字之誤)而弗敢忘孝也。"今予忘孝之道,予是以有憂色也。一舉足而不敢忘父母,一出言而不敢忘父母。一舉足而不敢忘父母,是故道而不徑,舟而不遊,不敢以先父母之遺體行殆。一出言而不敢忘父母,是故惡言不出於口,忿言不反於身。不辱其身,不羞其親,可謂孝矣。〔1〕

樂正子春下臺階時,一不小心,踩了個空,崴傷了腳。這本是生活中再尋常不過的事情了,一般人大概休息一兩天就照常生活、工作去了。然而,樂正子春卻是數月不出,而且面帶憂色。他的學生們不免感到奇怪,就來詢問其緣由。樂正子春遂闡發出一番精妙的言論。父母全而生之,子女全而歸之,如此纔算得上孝,這"之"就是指身體。"不虧其體",是就"形"(肉體)來説;"不辱其身",是就"心"(精神)來説。祇有這兩個方面都做到完好無缺,纔是真正的"全",也就是説,我們不僅要"全形",還要"全心"。爲人子女者要保全身體這兩方面的東西,因此他一舉足怎能不戰戰兢兢,如臨如履,惟恐失墜呢?他一出言怎能不預先審慮其後果而言思可道呢?父母給予我們的身體(父母之遺體)是我們最可寶貴的東西,怎麼可以用它來行險僥倖呢?因此,禮制規定,爲人子者"不登高,不臨深,不苟訾,不苟笑"。〔2〕登高臨深,身體或有潛在的危險;苟訾苟笑,難免招來反唇相譏或怨忿之言,以致精神

〔1〕《禮記鄭注》,第612頁。
〔2〕《禮記鄭注》,第8頁。

受到羞辱。這都是對身體的虧傷,理宜戒絶。孟子説:"知命者不立乎巖牆之下。"[1]巖牆,就是指危牆。戰立在危牆下面,恐有覆壓之禍。俗語説,"家累千金,坐不垂堂",那是恐有墜瓦,意外傷及身體。對於那些不珍視自己的身體,行險僥倖,以致發生意外而喪生的人,儒家認爲他們是不值得同情的。所謂"死而不弔者三:畏、厭、溺"。[2]有三種情況,那人去世了,我們可以不去弔唁。畏,是指生命面臨危險,卻没有足夠的智慧脱離險境而喪命。厭(通"壓"),是指立於巖牆等下而被重物壓死。溺,是指本有橋梁、舟船可以渡河,卻泅水而淹死。這樣死於非命,實屬不孝,故可以不弔。樂正子春反省自己,覺得自己一步踏空,即是忘記了孝道,所以引以爲咎,數月不出,面帶憂色。我們應該注意,樂正子春明確地指出,此番道理乃是從曾子那裡聽受來的,而曾子又是從孔子那裡聽受來的(當指《孝經》)。可見,曾子那堂生命教育課對樂正子春的影響是何等深刻! 而樂正子春又何嘗不是欲藉此機緣給門弟子上了一堂生動的生命教育課呢? 在我看來,樂正子春此舉多少有些摩詰示疾的意味。這樣的教育要勝過平日裡多少苦口婆心的規勸? 可以想見,樂正子春的門弟子中也必然會有人大受感染,而從此奉行不失。

四、儒門雙全法:全形、全心

儒家基於孝道,要求人們既要全形,又要全心,所以其修身之法可以視爲"雙全法"。

(一) 孟子踐形説

我們的身體包含形、心兩個層面(思孟學派,謂心爲大體,耳目之官

〔1〕朱熹《四書章句集注》,第350頁。
〔2〕《禮記鄭注》,第73頁。

爲小體;[1]荀子謂心爲天君,耳目等爲天官[2]),因此修身時自然要二者兼修。《大學》説:"富潤屋,德潤身,心寬體胖。"[3]德,是指心這一方面。我們行事合禮,心中毫無愧怍,心態寬大廣平,久而久之,身體也會處於舒泰自如的狀態。如此長久修習,自會綻現出非同一般的威儀來。孟子説:"君子所性,仁義禮智根於心。其生色也,睟然見於面,盎於背,施於四體,四體不言而喻。"[4]這裡也是在講德潤身的問題。我們的修行,最終會展現於身體的威儀動作上來,生色而施於四體。而其最究竟的狀態是"踐形"。孟子説:"形色,天性也;惟聖人,然後可以踐其形。"[5]所謂踐形,是指充量的實現、成就身體的威儀,達到一種威儀宣著盛大的狀態,睟面盎背、金聲玉振(金聲玉振是指儒者修養到一定境界時,其聲容的狀態,參《聲容》),整個生命體"充實而有光輝"。[6]

《大學》引《淇澳》來説明這樣一種修行的過程:

> 《詩》云:"瞻彼淇澳,菉竹猗猗。有斐君子,如切如磋,如琢如磨。瑟兮僩兮,赫兮喧兮。有斐君子,終不可諠兮。"如切如磋者,道學也。如琢如磨者,自修也。瑟兮僩兮者,恂慄也。赫兮喧兮者,威儀也。有斐君子,終不可諠兮者,道盛德至善,民之不能忘也。[7]

《大學》引此詩本來是接在"心寬體胖"之後,故鄭玄注云:"此心寬體胖之詩也。"[8]至南宋,朱子則把這首詩調到了"釋止於至善"章。我們此處遵從古本《大學》以及鄭注,因爲鄭玄時處東漢,容禮學尚比較流行,

---

〔1〕朱熹《四書章句集注》,第335頁。
〔2〕楊倞注《荀子》,耿芸標校,上海:上海古籍出版社,1996年,第170頁。
〔3〕朱熹《四書章句集注》,第7頁。
〔4〕朱熹《四書章句集注》,第355頁。
〔5〕朱熹《四書章句集注》,第360頁。
〔6〕朱熹《四書章句集注》,第370頁。楊儒賓謂,踐形意指充分實現學者的身體,將威儀觀與踐形觀割裂開來,似過分强調兩者的差異(楊儒賓《儒家身體觀》,第130—132頁)。筆者以爲,兩者是通貫的。盛大的威儀,即是踐形之表徵。
〔7〕朱熹《四書章句集注》,第5頁。
〔8〕《禮記鄭注》,第794頁。

所以他如實地解讀出了《大學》徵引此詩的用意,朱子於此則有所不達。學,是指師生之間講習討論。修,是指弟子自己省察克治,做修行的功夫。恂栗,是指内心的戒慎恐懼,猶如曾子之戰戰兢兢,如臨如履。威儀,則是指所習得的禮容。釋氏認爲佛陀具有三十二相、八十種好,此是唯有佛才能具足的盛大威儀(佛教威儀一詞,是從儒家借用過去的,《容禮源流》將加以闡述)。孟子認爲衹有聖人才能充量實現、成就盛大的威儀,與佛家的説法略相似。

(二) 荀子美身説

荀子對修身也有精到之見。

> 君子之學也,入乎耳,著乎心,布乎四體,形乎動静;端(案:"喘"之誤)而言,蠕而動,一可以爲法則。小人之學也,入乎耳,出乎口。口耳之間則四寸耳,曷足以美七尺之軀哉? 古之學者爲己,今人學者爲人。君子之學也,以美其身;小人之學也,以爲禽犢。[1]

爲己之學,就是要美身。美身,也就相當於《大學》的"潤身"。美身的究極狀態,荀子説"喘而言,蠕而動,一可以爲法則",即那人輕輕地喘一口氣(此屬氣容),微微地蠕動一下(此可視爲行容),都那樣優雅,可以作爲世人的楷則。無疑,也衹有聖人能做到這一點。

歷史上,確實有人達到了荀子所描述的狀態,那就是孔夫子。《論語・鄉黨篇》是對孔子威儀的記録。我們聊舉一節:

> 入公門,鞠躬如也,如不容。立不中門,行不履閾。過位,色勃如也,足躩如也,其言似不足者。攝齊升堂,鞠躬如也,屏氣似不息者。出,降一等,逞顔色,怡怡如也。没階,趨進,翼如也。復其位,踧踖如也。[2]

---

〔1〕《荀子》,第5頁。
〔2〕朱熹《四書章句集注》,第118頁。

這一節記録的是孔子在朝之容。公門,國君宫殿之門,那是相當高大的,所謂“雙闕百餘尺”。但進入公門時,孔子保持鞠躬的狀態,那樣恭敬、謙遜,惟恐此門容納不了他的身體。他站立時,不立於門中,行走時不踩踏門檻。他走過國君聽朝時站立的位置,雖然國君不在,也同樣恭敬,神色莊重,加快了腳步而不失從容,言語時,聲不縱肆。升臺階時,提起衣裳的下擺,保持鞠躬的體態,這時他屏住了呼吸,似乎没有呼吸一樣(近至尊,故氣容肅)。退下來時,剛降了一個臺階,他的容色就舒展開來,一片和樂坦易的神態。孔安國注説:“先屏氣,下階舒氣,故怡怡如也。”〔1〕屏氣、逞顔色之間的變化,即氣容、色容細微的變化,尤可見其威儀之深微盛大,這豈不就是“喘而微,蠕而動,一可以爲法則”嗎?我們若有幸目覩這般威儀,該會是怎樣的心生傾慕,難以忘懷,又怎能不起而效法,爲之所化呢?

佛家所豔稱的佛的威儀,比如廣長舌相(舌能覆面,至於髮際,意味著言無虚妄)等,頗能震駭世人耳目,明顯帶有“神道設教”的色彩。而儒家聖人的威儀,全是人文化成之體現,充滿樸實的、活潑潑的生命氣息。世傳《孔子行教圖》爲唐人吴道子的手筆,孔子不就是那樣温良恭讓的形象嗎? 不就是充滿人間煙火氣,而絶没有沾染絲毫廟堂香火氣的嗎? 當然,這樣的威儀也非俗人的眼目所能望見,因爲庸俗之人心思粗疏、眼目拙陋,無以察覺如此深微精妙的威儀。衹有修行達到一定的境界時,我們纔有可能窺見其一二。佛家説,如來真實智慧海,唯有佛與佛乃能知。同樣,那樣煊赫盛大的威儀,也唯有聖人能如實見。可以説,孟子心中的“踐形”者、荀子心中的“美身”者,無疑都指目在孔子。孔子就是那樣一位全心、全形的聖人,他爲世人立下了做人的極則(立人極)——終極的標準。儒家修身(不論是孟子之“踐形觀”,還是荀子

〔1〕《論語注疏》,《十三經注疏》(下),杭州:浙江古籍出版社,1998年,第2494頁。

之"美身觀")的最終目標是"心全於中,形全於外",[1]於此,更無疑義!

五、莊子惡人説

或許正是出於對儒家修身之法(容禮學)的反動,莊子提出了支離其形、支離其德的説法。《莊子・人間世》裏提到一個殘疾人。

> 支離疏者,頤隱於臍,肩高於頂,會撮指天,五管在上,兩髀爲脅。[2]

司馬彪注云:"支離,形體不全貌。"所謂支離疏,其實衹是一個寓言。這樣的人身體不健全,自然會免於國家的兵役、勞役等,卻又總能得到社會福利的救濟。在殺人盈城、殺人盈野的戰國時代,身體的不健全反而足以使其能夠保全生命,終其天年,苟全性命於亂世。莊子進一步推闡道:"夫支離其形者,猶足以養其身,終其天年,又况支離其德者乎?"[3]作爲一個儒生,讀這個故事的時候,不免讓人心中湧出無限的悲涼,並夾帶有一絲吊詭之感,爲在那樣殘酷的時代裏,那些在刀光劍影的夾縫中偷息的畸形的生命而悲歎。莊子卻從這裏會悟到畸形生命的大作用,無用之大用。不管怎樣,莊子所欲支離的"德",無疑是指儒家眼中的"德"。那所謂支離其形的"形",自然也就是儒家眼中的"形"。

在《德充符》中,莊子又用兀者來與孔子形成對比,譏諷儒家。兀者,即是受了刖刑而形體殘缺的人。踴,是刖足者所用的鞋子。屨,是正常人所穿的鞋子。亂世刑法嚴苛,受刖刑的人太多了,以致出現"踴貴屨賤"的局面。因此,莊子文中出現兀者,正是他對那殘酷社會現實冷靜觀察得來的。第一個出場的是兀者王駘,他的門徒與孔子一樣多,就連孔子都對他心生傾慕,想要追隨他。爲什麼呢?因爲王駘已經達

---

〔1〕《管子》第十六卷,上海:上海古籍出版社,1989年,第153頁。
〔2〕王先謙《莊子集解》卷一,新編諸子集成本,北京:中華書局,2001年,第43—44頁。
〔3〕《莊子集解》卷一,第43—44頁。

到極高的生命境界,足以“官天地,府萬物”,而身體對他來説不過是一個臨時的寓所(“寓六骸”),耳目等器官也衹是外在的跡象(“象耳目”),足被刖去,對他來説,就像是抖落身上的塵土一樣,絲毫没有什麽影響(“視喪其足,猶遺土也”)。[1]第二個出場的兀者是申屠嘉,他是子産的同學。子産鑒於他是受過刑罰之人,不願與他同行止。他狠狠地把子産數落了一頓,説,“今子與我遊於形骸之内,而子索我於形骸之外”。[2]《德充符》一篇,主要出場的人物有四位,莊子稱他們爲“惡人”。[3]莊子意謂,他們形體雖殘,但天德自全,而儒者動必循禮,其形體雖全,其心靈則已受天刑,遭到桎梏。因爲道家認爲禮是忠信之薄,亂之首,所以會有這樣的説法。莊子不以形殘爲意,而務全其德(心),這正是對儒家全形、全心之學的一種反動。《莊子・徐無鬼》云:“禮教之士,敬容。”[4]容,即指容禮。可見,莊子學派對容禮是有充分瞭解的。我們明瞭了莊子惡人形象的用意,則對古儒修身之學的精要會有更深刻的認識。反之,我們充分瞭解了儒家修身之學的妙義,也纔能真正理解莊子爲何那麽偏愛“惡人”(殘疾人)。

跟莊子對殘疾人有一番青睞不同,佛教明確規定不可以授與重病人、殘疾人具戒。《十誦律》卷第二十一:

> 從今,如是重病:癩、癰、疽、顛、痟病人,不應與出家受具足。若與出家受具足,得突吉羅罪。[5]

同卷又云:

> 佛語諸比丘:黄髮人、緑髮人、赤髮、白髮、似赤髮、豬髮、馬髮、

---

〔1〕《莊子集解》卷二,第48頁。

〔2〕《莊子集解》卷二,第50頁。

〔3〕《莊子集解》卷二,第51頁。“惡人”與“畸人”略有不同。惡人,是指殘疾人,或形貌醜陋的人。《大宗師》:“畸人者,畸於人而侔於天。”畸人未必形殘。《莊子集解》卷二,第66頁。

〔4〕《莊子集解》卷六,第213頁。

〔5〕弗吉多羅、鳩摩羅什譯《十誦律》卷第二十一,影印宋元版磧砂大藏經第64册,北京:綫裝書局,2004年,第227頁。

> 無髮人,一切不應與出家。若與出家受具足,犯突吉羅罪。赤眼、深眼、凸眼、水精眼、小眼、泡眼、一眼、無眼;象耳、馬耳、牛耳、羊耳、綣耳、一耳、無耳……年太小、太老,𤺋㾑不能行,不能坐,不能卧,不能立。如是一切,污染僧人,盡不應與出家受具足。若與出家受具足,犯突吉羅罪。[1]

不與重病人出家受具戒,是因爲照顧這些病人出入多務多緣,妨廢誦經坐禪。而且重病人病愈後,大多選擇還俗。不與殘疾人等出家受具戒,是因爲他們形象不佳,污染僧人,影響僧團的形象與清譽,會招致世俗之人的毀謗。佛門固然廣大,慈悲居然有義。

道家以支離其形抗衡儒家的全形,故能收容殘疾人;佛家則爲保全比丘僧的威儀而不授殘疾人具足戒。《紅樓夢》中設立跛足道人、癩頭和尚兩個形象,跛足道人符合道家思想,癩頭則是佛家所不許的。在此,我們之所以不憚其煩地介紹佛道之説,乃是爲了與儒家學説形成對照,由此來彰顯儒家的本色。

六、爲往聖繼絶學

如此珍視身體的儒家,必然會有一套相應的修持此身體的方法。這樣的修行方法必然是要"全形"、"全心",即性命兼修的。我們開篇所引《中庸》"齊明盛服,非禮不動,所以修身也","齊明"就是指全心,"非禮不動"就是指全形。孔子回答魯哀公如何敬身時,説"言不過辭,動不過則",[2]"言不過辭"就如樂正子春所謂"一出言不敢忘父母",是爲免於精神上的羞辱;"動不過則"就如樂正子春所謂"一舉足不敢忘父母",是爲免於身體上的傷害,同樣是要全形、全心。但是,宋明儒者在這方

---

〔1〕弗吉多羅、鳩摩羅什譯《十誦律》卷第二十一,第233—234頁。
〔2〕《禮記鄭注》,第648頁。

面,卻有所偏頗。誠如劉申叔所論:

> 漢儒言敬,皆就威儀容貌而言,朱子《家禮》本之。至程門以寂然不動爲敬,則與漢儒之言敬相悖矣。〔1〕

漢儒言敬,皆就威儀容貌而言(先秦儒也如此),是非常精辟的見解。劉氏説朱子《家禮》本之,略有不當。《家禮》雖有《居家雜儀》,然而本自司馬光,未能博采經史。《小學》略勝一籌,然在個人儀容修養方面,仍嫌簡陋,不成體系。以寂然不動言敬,也就是單就心言敬,拋卻了身體。這從曾子、薛瑄、陽明等人臨終關注對象的不同,足以窺見一斑。宋儒確實接續了孟子以降失傳的心性之學,這一點毋庸置疑。但他們卻未能接續自東漢以降失傳的容禮之學。因此在修身問題上,他們偏重"全心",而忽略了"全形"(反而接近莊子所提倡的理論)。近代以來,面臨著嚴重的文化危機,儒者爲應對此問題,而展開新一期的儒學,也無暇思考儒門修身之學。由於種種歷史因緣,致使容禮學斷絶千八百年之久,我們今天重新闡明此學,正是要"爲往聖繼絶學"。

〔1〕 劉師培《漢宋學術異同論・漢宋義理學異同論》,載《國粹學報》1905 年第 1 卷第 6 期。

《薛學潛著作集》序

張文江[*]

薛氏家族狀況

薛學潛(1894—1969),字毓津,一字育津。他出生於無錫大族,祖父薛福成(1838—1894),父親薛翼運(1862—1929),是薛家的長房長孫。

薛氏家族的歷史,丁鳳麟《薛福成評傳》(南京:南京大學出版社,1998年),曾佳佳、蔣明宏《清代薛福成家族文化初探》(《江南大學學報》2009年第5期),薛煒清、薛煒平、薛楓、薛中越《薛福成家族祖籍與譜系考述》(《江南大學學報》2014年第4期)等,已勾勒大致輪廓。今略加訂正,並有所補充:

薛家祖籍爲江蘇江陰,元末避亂,遷居無錫。薛福成父親薛湘爲道光朝進士,歷任湖南安福、新寧知縣、廣西潯州府知府。薛湘學問廣博,對子女課讀甚嚴:"謂學有根柢,則枝葉自茂。教以温經讀史,兼覽百子,熟玩朱子《近思録》……又綜考有明以來制藝之卓然者……由是沿流溯源,學乃大進。"(《庸庵文別集》卷六《薛公家傳》;見《薛福成集》,合

---

* 作者單位:同濟大學人文學院。

肥:安徽教育出版社,2014 年,第 836 頁)。薛福成兄弟六人,他列居第三。長兄福辰爲咸豐朝舉人,官至都察院左副都御史;仲兄福同爲同治朝舉人,六弟福庚爲光緒朝舉人。

薛福成,字叔耘,號庸庵。年輕時研習經世致用的實學,先後師事曾國藩、李鴻章(1865 年入曾國藩幕,1875 年入李鴻章幕),與黎庶昌、張裕釗、吴汝綸齊名,稱爲“曾門四弟子”。他歷任浙江寧紹道台、湖南按察使,出使英、法、意、比四國大臣,對晚清國事多所籌畫,於西方文明有深入瞭解。著作有《庸庵文編》、《籌洋芻議》、《出使四國日記》等。

薛福成有四子三女。長子翼運,字南溟,光緒朝舉人,曾入李鴻章幕。丁憂後棄官轉攻實業,組建永泰絲業集團,是著名的民族資本家。三子瑩中,字慈明,整理薛福成大部分著作,校理、匯刻了《庸庵全集》十種(1887 年刊刻,1898 年完成)。

薛南溟有三子七女。長子薛學潛,是本文傳主。次子薛學海,字彙東,曾任中國駐英公使館二等參贊,又受聘爲北洋政府考察各國專使徐樹錚(1880—1925)的隨員,由於徐氏遇刺而淡於仕進。以後擔任直隸省督辦的外交部特派交涉員;在宋子文當行政院長的時候,擔任行政院秘書。他酷愛圍棋,和段祺瑞下過五六十局,[1]因此而認識吴清源;創辦無錫田徑隊,薦送外甥張嘉夔參加在德國柏林舉行的第十一屆奧運會。三子薛學濂,字壽萱。他繼承父親薛南溟的事業,多方面加以拓展,在東南一帶被稱爲“絲業大王”。[2]

三個兒媳婦也來自名門望族。長子薛學潛娶的是實業家華繹之

---

〔1〕 薛觀瀾(薛學海的號)《我所知道段祺瑞的一生》:“芝老弈時,態度甚佳,向無厲色,見棋即笑逐顔開,我與芝老對弈,無慮五六十局。”(薛大可、蔡登山編《北洋軍閥》一《雄霸一方》,北京:當代中國出版社,2018 年,第 14 頁)段的繼室張氏是袁世凱視同己出的養女,段、薛兩人因此而爲姻兄弟。

〔2〕 薛氏三兄弟有名於時。蔣介石在臺灣時,有一回當衆詢問薛氏三兄弟的近況。見薛慧山《薛學津、薛學海、薛壽萱——吾家薛氏三兄弟》,《無錫鄉訊》第 171 期,1984 年 1 月。“薛學津”的名字出於誤記,弘農氏《也來談談薛氏三兄弟》已作糾正。《無錫鄉訊》第 172 期,1984 年 2 月。

(1893—1956)的姐姐華慧緯,次子薛學海娶的是袁世凱的次女袁仲禎,三子薛學濂娶的是榮宗敬(1873—1938)的次女榮卓仁。袁仲禎由袁世凱的四姨太閔氏(三個朝鮮姨太之一)所生,傳説中撮合這場婚姻的,有黎元洪、張伯駒等人。

薛氏家族是無錫的巨富。薛家花園坐落於無錫老城鬧市區,占地面積 2.1 萬平方米,被稱爲江南第一豪宅。此花園由薛福成在出洋前親自設計安排,薛南溟負責建造。2001 年被國務院定爲全國重點文物保護單位。

薛氏家族以詩禮傳家,歷代人才輩出。薛氏家訓有這樣一段話:"天下事,利害常相伴,惟讀書則有利而無害。不問貴賤、老幼、貧富,讀一卷便有一卷之用,讀一日便受一日之益。"此語見薛福辰編《薛氏族譜采遺》,原出於宋代倪思《經鉏堂雜志》,被多種家譜(《毗陵唐氏家譜》、《龍溪盛氏宗譜》、《毗陵修善里胡氏宗譜》)引用,奉爲治家的指針。由於薛家秉承開放的教育理念,子弟中有很多人赴海外求學。辛亥革命前,北京清華學堂選派幼年學生出洋,薛學海獲選,宣統二年(1910 年)赴美國,於威斯康辛大學攻讀政治經濟科。1921 年,薛學濂赴美國(州立)伊里諾大學,學鐵路和經濟管理。

長子薛學潛的經歷更是傳奇,他一生不爲生計所迫,交往多爲名流。由於他淡泊治學,長期不爲社會所知,相關資料没有妥善保存。筆者多方搜求,所獲僅一鱗半爪。此文提示若干線索,期望將來有更全面的鉤沉。

薛學潛生平

薛學潛出生於清光緒二十年(1894 年,農曆四月二十五日)。在他出生的當年,薛福成從國外歸來,回鄉途中於上海去世(農曆六月十九日)。在告别人生之際得知長孫出生的消息,這位中國近代史上開眼看世界的人之一,也會有所欣慰吧。薛學潛天性聰穎,自幼朴篤好學,讀書善辯問質難,外祖父吴汝綸(1840—1903)見後,稱他“可繩乃祖”(《政本論》張鴻鼎序;張是薛南溟女婿,曾留學日本),認爲這個孩子可以繼承薛福成的事業。

光緒三十二年(1906年),薛學潛十二歲,錢基博(1887—1957)受聘於薛南溟擔任家庭教師,爲薛學潛、薛學海兄弟教授算學。這應該是錢基博的第一份工作,而這位做老師的也不到二十歲。錢基博後來以文史學者而聞名,最初教的居然是算學,不得不令人驚奇。當時社會風氣重視理科,此前薛南溟已聘請無錫本地的楊章甫出任子女理數教師。[1]這是薛學潛最早接受的西學基礎。

在薛家傳統中,中學的根基更深。薛學潛很早就學習古文,稍長後視野更爲開闊,舉經史周秦諸子及典制,無不熟讀,尤沉潛《周禮》(《政本論》張序)。潘雨廷先生曾經説起,薛先生能隨口背誦《莊子》全文;他能背誦的當然遠不止此。今天讀薛氏著作,在在可見他對古代典籍的自由運用。這些應該都來自他的童子功。

薛學潛畢業於蘇州東吴大學(1900年由教會創辦的中國第一所西制大學),治數理。在1918—1920年間,擔任江蘇省第二屆議會議員、第三屆國會衆議員,是當時最年輕的議員。1920年受中央政府派遣,赴歐美考察實業。他遊歷寰球,足跡所至,有美、英、法、比、瑞士、荷蘭、德、奥、匈、意、捷克、波蘭及巴爾干諸邦,還有亞洲的日本、印度、安南

〔1〕錢基博《自我檢討書》:“里中大姓薛氏請我教兒子算學,每日下午三小時,月薪二十元……那時,我年十九歲。”(傅宏星《錢基博年譜》附録,武漢:華中師範大學出版社,2007年,第265頁)參見錢基厚(孫卿)《孫庵年譜》卷上,光緒三十二年二十歲:“叔兄(按,即錢基博)亦膺薛南溟丈之聘,任算學教師,爲其子育津、匯東兄弟演授陳文所譯查理·斯密《小代數學》,講解明晰。南溟丈聞之,許爲良師。其先算學教師爲邑人楊章甫先生,授常數,而國文教師則桐城吴摯甫先生弟子嚴翼之先生。”又,參見孫伯亮“補白”:“薛南溟丈曾聘請錢子泉爲家庭教師,教授毓津、匯東二子,但錢氏所教並非古文,而是數學,蓋當時社會正宣導數理科學也。錢先生於數學並無深造,所以教了一年,書本完了,也教不下去了。毓津兄弟挽留,仍用原書再教一遍,但勿使乃父知道。允之。蓋錢氏於數學系補習,亦爲教學相長也。此乃毓津親口對我而言,非得之傳聞,當可確信。”(《無錫文史資料》第30輯,1995年,第81頁)

(《政本論》張序)。[1]他遍游歐美諸大高校,結交各國飽學之士,學問有長足的進步。

回國後,薛學潛奉父親之命,於 1921 年籌建太湖水泥公司,發起人中有葉恭綽(譽虎)、榮宗敬、榮德生、陳光甫、華繹之等知名人士。由於種種原因,公司經營失敗,未能發揮才能。1928 年,薛學潛用兩年時間撰寫《政本論》,從學理上探討政治的基礎。1933 年,他以個人名義草擬《中華民國憲法草案》,成爲 1936 年"五五憲草"的參考文獻之一,是民國憲法史的組成部分。薛學潛一生研究經世濟民的學問,考求萬事萬物的根源,以上是他的重要貢獻,卻並非其核心關注。他的才華主要體現在探索科學易上,作出了令人矚目的成就。

檢閱報刊和其他文章,尚可見薛學潛的零星蹤影。1920 年,無錫教育家高陽(1892—1943)捐獻全部家産,克服種種困難,創辦無錫中學(後爲無錫第三中學)。唐文治任校長,薛南溟任董事長,校董中有薛學潛。1923 年到 1925 年,他創辦《蘇民報》,包天笑爲主筆,范煙橋爲副刊編輯。1937 年,薛學潛和葉恭綽(1881—1969)、李石曾(1881—1973)、臧伯庸等一起,捐助虹橋療養院的平民病房。[2]1938 年前後,他和傳奇人物張蔥玉(1914—1963)有交往,時常互相宴請。張出身大富之家,當時二十四歲。他非常欽佩薛的易学著作,後來成爲書畫鑒定界的宗師。[3]

薛學潛主要居住在上海,原來的通訊處是同孚路(今石門一路)。

---

〔1〕北京《益世報》1920 年 2 月 26 日、3 月 4 日,刊登薛學潛的出行消息。

〔2〕《申報》1923 年 10 月 10 日;又,1937 年 6 月 29 日。

〔3〕張珩,字蔥玉,號希逸,浙江南潯人,書畫鑒藏大家。著有《木雁齋書畫鑒賞筆記》(影印本,北京:文物出版社,2000 年;標點整理本,上海:上海書畫出版社,2015 年),另有《怎樣鑒定書畫》和《張蔥玉日記・詩稿》(上海:上海書畫出版社,2011 年)。薛、張交往事蹟,見《張蔥玉日記》,一九三八年六月二十七日:"至飛達,遇熾先、育津諸君,遂過熾先齋,談笑甚樂。"(第 43 頁)十月一日:"薛育津約小酌於大西洋,飯後與谷孫、伯弢等閒談,至夜分始散,雨甚暴。"(第 49 頁)十月十三日:"與恭父、伯濤、育津夜飯於聚豐園。飯後至育津寓,讀其所著《易與物質波量子力學》,並求其解說。此算學之至深者,非十年不能了了也。"(第 52 頁)一九三九年一月七日:"偕湄、微觀電影於國泰,甚佳,片名《浮生若夢》。觀後應育津宴於杏花樓。"(第 55 頁)此外,於同年七月二十五日、十二月一日亦有宴飲記録。(第 96、114 頁)

1949 年以後,住所在茂名北路。他積蓄的滿腹學問,由於没有發表的條件,祇能體現在與楊踐形等人的談學中(參見《鍾泰日録》1963 年 2 月 7 日),其學術傳人是潘雨廷先生。

薛氏家族的後裔,大多身居海外,國内的居住在北京和上海。有文章記載,薛學潛的兒子薛景僑住北京(在上海時住陜南邨),薛維翰住上海,薛敦住香港。[1]薛學海的後代大多定居香港,薛學濂的後代大多僑居美國和加拿大。

今日尚可見薛先生的照片有二:1.早年。見《中國水泥事業之前途》扉頁,英姿勃發,器宇不凡。2.晚年。七十壽辰時與友人和學生的合影。沉静成熟,一代哲匠。潘先生處保存這幅合影,請教知情者後,辨認出其中一部分,還有一些人不知道是誰。幸運的是互聯網陸續吐露消息,現已查知照片上所有人姓名。[2]今將此照片列補編之首,可見薛先生晚年的風采。合影中的友人和學生,多爲一時俊傑。

主要著作

薛先生思想主要體現在著作中,很多已亡佚。《薛學潛著作集》是在有局限條件下,作出的不完整結集。初步檢視其學行,大致分三個階段:

---

〔1〕 薛景僑名恭,生於 1915 年,畢業於美國俄亥俄大學。薛維翰名申,生於 1921 年,畢業於日本早稻田大學。薛敦生於 1937 年,畢業於上海同濟大學。(據《錫山薛氏支譜》,《江蘇文史資料》第 131 輯《太湖望族》)又,據傅紫顯先生哲嗣傅偉明告知,薛敦畢業於上海第二醫學院,不是同濟大學,此記載可能有誤。薛、傅兩家有交往,筆者曾看見上世紀九十年代薛敦寫給傅紫顯的明信片。

〔2〕 照片背面題寫:"後排(立者)張充仁,吕根榮,邵學明,于文波,周雲祥,潘雨廷,孫聖章,胡厚禧,傅紫顯,鄧叔平(十人);前排(坐者)王撰生,曹仲淵,陳稼軒,薛育津,尹石公,楊中一,金月石(七人)。紫氣東來祥雲顯,克己復仁時學明,法雨廷前稼軒月,生生不息撰育津。聖賢文章公中一,頑石點頭充金石,淵深波平仲叔禧,天高地厚根蒂榮。陋室主人述,時年七十有六。己未清明,三月初九。1979.4.5"——以上曹澤宇提示。又,據傅偉明言,此照片當年亦爲他父親所藏,照片上題字者爲趙冷月,拍攝地點爲衡山賓館。又,根據年齡、字跡等判斷,陋室主人爲邵學明。邵當年抄寫大量文稿,很多人稱他爲寧波老邵。當年筆者在潘先生家裡多次見到他,約去世於 2 000 年前。

一、最初從實業報國入手，轉向政治，並探討政治的根基。列出此時期主要著作，編爲第一卷：

1.《中國水泥事業之前途》(1923)

2.《政本論》(1928)

3.《中華民國憲法草案》(1933)

薛學潛在二十世紀初考察歐美，與其祖父於十九世紀末出使英、法、意、比四國對照，時代已不同。在歐戰背景下，薛學潛分析世界地緣形勢，重視資本的作用，深信中國水泥産業尚在幼稚階段，將來有無窮的希望。如果觀察二十世紀末内地的基建和房地産大潮，不得不敬佩其敏鋭的遠見。《潘雨廷先生談話録》一：

走過華亭路服裝自由市場時，先生言：二十年前薛先生早就看出，化纖出來，當時雖然貴，服裝問題已解決。現在的情形已完全可見，人們服裝翻花樣全從此出來。衣食住行是人民生活大問題，衣解決了，食還没解決。美國一個農民可養活二十人(大意)，其他國家相距甚遠。然而一旦能人工合成糧食(氨基酸)，社會還會大變。(1986年3月27日)

此處衹談及衣和食，推論觀察住和行，亦當有新的視角。《水泥》原書用英語寫作，由徐景韓(1884—1952)譯爲中文。徐景韓是中國第一位被授予碩士學位的人，和薛學潛應該是同學。[1]此書言水泥，而名之曰“事業”，繫之以“前途”，可見薛學潛朝向未來的眼光。

經營實業爲時短暫，薛學潛退出後，轉而研究政治體制，後者更爲根本。他撰寫《政本論》煌煌十二卷，既通曉傳統政體的因革，又瞭解西方制度的演變，此書在規模上可比擬《周禮》，爲建立國家而設計規劃。在二十世紀上半葉，作出這樣的深入探索，不可不謂有大志的作品。以

[1] 徐景韓，蘇州人。1917年由東吴大學頒授中國第一個碩士學位(化學碩士)。他後來赴美國芝加哥大學攻讀物理學，歸國任東吴大學文理學院院長。

今日後見之明觀之,書中的若干洞見,依然有參考價值。

1932 年 12 月,迫於"九一八"事變的壓力,當時國民政府宣布籌備立憲,吴經熊(1899—1986)、張知本(1881—1976)、薛學潛以個人名義發表了憲法草案(夏金華、胡旭晟、劉鄂等整理《近代中國憲政歷程:史料薈萃》,北京:中國政法大學出版社,2004 年,第 869—915 頁)。1936 年《中華民國憲法草案》(即"五五憲草")以吴的草案爲底稿,不斷地加以完善,而對張、薛的設想也有所吸收。(劉莉佳《南京國民政府時期行政法院制度研究》,南京師範大學 2012 年碩士論文)

吴經熊 1917 年就讀於東吴大學,1927 年和薛學潛共同被推選爲委員,以上海同學的身份參與母校校務改組(1927 年 4 月 10 日《申報》)。薛學潛是學長,兩人應該相識。探討薛氏草案的得失,當對比吴、張草案和"五五憲草",還要追溯清末民初憲政思想的發展,並結合 1946 年《中華民國憲法》的後續演變,才能作出完整的評論。

二、認識西方科學的最新發展。由於政局動盪不安,理想難以實現,薛學潛再次由政治觀念的考核,轉入追溯西方科學的最尖端成果。其核心思想來自晚清流行的"西學中源"説,[1]並作出深遠的推進。列出此時期的主要著作,編爲第二卷:

4.《易與物質波量子力學》(1937)

5.《超相對論》(1946)

論者指出,中國近代易學史上,從象數易發展爲科學易,杭辛齋《學易筆談》(1919)開其先河,沈仲濤《易卦與代數之定律》(1924)、《易卦與科學》(1934)、薛學潛《易與物質波量子力學》(1937)、丁超五《科學的易》(1941)踵事增華,是易學同現代數學、物理學結合的嘗試。(尹天齊《民國科學易

[1] 參見薛福成《出使英法義比四國日記》光緒十六年四月庚子朔:"上古之世,制作萃於中華……豈不較今日西人之所制作尤爲神奇……吾又安知數千年後,華人不因西人之學,再辟造化之靈機,俾西人色然以驚,愯然而企也。"(鍾叔河主編《走向世界叢書》,長沙:嶽麓書社,1985 年,第 133 頁。)參見四月初十:"西國博雅之士,論其創制,每推中國。"第 138 頁;又《跋》:"凡茲西學,實本東來。"第 343 頁。

的形成、構成和影響》，山東大學 2017 年碩士論文）理解民國易學的發展，薛學潛是不可繞過的重鎮。潘先生寫作《易學史》，擬以薛學潛爲結束。

《易與物質波量子力學》四卷，以現代自然科學與《易》相結合。全書以易方陣來解釋物質波、量子力學、相對論，而終以五度之説。由於論證比較複雜，作者依據 1942—1943 年的演講，删繁就簡，續著《超相對論》三卷，又名《易經科學講》。1964 年該書重版於臺灣，改名爲《易經數理科學新解》（臺灣真善美出版社），以後又多次重印。

對薛學潛的科學易，熊十力有嚴厲批評。[1]可見即使是潘先生的師門中人，對學術的方向和歸宿，判斷上並不一致。這些不一致天然存在，不需要强求統一，認識其分歧並推究其原因，應該給後人重大啓發。在潘先生的老師中，薛、楊兩先生能談在一起，或許因爲楊也留意新學，對《易》持有開放的態度；而薛、熊兩先生不可能談在一起，除了熊的强烈個性，也和進路不同有關。

對於此書的批評，目前看到局部的糾錯，尚未見整體的分析。[2]即使將來發現重大的錯誤，依然不能抹殺當時的探索。潘雨廷先生有一回説："薛先生《政本論》雖然好，但不過時的是其科學著作，至少現在不會過時。薛先生講過好幾次了，量子將來有什麽稀奇？人人都知道，但《易經》還是《易經》。這纔是懂《易》之人。"（《潘雨廷先生談話録》一，

---

〔1〕熊十力 1949 年 9 月 16 日致徐復觀信（2016 年中國嘉德秋拍首次公開）："吾在民國十年左右，痛中國學術之衰，亦早云：今欲振起，不可效老輩經師或理學家，必於西洋科學、哲學有基礎者，方可進而研儒佛，以系統之理論發揮，否則人不視爲學。吾此言與宗三實不同：吾意必去舊人之迂闊、頑固、迷謬種種病，乃可研究體會與發揮此學耳，非謂講儒學者，必於其著作中戴上名數帽子，編入名數材料之謂。去年在浙大，聞無錫有一西洋學者，以數學談《大易》，著一書自命空前。吾不待看而敢斷其謬。如羅素以數理來演六十四卦，當然可成一説，吾敢斷言仍是空洞形式，即解析事物相互間之關係而已，必於《易》道不究其源，於人生更無關，於宇宙萬化不得其真。此非武斷也。形式與數理邏輯之於《易》又不必論。今之儒學要究明真際，窮神知化，盡性至命，使人有以實現天德、立人極、富有日新，而完成天地萬物一體之發展，彼名數形式可語是乎？"

〔2〕葉福翔《試析薛學潛〈易與物質波量子力學〉中的謬誤》（《周易研究》1996 年第 3 期），孟令君《薛學潛易統計方程式推導存在的問題探討》（《周易研究》2010 年第 10 期）。

1986 年 3 月 5 日)可見薛先生本人的自知,也是對其著作的適當評價。

三、中華文明溯源。薛先生壯年以科學易而聞名,晚年由西返中,追溯中華文明之源,完成了一代奇書《天文文字》,成爲他最輝煌的著作。列出此時期的主要著作,編爲第三卷:

6. 手稿曬圖本《天文文字》(1954)

7. 手稿曬圖本《西安半坡出土最古文字》(不詳)

8. 手稿曬圖本《天文文字》補篇(1965)

《天文文字》是薛先生研究中華文明的代表作,甚至可以説是其一生學問的總結。他從傳統的籀篆文字上出,由殷墟甲骨文追溯周以前的源頭,提出文字之本,與宇宙同根,中國文字出於天文。凡十天干、十二地支、卦之八獸、數位五到十,爲核心三十六字,源之而衍天文文字凡七百。此書以星象解析中國文字,旁及西方字母和阿拉伯數字,磅礴萬物以爲一,是他一生思維的結晶。至於所論是否爲中國文字的真實狀況,估計見仁見智,不妨繼續爭鳴;而宇宙真相是否爲他所説的五度,應該也非必然。這些都不妨礙此書的天才建構,爲極富思想性的傑作,其精光不可磨滅。卷首序言寫於 1954 年,書中引及 1956—1957、1962 年的事情,可能到 1962 年才最後完成。此書以少量曬圖本形式在友人間流傳,馬一浮極欣賞之。〔1〕

〔1〕 馬一浮和薛學潛的交往,不晚於 1953 年;兩人最後一次見面,應當在 1966 年春夏之間。此年馬有上海之行,薛、馬會面,潘先生也在座。馬向潘垂詢《雜卦》解法,並囑其完成。今存馬 1953 年致薛函及贈詩。《書劄》"薛育津(毓津)一九五三年十二月二十四日":"毓津先生左右:前月到珂里,即擬奉謁,乃辱先施。既慰渴仰之私,彌佩謙沖之德。高論淵微,豁蒙振滯,誠前此所罕聞,資當來之神解。固知二執本空,然緣起無盡,他日必大行於世,可知也。浮炳燭餘年,唯務日損,不復能爲深湛之思,但有讚歎而已。當日曾率成短律,用志勝緣,病其淺拙,未以奉正。今不敢自匿,聊復寫呈,明其嚮往。如荷不鄙,更有相晤之期,尤願得親餘誨。霜寒,唯體道觀物,有以自娱。臨書神馳,不具。馬浮頓首。癸巳冬至後二日。"(《馬一浮集》第二册,杭州:浙江古籍出版社、浙江教育出版社,1996 年,第 774 頁)又《蠲戲齋詩編年集》癸巳,《梁溪贈薛毓津》:"五度玄微八卦收,並時持論更無儔。能推羲象通三極,已薄鄒談限九州。智以心空如火聚,物從緣變是波流。與君遍界成相見,不負溪山秉燭遊。愛因斯坦造相對論但知四度,君立五度之説,精微過之。"(同上書,第三册,第 557 頁)

本書的重現,多少出於僥倖。二十世紀八十年代,我代潘雨廷先生去大場取回"文革"中被抄走的書籍,其中有數册《天文文字》。當時很吸引我注意,並請潘先生作了講授(見《談話録》八補遺甲,1985 年 6 月 30 日)。1991 年潘先生逝世後,由於潘先生有大量手稿尚待整理,又考慮到此書還涉及著作權,此數册不全的曬圖本,託人退給了薛家。然而數十年來,在校對潘先生手稿之餘,我心心念念於此書,爲當年的懵懂追悔莫及。我在很多場合談及此書,也一直關注其下落,由於年代久遠,相關線索已失,没有進一步消息。

十多年前,鍾泰(1888—1979)的孫子鍾斌先生,搜尋其祖父的遺稿,曾經聯繫過我。數年前,因爲推動鍾泰遺稿的出版,我和鍾斌又有所交流。不久前由於友人的促進,我無意中得知鍾斌處尚有完整收藏,因躍而大喜,此書終於失而復得。查《鍾泰日録》1965 年 5 月 25 日:"再訪薛學潛,贈予《天文文字》一部,共九册,可謂巨著矣。"當即今天收入《著作集》所用的底本。此書的重見天日,感謝各方面有形、無形的助力,鍾斌先生在整理鍾泰著作的同時,保存此書五十餘年,功德無量。此書非常可能是海内外僅存的完整孤本。

《西安半坡出土最古文字》,由歸藏文化從拍賣場上購得。半坡遺址 1953 年發現,薛先生的釋讀,提供了新的觀察角度。此書無序言,未標明何年寫作,可看成《天文文字》的引申,大義全同。卷首有書法家李天馬的題辭,李於 1961 年移居上海,由此判斷成稿於此年以後。[1]歸藏文化還購得薛先生題名爲《易講》的文稿,自序署 1962 年,經比對與《天文文字》完全重合(即《天文文字》二十一章的一節)。此書是作者小範圍演講時抽取的講義,不列爲一種著作,保留其自序編入佚文。

《天文文字》的發現,使《著作集》的編纂,得以相對完整。喜事接踵

〔1〕李天馬(1908—1996),廣東番禺人。早年曾從事銀行業。1961 年移居上海,受聘爲上海文史館館員,與薛先生應該相識。1963 年曾主演上海科教電影製片廠的第一部科教影片《怎樣寫好毛筆字》,弟子有許思豪、陳永正等。

而至,在本文寫作期間,無錫圖書館的朱剛先生,提供了《天文文字》的補篇。此書探討 1942 年出土的楚帛書,可作爲讀解半坡文字的補充。結論提出,中國古世南方文化與北方殊趣,且北方不逮南方,以及籀篆文和隸書有不同的起源。如果結合薛先生身後發現的馬王堆帛書和近年來逐漸引起重視的良渚文化,這些觀點富於啓發意義。

殘卷、佚文和附録

本次初步的結集,將薛先生著作編爲三卷。由於編纂時陸續出現的新進展,原擬以後考慮的補編,得以提前著手。今將搜集的殘卷、佚文和編者輯集的附録,編爲第四卷。前三卷爲正編,第四卷爲補編。搜集薛先生著作還剛剛開始,將來搜集到其他文稿,此編還可能擴充。

先列已知未刊著作目録如下:

9. 手稿曬圖本《黄帝尺》(不詳)

10. 手稿曬圖本《中國樂理論》(1956)

11.《第三八卦》(不詳)

《黄帝尺》。由律曆而度量衡,制器尚象,正是《易經》的核心,也是中國科技史的重要内容。前輩學者葉恭綽曾垂詢研究進展,今存薛學潛回復信函,已編入佚文。[1]由於朱剛先生的提供,此書已找到主要部分。全書共有七册二十九章,今存五册,缺第一册(第一章到第四章)和第五册(第十八章到第二十一章)。因爲未見序文,不知道寫於何時,暫定完成於五十年代。目録如下:

第二册　第五章:三代度量權衡之例證;第六章:齊晉秦楚度量權衡;第七章:關係後世權衡度量變遷最巨之兩尺;第八章:古同身尺之

〔1〕葉恭綽收藏並關注古尺,於薛學潛之外,尚見劉半農回復信函。(舒晨整理,《葉恭綽友朋尺牘》二,見《歷史文獻》第四輯,上海圖書館歷史文獻研究所編,上海:上海科學文獻技術出版社,2001 年,第 210—211 頁)

變化

第三册　第九章:古玉考;第十章:古劍考;第十一章:音律考;第十二章:黄鐘之正聲

第四册　第十三章:黄鐘動數;第十四章:黄鐘積;第十五章:鐘律考;第十六章:月令與音律;第十七章:上古測尺

第六册　第二十二章:容黍之研究;第二十三章:唐度量權衡;第二十四章:宋人不識宋權;第二十五章:宋度量權衡

第七册　第二十六章:金元度量權衡;第二十七章:明度量權衡;第二十八章:清度量權衡;第二十九章:重振中國度量權衡制度建議

附録一:歷代尺度合清營造尺;附録二:歷代制量合清立方寸;附録三;歷代權衡合清庫平兩;附録四:歷代尺度合密立密達;附録五:歷代制量合立方生的密達;附録六:歷代權衡合格蘭姆

關於《黄帝尺》的内容,在《天文文字》中有所提及:"黄帝尺者,蓋取準地球子午週一億二千九百六十萬分之一。今科學所用密達尺,乃取準地球子午週四千萬分之一,然未能精,猶嫌微短。而黄帝尺就人類製造所能控制的準確程度而言,則謂之絶對準確,無不可也……由於黄帝尺之算,而推出歷代度量權衡,皆得其準確之數,可以補二十四史之闕文焉。"(第 15 頁,參見第 176 頁)此書的研究美輪美奂,對精確有至極的追求,達到了所能達到的高度。2018 年 11 月,國際度量衡大會決議,七個國際基本度量標準(包括長度在内),已全部改用物理常數定義。薛先生如果在世,他的學問與時俱進,不知道是否有更新的見地?

《中國樂理論》。《黄帝尺》和此書的先後,比較難以確定。從薛信函對葉恭綽所用稱呼(葉在民國時期多次擔任部長)判斷,可知《黄帝尺》的研究在 1949 年以前。另外,《中國樂理論》中有根據《黄帝尺》推算的内容。此卷以《黄帝尺》居前,將來如果有新的綫索,再考慮是否需要調整。

此書序言寫於柔兆涒灘,即 1956 年。[1]全書有四册十二章,每册一卷三章。目録如下:

第一卷　樂理出於中國　第一章:導言;第二章:樂理出於八卦;第三章:仲吕極不生

第二卷　樂調之變化　第四章:旋宫之法;第五章:諧和之理;第六章:諧聲與諧樂

第三卷　真黄鐘何以求得　第七章:黄鐘之長度;第八章:古尺之來歷;第九章:歷代黄鐘得失

第四卷　黄鐘律管之算　第十章:黄鐘動數;第十一章:黄鐘積;第十二章:鐘律考

華夏文明的核心典籍,有六藝、六經和五經的不同表述,彼此關聯而各有所指。其中關鍵性分别之一,爲《樂經》的失傳。雖然有《周禮・大司樂》和《禮記・樂記》(亡佚約一半)保存部分信息,終究是莫大的缺憾。而黄鐘正聲,喪於周室東遷(見《黄帝尺》第十一章《音律考》)。薛先生這部研究著作,結構嚴密,根據易學象數和歷代資料多方推導,使中國樂理亡而未失,是非常重要的貢獻。

《中國樂理論》原來有目無書,由於種種機緣,在編纂《著作集》的最後階段,陝西咸陽的楊瀚先生,提供了他收藏的第三册,此書的部分内容,由此得以窺見。《黄帝尺》第四册中有三章(第十三章:黄鐘動數;第十四章:黄鐘積;第十五章:鐘律考),與《中國樂理論》第四册的章題重合,疑似内容相同;加上網絡照片保存的自序和殘頁,此書還可以有所恢復。已知第一册在拍賣場上被人購走,其他二册也可能尚在天壤間,期待全書將來有機會問世。

《第三八卦》,指伏羲量子(第一八卦),文王電子(第二八卦),孔子原

〔1〕薛學潛於《天文文字》署閼逢敦牂(甲午,1954),《神形篇》序言署著雍淹茂(戊戌,1958),《易講》署玄黓攝提格(壬寅,1962),《補篇》署旃蒙大荒落(乙巳,1965)。於 1949 年後,皆用《爾雅・釋天》的太歲紀年,既有存古之心,亦有易代之感。

子(第三八卦)。此書應該是薛先生科學易的最新作品,繼續早年的研究,與《天文文字》雙峰並峙。潘先生生前多次提到此書,下落不明。《鍾泰日録》中,提及薛有著作《易與原子能》,不知道是否和此書有關。[1]

關於佚文,目前找到七篇:

1.薛學潛先生著作啓事,刊登在《新聞報》1928 年 9 月 7 日(亦見《申報》1928 年 9 月 22 日)。此文是《政本論》的廣告,應該出於作者自擬,可看成全書的提要。2.薛育津君來函,刊登在 1942 年 2 月 27 日《新聞報》。此函爲自擬的作《易經》科學演講的廣告,是《易與物質波量子力學》、《超相對論》之間的過渡。3.《易經科學講　超相對論》出版預約,刊登在《新聞報》1946 年 4 月 3 日。也應該出於自擬,可看成全書的提要。4.致葉恭綽,見《葉恭綽友朋尺牘》(上海辭書出版社)。5.《中國樂理論》自序、目録和殘文,來自拍賣場上的照片。6.《易講》自序。7.潘雨廷《神形篇》序言(見《潘雨廷著作集》第十二册,上海:上海古籍出版社,2017 年)。

此外,編三個附録,以協助理解:

附録一　南懷瑾《易經數理新解》弁言。南懷瑾(1918—2012)不認識薛先生,也可能在大陸時有所風聞。此文對薛先生作了高度評價,其時大陸正在激烈地批判傳統文化,而海峽對岸出版此書,或有無言的感應。順便提一下,潘先生不知道南懷瑾。《讀易提要》中的《周易今注今譯》,評論的是臺灣版。此書出於合著,未列入南氏著作目録。當時南懷瑾著作還没有被大規模引進,此書是和其他書一起,由我帶給潘先生看的。潘先生隨手摘録,並不知道此人就是六十年代出版薛著的主推者。潘先生觀書得其大綱,所見南氏著作僅此。

附録二　《鍾泰日録》中的薛學潛。可以瞭解薛先生晚年的部分

[1] 又承傅偉明告知,他幼時尚見薛著《三元論》油印本,陳叔通題簽,馬一浮序,不知道是否和此書有關。

活動。

附録三　《潘雨廷先生談話録》中的薛學潛。薛先生是潘先生最親近的老師之一,今輯出六十條,可以瞭解薛先生晚年的部分所思所感。

潘雨廷先生曾經説:

> 熊先生我已有一文了(指《敬論熊師的思想結構》)。唐先生的學生多,暫時不急。薛、楊兩先生孤緒至我,我有責任把他們表彰出來。當然還有周孝懷(善培)、鍾鍾山(泰)諸人。(《潘雨廷先生談話録》一,1986 年 2 月 19 日)

天不假年,潘先生這些文章都没有完成。然而各位先生的學行不容埋没,足以警懦立頑,開拓心胸。借編纂《薛學潛著作集》的機會,此文羅列薛先生的不完備事蹟,供讀者參考。希望抛磚引玉,將來出現更完善的研究。

2019 年 7 月 9 日—26 日初稿
8 月 28 日—9 月 26 日修改
10 月 12 日—28 日再改

附記:本文寫作期間,上海社會科學院歷史研究所的友人,介紹筆者請教無錫圖書館朱剛先生。朱先生不僅提供了他收藏的五册《黄帝尺》,使前人心血不至於湮没;而且惠示多種資料,彌補了此文的不足。本文將近完稿時,陝西咸陽的楊瀚先生提供了他收藏的《中國樂理論》第三册。謹向提供各方面幫助的人士致謝。

2019 年 10 月 28 日

編後記

就在不久前一個新書討論會上，一位治西學的朋友，對中國學術可能有的經學視角頗不以爲然，“我的世界没有經學”。這句話在上下文中容有誤解，譬如在針對時下所流行的某種把經學限定爲一種地方性立場，並同時要把中國文化局限於這一立場，以自外於人類總體文明的意義上，這種批評其實是合理的。借用海德格爾的話，這種“經學”雖然在世界中存在，但卻並不“在世界之中”。但在上面的表述中，經學被視作一種有立場的學術，與某種懸置立場的學術相對應，卻是顯然的。這種立場顯然被與形形色色的意識形態立場等同了。

的確，二十世紀以來的中國學界，總的來説已是西學的天下。作爲一種强勢文化，西方文明在近代幾百年中已經因其在自然科學方面的成果，很快對世界各大文明産生了某種建瓴之勢。儘管十九世紀以後，西學内部對自然科學及其知性思維的反思愈形深入，但二十世紀以來物質文明的發展，依然處在十九世紀的延長線上，這是不爭的事實。所以儘管作爲一種普遍性思維，知性思維在人類所有文化中普遍存在，但似乎衹有在西方纔達到了自身的某種純粹性，而西方文化也儼然成爲這一思維的代表。在一些因致富圖强而導致科學主義泛濫的國度，這一進路甚至被視作真理的唯一通道。這是後來以社會達爾文主義形式具體表達出來，但在十九世紀初(甚至更早)已由西方逐漸瀰漫到整個世界的一種精神取向,無論是拿破崙、俾斯麥,還是二十世紀的希特勒、墨索里尼都分有了這一取向。假如與中國文化對觀,這種傾向其實與墨法合流的秦政在精神上彼此相應。衹不過總體的西方文化極爲複雜,二十世紀的英美與歐陸因此走了不同的道路。

於是,在夾縫中生存的其他文化形態,便往往與西洋現代對知性予以反思的學術"結盟",以捍衛自身存在的合理性。這是一種略顯卑微的主體性。而知性思維似乎也在"貓捉老鼠"的遊戲中樂此不疲,儘管對某些非理性或前理性思維的揭示(這種揭示主要也是通過知性完成的)已經極爲深入,但卻並不願意真正承認其他思維在知識建構領域的合理性。這種局面甚至形成某種弔詭。一方面,知性對自身的局限極爲瞭然,不僅承認"物自身"或"無知之幕"的存在,並述説著自身的某種謙卑;但另一方面,卻又對自己所難以承認的事物表現出"致命的自負"。儘管隨著後現代主義思潮的興起,這種自負稍有收斂;但又似乎進入一種"濫情"狀態,其末流則陷入"無差别的平等觀"。假如執著於此,同樣使真理不復可能。

當然,經學並非簡單與知性相異的思維,無論經學、佛學還是神學,其思維中都並不缺少知性思維的參與。就像純粹的知性思維也衹是在反思中作爲對象存在,知性思維活動本身其實也不能没有其他思維(譬如德性思維,或者波蘭尼所謂"支援意識")的參與。這是人類的心性結構所決定的。知性無疑是理解事物的利器,但把知性超然地懸置於宇宙之外,也不過是知性的"自蔽"。能醫不自醫,能知者不自知。

正是這種超然物外的知性,喜歡把不同的精神形態看成無根的意識形態,而有待於知性加以裁判。歷史上由不同思維方式所層層架構的知識體系,便成爲一個個"全牛",在庖甲、庖乙、庖丙的解牛刀下骨肉横飛。於是,本來作爲傳統知識體系基石的經學,便被等同於某種意識形態,無論受到提倡還是滅棄,性質都是一樣的。在此似乎應當重申意識形態與知識體系的區别:意識形態首先是基於某種知識體系的意識形態。譬如自由主義、存在主義、馬克思主義、天主教、新教,等等,都是基於哲學(古典意義上的)或神學知識體系的意識形態,本身卻非知識體系。同樣具體到經學,儒、道、墨、法、縱横諸家,皆屬於意識形態,而經學則是知識體系。由人類的歷史可見,不同的意識形態也許在不同時期當令,但假如這種意識形態不能保持自身開放,並"落葉歸根"、反哺作爲根源的知識體系,則文明便會萎縮。這樣的例子俯拾皆是。正是基於這樣一種關聯,儘管經學、神學等知識體系在純粹知性看來已經隱含著某種價值性的立場,但誠如許多人已經意識到的,即便真正的"價值中立"(中國傳統所謂"鑑空衡平"),又何嘗不是一種價值。何況即使在哲學這一知識體系之下,除了真正的"價值中立"者之外,也無不或明或暗地表現出自身的價值立場,當然也無法擺脱某種"前理解結構"。是否具有立場,不應該是彼此拒斥的理由。

知性的"自蔽"反襯出知性思維下"客觀性"概念之局限。一般説來,"客觀"概念總是藴含著主體或主觀。但主體的傾向本身便構成遮蔽,甚至連佛家的空性也同樣如此。凡有所向,必有所蔽。小程子所謂"有所向便是欲"。在這個意義上,作爲個體,固然仍可以根據自己的性情,對某種主體境界表示認同,但卻同樣應該對自身存在的傾向性具有反省能力。不是"以我觀物",而是"以物觀物";不僅"以物觀物",而且"以心觀心";不惟"以心觀心",還要"以氣遊氣"。如此這般,神氣合一,物我兩忘,或許纔能真正符合《周易》所謂"乾道變化,各正性命"。至此,人類目前經學、哲學、佛學、神學的分歧其實已是第二義,世界在"道心"的澄明中得到和解,達於《尚書》所言"賓于四門,四門穆穆"之境。而對於仍在第二義徘徊的人類來説,這種反省,總是需要藉助他者纔可以完成,這也是人類必須對不同文明保持開放心態的根本原因。

庚子重陽於滬上,涣齋謹識

稿　約

本刊由若干學術同仁發起，旨在賡續經學傳統，推動經學新變，重塑經學與時代之聯繫，並爲學界同仁提供一學術交流園地。真誠期待海内外經學研究同仁不吝賜稿，以饗讀者。

孔門四科，堂廡甚廣。後生小子，竊有慕焉。故舉凡義理、考據、經濟、辭章，有關經義者，無論經典詮釋、儒學義理，抑或學術濟時、經學史論，皆在歡迎之列。唯期持之有故，言之成理，至於短製長篇，專論書評，則可任意所之。

九流十家，源初王官，各得經學之一脈。故有關諸子之研究，皆所亟盼。及後佛教東傳，西學東漸，經學與之相得益彰。故舉凡研究諸家學術而與經學相比較者，亦所企望。

貞下起元，此後聖之將行；守先待後，乃學人之正理。倘有已故學者遺稿、函札，而願發表本刊者，皆無任欣忭。

如蒙賜稿，本刊將於兩月内敬復來函，期間請勿一稿兩投。如大作曾經發表，務請提前註明。稿件一經刊行，即寄贈樣書，並略付薄酬。

來稿請用繁體中文、word 文檔、頁下注形式，並請注明真實姓名、所在單位及聯繫方式，不必同時寄送紙本。文稿無需内容摘要、關鍵詞、英文摘要。爲防止丢失，請同時通過電子郵件發送至以下地址：

huanzhaideng@163.com　鄧秉元（復旦大學歷史學系）

yhzhang83@hotmail.com　張鈺翰(上海人民出版社)

如欲通信,可函寄:

上海市邯鄲路220號復旦大學歷史學系　鄧志峰收　郵編:200433

《新經學》編輯部

二〇一六年十二月

圖書在版編目(CIP)數據

新經學.第6輯/鄧秉元主編.—上海:上海人民
出版社,2020
ISBN 978-7-208-16744-5

Ⅰ.①新… Ⅱ.①鄧… Ⅲ.①經學-研究 Ⅳ.
①Z126

中國版本圖書館CIP數據核字(2020)第197558號

責任編輯 張鈺翰
封面設計 陳酌工作室

新經學(第六輯)
鄧秉元 主編

出　　版 上海人民出版社
(200001 上海福建中路193號)
發　　行 上海人民出版社發行中心
印　　刷 上海商務聯西印刷有限公司
開　　本 635×965 1/16
印　　張 18.5
插　　頁 2
字　　數 236,000
版　　次 2020年10月第1版
印　　次 2020年10月第1次印刷
ISBN 978-7-208-16744-5/B·1500
定　　價 78.00圓